本书为国家社科基金抗日战争研究专项工程《中国抗日战争志》项目(批准号:16KZD021)阶段性成果

西南大学
历史文化学院 民族学院
学术文丛

全面抗战时期的中国金融现代化

刘志英 / 著

科学出版社
北京

内 容 简 介

日本发动全面侵华战争，中国的金融中心上海为日军所占领，中国金融业最集中的东中部地区大部分沦陷，中国金融现代化的进程被打断。随着国民政府西迁与抗日根据地陆续建立，中国现代化金融业从东部转向了西部地区，开启了中国西部金融业走向现代化的历程。本书从现代化视角入手，展现全面抗战时期大后方及抗日根据地金融业现代化发展进程，试图探寻中国西部和抗日根据地金融业在逆境中如何趋向现代化的艰难历程和轨迹，探讨国民政府与根据地政府金融改革的举措得失，以及金融现代化过程中的经验教训，为当今深化金融体制改革，加强现代金融管理等寻求历史的启迪。

本书可供历史学、经济学、管理学领域的读者参阅。

图书在版编目（CIP）数据

全面抗战时期的中国金融现代化 / 刘志英著. —北京：科学出版社，2017.7

ISBN 978-7-03-053553-5

Ⅰ. ①全… Ⅱ. ①刘… Ⅲ. ①金融-经济史-研究-中国-1937-1945 Ⅳ. ①F832.96

中国版本图书馆 CIP 数据核字（2017）第 132566 号

责任编辑：王　媛／责任校对：彭　涛
责任印制：徐晓晨／封面设计：黄华斌
编辑部电话：010-64011837
E-mail: yangjing@mail.sciencep.com

科学出版社 出版
北京东黄城根北街16号
邮政编码：100717
http://www.sciencep.com

北京厚诚则铭印刷科技有限公司 印刷
科学出版社发行　各地新华书店经销
*

2017年7月第 一 版　开本：720×1000　1/16
2021年5月第三次印刷　印张：15　插页：1
字数：282 000
定价：99.00元
（如有印装质量问题，我社负责调换）

目　录

导论 ··· 1

第一章　全面抗战爆发前中国金融现代化的发展与地域分布 ················ 13
第一节　全面抗战爆发前在华外资现代金融机构的发展与分布 ············ 14
第二节　全面抗战爆发前华资现代化金融业的发展与分布 ···················· 29
第三节　全面抗战爆发前中国传统金融业的发展与地域分布 ················ 52

第二章　全面抗战爆发后中国金融业的大迁徙 ·· 57
第一节　全面抗战时期四联总处的建立与内迁 ······································ 57
第二节　全面抗战时期银行业的大迁徙 ·· 65
第三节　全面抗战时期保险业的大迁徙 ·· 85

第三章　全面抗战时期中国现代金融体系的重构 ···································· 93
第一节　全面抗战时期重庆大后方金融中心的建立 ······························ 94
第二节　西南西北金融网的构建促成了大后方的金融现代化 ············ 109
第三节　全面抗战时期抗日根据地现代金融体系的建立 ···················· 122

第四章　全面抗战时期中国现代金融制度的发展 ································ 141
第一节　全面抗战时期国民政府的金融统制 ·· 142
第二节　国统区的金融法规与金融监管 ·· 153
第三节　根据地的金融法规与金融监管 ·· 167

第五章　全面抗战时期的金融家与现代金融人才的培养 ···················· 187
第一节　全面抗战时期大后方的金融家 ·· 188
第二节　全面抗战时期抗日根据地的金融家 ·· 197

· i ·

第三节　全面抗战时期大后方金融人才的培养·······204

第四节　全面抗战时期抗日根据地金融人才的培养·······213

结语······219

参考文献······223

后记······234

导 论

一、"现代化"是近代中国历史发展的主旋律之一

所谓"中国近代史",是指自1840年鸦片战争开始到1949年中华人民共和国成立的这一历史时期。关于中国近代史的分期,自中华人民共和国成立后,学术界曾经历了长期的讨论,到20世纪末期,史学界才大体上统一了认识,认为应以1949年中华人民共和国的成立作为中国近代历史与现代历史的分水岭。1997年,胡绳先生在祝贺《近代史研究》创刊100期时建议:"把1919年以前的八十年和这以后的三十年,视为一个整体,总称之为'中国近代史',是比较合适的。这样,中国近代史就成为一部完整的半殖民地半封建中国的历史,有头有尾。1949年中华人民共和国成立以后的历史可以称为'中国现代史',不需要在说到1840—1949年的历史时称之为'中国近现代历史'。"这个题词发表后,有关中国近代史的分期,人们基本形成了共识。①

这样,中国近代史的学科对象终于得以确立:以半殖民地半封建社会的中国作为研究对象。这个研究对象的时间范围是从1840—1949年,大约110年的历史。这种认识,是在马克思主义基本原理指导下得出的,是以对近代中国的社会经济形态,即对近代中国的社会性质的考察为出发点的。应该说,这个认识是符合近代中国真实的历史进程的,也就是说,中国近代史学科对象的确立,是在几代学者长期探索、争鸣的基础上形成的,是科学的学科体系。②本书所讨论的近代中国的现代化问题,即是把中国放在1840—1949年这样一个时段中进行考察的。

---

① 张海鹏:《胡绳与近代史研究所——胡绳同志逝世一周年的怀念》,《近代史研究》2002年第1期,第309页。
② 张海鹏:《20世纪中国近代史学科体系问题的探索》,《近代史研究》2005年第1期,第12页。

中国近代史是中华民族五千年历史长河中，极为重要又极为特殊的时期。这不仅是由于中国近代史组成了中国历史不可或缺的一个部分，而且更是因为中国近代史正好处于中国历史最为复杂而又关键的转型时期，这一时期，既产生了中国人民反抗帝国主义和封建主义的绵延不绝的激烈革命斗争，又发生了由传统农业社会向近代化（现代化）的曲折艰辛的转折。这种革命与近代化（现代化）①的"双重变奏"，便深深影响了人们对中国近代史观察和研究的视角，从而促使人们产生了对中国近代史的"主线"或"主旋律"问题的不同看法（为叙述方便，本书统一采用"主旋律"的提法）。

与中国近代史的分期一样，有关中国近代历史发展的主旋律问题，在整个 20 世纪同样也经历了一段波折。从 20 世纪 30—40 年代以来，关于主旋律，学术界存在着"现代化范式"与"革命史范式"两种看法。前者由蒋廷黻在 1938 年所撰写的《中国近代史大纲》一书中提出，只是蒋廷黻的"现代化范式"提出以来，在中国大陆并无多少应和者，但在国外史学界，却应者众多，直到 20 世纪 80 年代以后，国内学界才重新重视蒋廷黻所开创的现代化范式。而"革命史范式"，则随着毛泽东"帝国主义和中国封建主义相结合，把中国变为半殖民地和殖民地的过程，也就是中国人民反抗帝国主义及其走狗的过程"等一系列著名论断的提出，得到了范文澜、郭沫若等马克思主义历史学家的广泛认同，这些历史学家以革命史范式作为研究和阐述中国近代史的基本观察点，新中国成立后，革命史范式更是在中国史学界确立了其统治地位。之所以如此，是因为革命问题一直是整个中国近代史最突出的问题，反帝反封建是近代中国人民首当其冲的历史任务。此后在 20 世纪 80 年代"革命史范式"成为中国近代史研究的唯一"范式"，并上升到社会意识形态的高度。20 世纪 50—80 年代出版的通史类著作，大体上都是按照"革命史范式"来编著的。②所谓"范式"，是自 20 世纪 80 年代以后，从美国学术界传入中国，由美国的学者们在反省他们的中国近代史研究时提出来的概念。它大约是指研究中国近代史过程中，人们所遵循的某种规范。在一定意义上，这里所谓的"范式"，与本书所说的学科体系有相近似的地方。

"革命史范式"是以马克思主义关于社会基本矛盾的学说为主要视角，来

---

① 在英文中，"近代化"与"现代化"均使用的是同一个词"modernization"，尽管两者在时间上有所不同，但其基本内涵是一致的。为便于行文的方便与概念的统一，本书统一使用的是"现代化"一词。

② 蔡礼强：《中国近代史两大研究范式的基本内涵与相互关系》，《江西社会科学》2006 年第 12 期，第 86—91 页。

建构自己的理论框架的。按照这一理论框架,帝国主义与中华民族的矛盾,封建主义与人民大众的矛盾,乃是近代中国社会的两大基本矛盾。因而,反帝反封建成为近代中国人民进行革命的主要任务,它也成为评价历史事件、历史人物的主要标准和参照系。"革命史范式"的具体框架是围绕着一条线索("阶级斗争")、两个过程(前引毛泽东语)、三次高潮(指太平天国革命、义和团运动、辛亥革命)、八大事件(鸦片战争、太平天国革命、第二次鸦片战争、中法战争、中日战争、戊戌变法、义和团运动、辛亥革命)而展开的。应该说,"革命史范式"在当时中国,对于促进马克思主义理论的深入人心和中国化,促进中国近代史学科的发展与繁荣,增强民族自信心和凝聚力,推动中国革命与建设事业的发展,都发挥了巨大的作用。因此,中国近代史研究也成为 20 世纪 50—80 年代初最为繁荣的优势学科。然而,革命史范式的绝对化,也造成了学术研究与意识形态的混同,学术研究领域愈益走向片面、狭隘,学术研究成果也呈现越来越教条化、脸谱化的弊端。

改革开放以后,中国社会进入转型时期,现代化逐渐被人们所理解、接受,实现现代化成为人们的共识,社会的语境亦由"革命"向"现代化"转换。现代化反映到社会学科领域,指的是以现代化问题和现代化视角来进行观察与研究,现代化成为了学术界日益关注的一个热点问题。

20 世纪 80 年代以来,中国的学术界广泛采用了"现代化"概念,进行了关于各种相关学科的讨论,尽管看法不尽一致,但关于现代化的概念,我们还是可以做一些大致的概括。根据现代化理论的原本含义,"现代化"是探讨一个国家如何从传统农业社会向现代工业社会(以下简称"从传统到现代")发展的理论,它一般指欧洲工业革命以来世界经济急剧变革、工业化进程不断提升的过程,也指经济落后国家以发达国家现代化生产力为发展目标、努力追赶的过程。① 因而现代化实质上也就是关于经济和社会发展的学说。从学理上来说,它是一种综合性的理论体系,涉及政治学、经济学、社会学、文化人类学等学科;从过程来看,它发生在封建社会后期,贯穿于资本主义产生、发展和社会主义确立、发展的整个历史过程,是人类社会从传统的农业社会向现代工业社会转变的必经阶段;从内容来看,它以科技为动力,以工业化为中心,以机器生产取代家庭作坊和手工工场为主要标志,并引起经济制度、政治制度、生活方式乃至思维方式发生全方位的社会变革。它的产生

---

① 张海鹏主编:《中国近代通史》(第一卷),南京:江苏人民出版社,2006 年,第 136 页。

和发展,从总体上来说,是随着人类社会的现代化进程而逐步演进的,因此也可以说是对人类社会现代化进程规律的理论总结,反过来,现代化理论又指导人类进行现代化建设。

中国走向现代化的过程是与中国走向衰败、沦为半殖民地的过程,以及各种革命运动连绵不断爆发的过程重叠在一起的。中国的现代化不同于欧洲内源性的现代化,中国通过革命化走向现代化的独特道路,对中国现代化的形式和道路具有特殊影响。中国的半殖民地化与革命化,实质上都是中国现代化进程中旧体制向新体制转变过程中的一种特殊形式,就现代化的特定意义而言,中国现代化只是19世纪后半叶中国近世社会大变动诸多流向中的一个流向;20世纪初辛亥革命前后,中国现代化才异常艰难地上升为中国近世社会大变动诸多流向中带有主导性趋势的流向;到20世纪50年代以后,中国现代化才逐渐上升为大变革的主流,即占据大变革诸多流向的支配地位。①

中国现代化因其特殊的历史条件和国情,其内涵与西方的现代化显然有重大区别,它不单单是工业化和民主化的问题,虞和平先生将其概括为"反对帝国主义侵略,争取民族独立的民族化;发展民族工业,实现国富民强的工业化;反对专制、追求现代民主政治的民主化",即"民族化、工业化、民主化"这"三化"。②也就是说,在近代中国,现代化与革命是无论如何都不可能分割开来的,更不可能是对立的,否则就背离了历史的本来面目。在近代中国,现代化与革命是同时存在和相辅相成的,并且革命往往起到为现代化扫除障碍的作用。

现代化作为中国近代史的主旋律之一,以"现代化"来建构近现代史研究"新范式"的理论框架,当然是正确的。目前现代化仍是实现"中国梦"所要追求的首要目标和任务,历史研究有责任去深挖和总结现代化进程中的经验教训,为中国现代化建设服务,但这并不意味着"现代化"的新范式要取代"革命史"的旧范式,因为现代化的视角如果不与革命史的视角相结合,仅仅用现代化理论揭示近代历史,也难以科学地复原历史的真实面目。③事实

---

① 罗荣渠:《现代化新论——世界与中国的现代化进程》,北京:北京大学出版社,1993年,第243页。
② 周东华:《工业化、民主化、民族化与中国现代化——评虞和平主编的〈中国现代化历程〉》,《史学月刊》2003年第2期,第102—107页。
③ 张海鹏:《20世纪中国近代史学科体系问题的探索》,《近代史研究》2005年第1期,第27页。

上,现代化范式只不过冲破了以革命史范式作为唯一的研究模式的藩篱,在革命史范式之外建构了一个与之竞争但并非完全互相排斥的新的综合分析框架。面对复杂的历史图景,我们不能奢望用一种研究范式或方法就穷尽对历史的认识,因为任何理论都不能无条件地被完全采用。

何谓"现代化范式"?罗荣渠先生言简意赅地做了回答:"以现代化为中心来研究中国近现代史,不同于以革命为中心来研究中国近现代史,必须重新建立一个包括革命在内而不是排斥革命的新的综合分析框架,必须以现代生产力、经济发展、政治民主、社会进步、国际性整合等综合标志对近一个半世纪的中国大变革给予新的客观定位。"①

现代化是人类社会发展的共同潮流和规律,它以资本主义社会因素在欧洲的产生和初步发展为起点和早期形态,伴随资本主义向全世界的扩散和社会主义的出现而形成和发展。实现现代化,重构中华民族的生存方式和活动方式,构成了鸦片战争以来中国历史进程的主题。中国的现代化是世界现代化潮流中的一种,它既有世界现代化历程的共性,又有自己的特点;它既会受世界现代化潮流的影响,又有自己的内在因素和道路选择。因此,研究中国现代化的历程,既要运用现代化的有关理论原理,更要建立和运用适合中国现代化特点的解释体系。

其实,近代以来,抵御外侮与学习西方,是中国自强救国、寻求生存发展的两大主题,二者是相辅相成、缺一不可的。1995 年底,胡绳在《从鸦片战争到五四运动》再版序言中,谈到可否以现代化问题为主题来叙述和说明中国近代的历史时,明确认为:"我认为这种意见是可行的。从 1840 年鸦片战争以后,几代中国人为实现现代化做过些什么努力,经历过怎样的过程,遇到过什么艰难,有过什么分歧、什么争论,这些是中国近代史中的重要题目,以此为主题来叙述中国近代历史显然是很有意义的。"同时他还强调:"以现代化为中国近代史的主题,并不妨碍使用阶级分析的观点和方法。相反的,如果不用阶级分析的观点和方法,中国近代史中有关现代化的许多复杂的问题,恐怕是很难得到解释和解决的。"② 现代化视角被引入中国近代史研究后,对中国近代史的研究体系和研究领域都产生了不同程度的影响,逐渐形成"革命史范式"与"现代化范式"两种范式并存的局面,中国近代史研究不仅研

---

① 罗荣渠:《走向现代化的中国道路——有关近百年中国大变革的一些理论问题》,《中国社会科学季刊》(香港)1996 年,冬季卷,总第 17 期。
② 胡绳:《〈从鸦片战争到五四运动〉再版序言》,《近代史研究》1996 年第 2 期,第 18 页。

究成果迭出，而且在许多领域都有了新的突破。

我们在研究中不应该将"革命史范式"与"现代化范式"对立起来，而是要结合起来。近代中国的时代基调首先是革命，从革命的视角审视中国近代史上的政治、经济、军事、文化思想、社会变迁，以及中外关系的处理、区域发展、少数民族问题、阶级斗争的状况，我们发现它们无不或多或少地与革命的进程、革命事业的成败相联系。如果抓住了这个基本线索，我们就能够顺藤摸瓜，理清近代中国社会历史的各个方面。当然，如果我们局限于革命史的视角，用"革命史范式"撰写中国近代史，就可能忽视社会经济的发展、社会的变迁；如果在"革命史范式"的主导下，兼采"现代化范式"的视角，注意从现代化理论的角度，更多地关注社会经济的发展、社会的变迁及它们对革命进程的反作用，我们就可以完善"革命史范式"的某些不足。现代化范式的运用，引入了生产力的研究视角，抛弃了阶级斗争为纲的思维，坚持了唯物史观的本来面目，丰富了中国近代史研究的学科体系，提供了新的历史价值观与诠释历史问题的新方法。然而，如果纯粹以"现代化范式"分析、撰写中国近代史，忽视"革命史范式"的主导作用，就可能狭隘地改铸、改写中国近代史，而使得中国近代史的基本面貌变得面目全非，令人不可捉摸了。这样的研究，新意是有的，但是脱离了历史真实的新意，将不为智者所取。

可喜的是，伴随着改革开放，中国近代史中关于"革命史范式"与"现代化范式"这场旷日持久的争论，通过 30 多年的不断争鸣，"论辩双方厘清了各自的基本立场以及与对方的主要分歧，并分别做出相当程度的调适。就主要方面而论，通过范式之争，'革命史范式'获得了新的生命力，'现代化范式'则逐渐'脱敏'，从而大大拓展了中国近代史研究的学术空间。因此，应从总体上肯定这一争论的学术价值和学术意义"①。事实上，离开"革命"，便无法全面贯通地阐述中国近代史，"革命史范式"与"现代化"叙事并不排斥，甚而可以兼容互通。

二、抗日战争与中国现代化

抗日战争是中国近代反侵略战争史上历时最长、影响最大的一场民族解放战争，也是中华民族经过全民族的浴血奋战，最终取得彻底胜利，将

---

① 徐秀丽：《中国近代史研究中的"范式"问题》，《清华大学学报》2015 年第 1 期，第 40 页。

日本侵略者赶出中国的一场战争，同时它还是世界反法西斯战争的重要组成部分。对抗日战争的研究，一直以来受到国际、国内学术界的广泛关注与重视。

1949年中华人民共和国成立后，人们对抗日战争的研究，主要是在革命史范式的指导下进行的，在相当长的时段里，无论是从宏观或是微观角度，研究的重点与热点主要集中于民族民主革命，从研究中，人们看到了这场战争对中国造成的巨大的破坏性影响，以及中国如何通过新民主主义道路逐渐走上了社会主义道路。在革命史范式的指导下，抗战研究取得了丰硕的成果，但是我们也应该看到，人们仅用这种范式研究抗日战争是不够全面的。随着中国改革开放的进行，从20世纪80年代以来，"现代化范式"再次受到史学界的重视，"现代化范式"也逐渐应用到了抗日战争研究领域中，90年代以后，有人才开始注意到，抗日战争实际上对中国的现代化进程发生过极大影响，人们才试图以"现代化范式"来重新解读这段历史。令人欣喜的是，三十多年来，对现代化与抗日战争关系的研究已经取得了相当的成绩。①

首先，这些成果认真探讨了日本侵华战争对中国现代化进程的破坏作用。从19世纪60—90年代的洋务运动开始，近代中国走上了现代化道路，然而，这却是一条布满荆棘的道路，日本发动的甲午战争打断了这场自强运动的现代化进程，日本强占了中国的台湾，还向中国掠取了2亿两白银的战争赔款，后来又向中国勒索了收回辽东半岛的3000万两白银赎金。这些赔款总和，是当时中国全年财政收入的3倍，是当时日本全年财政收入的4倍多。中国被迫开始向西方列强大举借债，而日本却用这笔战争赔款加速了日本的现代化进程，破坏和延迟了中国的现代化进程。20世纪30年代中期，中国内战停止，经济开始再次腾飞，日本帝国主义发动了局部与全面侵华战争，再一次粗暴地打断了中国现代化的进程，把中国拖入了长期的民族解放战争中。"九一八"事变爆发后，日本占领了东北，除了掠夺发展现代工业所需的物质资源外，还

---

① 就笔者所知，自20世纪80年代以来，探讨这一问题的研究论文主要有：张静如：《抗日战争与中国社会现代化》，《北京师范大学学报》1995年第4期，第1—7页；王立胜：《抗日战争与中国现代化进程》，《北京党史研究》1995年第6期，第3—8页；时荣国：《试论抗日战争对中国社会现代化进程的影响》，《北京党史研究》1998年第1期，第27—30页；袁成毅：《现代化视野中的抗日战争》，《史林》2005年第1期，第115—119页；袁成毅、范展、金普森：《笔谈抗日战争与中国现代化进程》，《抗日战争研究》2006年第3期，第1—26页；吴国军：《抗日战争在中国现代化进程中的影响研究》，中国石油大学硕士学位论文，2010年5月，第1—33页；荣维木：《怎样以现代化的视角解读抗日战争》，《史学月刊》2005年第9期，第13—15页；荣维木：《另一种视角：从抗日战争看中国现代化历程的顿挫与嬗变》，《河北学刊》2015年第1期，第39—44页。

更为严重地建立起殖民地经济体系,把东北完全地排除在中国现代化进程之外,造成了东北经济的畸形。全面侵华战争开始后,中国原有的现代化进程则被完全打断。八年间,日本占领许多中国城市,达中国城市总数的47%以上,其中包括大城市总数的80%以上,而这些城市聚集着中国几乎全部的现代化工业——有的工业直接损毁于炮火之中,有的因战争而失去运转条件从而导致关闭,有的被迫内迁而损毁于途中。在沦陷区,日军任意掠夺公、私财产,还截留税收,把持金融,并建立起依附于日本的殖民地经济体系。

抗日战争期间,中国人民付出了巨大牺牲,经济遭到严重破坏,现代产业和国民总收入不仅未得到发展,反而发生了严重倒退。不仅整个抗战时期的中国经济未能超过战前的水平,还出现了严重的倒退,直到1952年,中国经济才恢复到1936年的水平。仅从经济发展的角度看,中国原地踏步了整整16年之久。据1995年中国政府公布的数字,中国在抗日战争中的直接财产损失是1000亿美元,间接财产损失是5000亿美元。因此,日本发动的侵华战争,不仅给中国人民带来巨大的生命与财产损失,对处于现代化进程中的中国而言,更是一场巨大的灾难——它腰斩了中国自1912年以后逐步开展的现代化与工业化运动,摧毁了中国原先积累的现代化成果,打断了中国现代化的进程,使中国工业化进程,最少推迟了半个世纪,严重阻碍了中国正常的现代化发展道路。日本侵华战争不仅在经济上极大地制约了中国现代化的步伐,打乱并延缓了中国工业化的进程,在政治上,战争的特殊条件使国民党集权变成了现实,极大地增加了中国人民在此后继续争取民主斗争的成本和代价。

其次,这些成果充分肯定了中国在反侵略的战争过程中积累下来的新的现代化因素。灾难深重的中国人民并没有屈服,而是将这样一场中断中国现代化进程、灭亡中华民族的战争,转变成一个中华民族由屈辱到荣耀的复兴枢纽。日本侵华战争给中国带来了极大灾难,同时也为我们提供了民族复兴的契机。中国的抗日战争积累了新的现代化因素,正是由于日本侵略对中国经济的摧残,迫使中国必须以积极的态度去应对,国民政府战时经济体制的建立以及共产党在根据地的经济建设就是这种积极应对的结果。

抗日战争对中国现代化发展道路所造成的影响是双重的。一方面,抗日战争对处于现代化进程中的中国而言是一场巨大的灾难,它摧毁了中国原先积累的现代化成果,严重阻碍了中国正常的现代化发展道路。另一方面,抗日战争也促成了新的现代化因素向一些地方的转移,特别是在国民政府统治的西南、西北大后方,以及中国共产党领导的抗日根据地,这些地方的政治、经济以及文化等各个方面都展开了具有现代化性质的各项建设，这些对中国现代化道路都产生了建设性效应。目前学术界已经开始关注与重视抗战时期国民政府与中国共产党分别在国统区与抗日根据地开展的两种不同的现代化范式的研究。

在进行现代化建设的今天，逐渐有学者开始重视与关注以抗日战争为开端的中国复兴，特别是抗战时期的西南、西北大后方，现代化建设明显加快，同时共产党领导的广大抗日根据地的建立与发展，也将中国广大的农村地区引向了现代化之路。这场战争给西部地区和广大的农村地区带来了绝好的机会，使之走上了现代化的道路，缩短了与东部地区和城市地区的差距。这些内容，在现今的学术界受到了更多人的关注，于是，抗日战争与中国现代化的问题，不仅走入了研究者的视野，而且研究得以快速推进，日益成为了学界广泛关注的新的研究重点与热点。正是在这样的研究中，笔者也开始关注抗日战争时期的中国金融现代化这一问题。

三、抗战时期的中国金融现代化

现代化是一个涉及多层面的由传统社会向现代社会整体转变的过程。考察人类经济发展史，我们可以看到，现代化的进程绝不只是一个简单的工业化和城市化的过程，它也是一个金融发展与深化的过程。就金融现代化而论，现代化必然要涉及技术、制度与文化三个层面。

从晚清开始艰难起步的中国经济现代化，到抗战以前出现了一个小高潮。作为国民经济晴雨表的金融业，在中国现代化进程中起着十分重要的作用，是一切社会经济事业的中枢，它的兴衰直接反映了整个社会经济的变动。

金融的现代化属于经济层面的现代化，是经济现代化必不可少的工具与途径。经济现代化离不开金融现代化，而金融现代化是经济现代化的核心，是经济现代化的重要构件，也是经济现代化的一个终极的显著标志。金融体系的发展水平比较综合地反映了一个国家的法律、社会与经济结构的发展水平，从硬件与软件两方面客观地区分了传统社会与现代社会的差别。可以说，没有现代化的金融，就不可能有真正现代化的中国。如果中国金融体系能够健康发展，它就能大大推动工业化与城市化，提高投资效率与生产效率，从而确保经济可持续地高速地增长与人民生活水平不断提高。

近代中国金融现代化，指的是近代以来，中国金融业从传统向现代化的整体转型过程，就是经过长期的探索、创新，中国金融业逐渐从传统阴影中走出,开始迈上按现代形式组织、管理、经营的发展之路的过程。中国金融现代化并非直接或被迫移植、嫁接西方模式,而是一个融合了现代与传统、内源与外源合力作用的过程。

目前,学术界对近代中国金融的现代化发展情况已经有了相应的关注与研究,其代表性的成果主要有:《北洋政府时期中国金融现代化研究——以银行业为例》,通过对北洋政府时期作为金融主体的中国银行业的发展及其发展原因的探索,考察其在发展过程中所体现的现代化特征,并分析在当时中国特定环境下阻碍早期中国金融业发展的一些因素[①];《抗战前十年中国金融业的现代化趋向》,探讨了全面抗战爆发前十年间,国民政府建立现代化国家金融体系,将科学体制引入金融界并直接参与企业经营管理,推动金融现代化的进程[②];《南京国民政府时期四川农村金融的现代化转型初探》,梳理了抗战爆发前四川省农村出现的现代化金融机构和现代化金融业务,探讨了四川农村由传统金融向现代化金融的转型及其作用[③];《中国金融现代化之路——以近代中国商业银行盈利性分析为中心》一书,选择近代中国金融业最重要的组成部分——商业银行进行研究,在探讨商业银行现代化的过程中,又牢牢抓住制约商业银行生存、发展、壮大的核心——盈利性问题展开分析,厘清了金融现代化的发展历程,通过对近代中国商业银行从产生到发展40年间(1897—1937年)盈利性行为的考察,认为中国金融现代化并非直接或被迫移植、嫁接西方模式,而是一个融合了现代与传统、内源与外源合力作用的过程[④];而吴景平教授在《上海金融现代化历史进程的若干思考》一文中,不仅对上海作为中国最重要的现代化金融中心、其形成和演变的历史过程做了考察,而且还对上海本土的钱庄业、外来的洋商银行、中国人自办的新式银行业,在应对中国经济与社会重大变迁和市场竞争中,为实现金融制度和金融机制方面的现代化转型做出的努力和一些杰出的金融家群体为上海金融的现代化起到的重要推进作用,以及金融学理和金融实务在近代上海的传播等问题,进行了探讨。[⑤] 此外,2002年5月27日至29日,复旦大学历史系、上海市档案馆、

---

① 马华:《北洋政府时期中国金融现代化研究——以银行业为例》,郑州大学硕士学位论文,2007年5月,第1—46页。
② 赵秀芳:《抗战前十年中国金融业的现代化趋向》,《文史哲》2003年第4期,第55—61页。
③ 张建涛:《南京国民政府时期四川农村金融的现代化转型初探》,《云南财经大学学报》2009年第2期,第15—18页。
④ 兰日旭:《中国金融现代化之路——以近代中国商业银行盈利性分析为中心》,北京:商务印书馆,2005年。
⑤ 吴景平:《上海金融现代化历史进程的若干思考》,南开大学世界近现代史研究中心编:《世界近现代史研究》(第三辑),北京:中国社会科学出版社,2006年,第202—215页。

香港大学亚洲研究中心联合主办的"上海金融的现代化与国际化国际学术讨论会"在复旦大学召开。此次会议共提交 26 篇论文,内容以近代上海金融现代化为中心,涉及上海金融中心地位的确立与影响、上海银行公会、近代上海的外国银行与本国银行、上海保险证券市场、上海金融风潮、上海银行家的历程;等等。①

全面抗战爆发前,国民政府通过废两改元和法币改革,不仅统一了货币,建立了稳定的货币基础,而且健全了金融组织,建立了以"四行二局"为核心的国家金融体系,客观上推动了金融现代化的进程。金融界也以此为契机,拓宽业务,引入科学体制,并直接参与企业经营管理,加快了金融业的现代化步伐。但随着日本发动全面侵华战争,中国金融现代化的进程被打断,东部地区现代化的金融体系遭到破坏,所存物资和现钞也被日伪大量抢夺;在破坏了原有的金融系统后,日本银行的分支机构开始在沦陷区建立起来,大量发行军用票;稍后,日本又扶持伪政权建立银行,发行"华兴券""中储券"等伪券,通过这些手段,日本建立起了掠夺沦陷区人民的伪金融系统,中国东、中部地区金融和人民财产遭受了重大损失。

全面抗战爆发后,国民政府被迫将整个金融系统进行大迁移,迁移到相对落后、传统金融业占主导地位的西南、西北大后方。在金融业方面,全面抗战前西部地区的金融仅仅出现了一些现代化的雏形,占主导地位的还是传统的金融业,然而,全面抗战爆发之后,随着国民政府的西迁以及现代化金融机构的移植,西部的金融业得到极大的改善:国民政府极为重视对大后方金融业的控制,四大银行先后将总行迁到重庆,并在西南、西北分别建立了分支机构,同时国民政府完善了省地方银行与县银行,完成了对西南、西北金融业的垄断,建立了庞大的西南、西北金融网络,甚至将金融势力深入到了农村。国家金融资本虽然在政治上构成了国民党统治的重要经济基础,但在经济上由于其资本的相当部分还是用于建设事业,所以国家金融资本对经济建设也有相当重要的意义。

从现有的研究成果观察,对于全面抗战爆发之后的金融现代化问题,学界的研究虽少,但仍有所涉及,如有学者以银行立法为视角,对南京国民政府时期中央银行的现代化演进进行单线式的、法律制度层面的深入考察与理论分析,特别是对全面抗战时期中央银行在金融现代化进程中所扮演的角色

---

① 吴景平、史立丽:《上海金融的现代化与国际化国际学术讨论会综述》,《历史研究》2002 年第 5 期,第 180—182 页。

进行了较为深入的考察；有学者以国民政府的国家农业专业银行为中心，考察和评价其对农村金融现代化的推动作用；还有学者对近代（主要是抗战时期）西北农村资金融通由传统借贷的方式向现代农村金融合作的方式的转变及其实施效果进行了研究。①

全面抗战时期的中国金融现代化，即是指在以西南、西北为主体的广大国统区和在以农村为依托的广大抗日根据地，金融业从传统向现代化的发展过程。全面抗战时期中国的金融现代化问题，从研究范围来说，本该包括整个中国，而战时的中国，大致分为沦陷区、国统区与根据地三部分，但由于时间和精力有限，加之各区域的情况又十分复杂，特别是沦陷区的中国金融现代化在遭遇日伪大规模破坏的基础上，沦陷区又建立了许许多多的金融机构，来为日本侵略者"以战养战"服务，这些金融机构恰是对中国金融现代化的破坏，因此，我们关注战时中国金融现代化问题，便排除了沦陷区区域，重点关注国民政府统治的西南、西北为主体的国统区和以共产党为主体的抗日根据地。这两部分地区，在全面抗战爆发之前是中国现代化金融最为薄弱的地方；全面抗战爆发之后，中国的金融中心上海为日军所占领，中国金融业最集中的东、中部地区大部分沦陷，随着国民政府的西迁与抗日根据地的陆续建立，国统区和抗日根据地落后的金融业得到改变，且建立了大量的现代化金融机构，制定了现代化的金融制度，这些现代化的金融机构和金融制度为抗战时期国统区和根据地的经济建设做出了重要贡献。

总体而言，现在学术界对近代中国金融现代化的研究主要集中在全面抗战爆发前，而全面抗战爆发之后的金融现代化研究则相对薄弱。全面抗战时期，中国现代化的金融业从东部沿海地区转向了西部地区，由此开启了中国西部金融业走向现代化的历程。本书在充分吸纳前人研究的基础上，尽可能掌握较为充分的第一二手资料，从金融现代化的角度入手，展现抗战时期大后方及抗日根据地金融业的现代化发展进程，并试图探寻中国西部和抗日根据地的金融业在抗战这样的逆境中如何趋向现代化的艰难历程和轨迹，及其现代化的特殊性和基本规律。在此基础上，进而探讨了国民政府与根据地政府金融改革举措的得失及金融现代化过程中的经验教训，为当今深化金融体制改革、加强现代金融管理等找寻了历史的启迪。

---

① 相关研究成果主要有：魏浩然：《中国中央银行的现代化（1928—1945）——以银行立法为视角》，广西师范大学硕士学位论文，2005年4月，第1—41页；邹晓昇：《中国农民银行与农村金融现代化》，河北大学硕士学位论文，2003年5月，第1—36页；王颖：《近代西北农村金融现代化转型初论》，《史林》2007年第2期，第36—43页。

第一章 全面抗战爆发前中国金融现代化的发展与地域分布

近代以来，中国金融业面临着传统向现代化的转型。中国的金融现代化最早是从鸦片战争以后的五口通商地区开始的，最初的诱发和刺激因素主要源自外部世界的生存挑战和现代化的示范效应。因此，近代中国金融的现代化历程，首先得益于外商现代化金融业如银行、保险、证券等金融组织在中国的出现和发展，在其示范与带动之下，才有了中国人的模仿和学习，也才出现了中国人创建的如银行、保险与证券等的现代化金融机构。这样，近代中国的金融业发生了重大变革，开始从传统经营方式向现代经营模式转型，现代化的新式金融机构——银行在这个时期迅速兴起，伴随银行的发展，其他新式金融机构，包括证券交易所、保险公司、信托公司等也在这个时期开始形成。但需要指出的是，钱庄在这个时期由于进行了现代化的改进，曾一度与新兴的银行并驾齐驱、相辅相成，只是由于时代的局限性和它自身的缺陷，最终才没完成从传统金融机构向现代金融机构的过渡。

到全面抗战爆发前，国民政府通过废两改元和法币改革，不仅统一了货币，建立了相对稳定的货币基础，而且健全了金融组织，建立起以"四行二局"为核心的现代化国家金融体系，中国已形成多种金融机构并存的局面。南京国民政府的金融体系，就整体而言，以上海为中心，辐射中国东部及中部地区。中央银行、中国银行、交通银行、中国农民银行是国民政府时期的四大国家银行，是国民政府现代金融体制的核心，是中国金融货币的总枢纽，居于控制和支配全国金融的重要地位。以"南三行"和"北四行"为中心的商业银行，则是中国新式金融机构的主流。金融界也以此为契机，拓宽业务，引入科学体制，并直接参与企业经营管理，客观上推动了金融现代化的进程，加快了金融业的现代化步伐。

然而，全面抗战爆发前的中国现代化金融业的分布在全国范围内严重不平衡，呈现出畸形发展的状态。中国现代化的金融业广集沿海一带，其中新式金融机构尤以上海及江浙两省最多，新式银行集中于上海、天津、广州等少数头等都市；保险业分跨于上海及香港两埠；证券业虽在北平、青岛、宁波、重庆等地都有设立，但全国最大最繁盛的证券交易所却集中在上海；信托业兴起较晚，完全以上海为中心，而西南与西北之广大区域，则因交通之梗阻、经济之枯竭，新式金融机构为数极少；传统的金融机构——钱庄、当铺等散处各地，成为西部地区主要的金融形式，这离现代化的金融业相去甚远。本章将对全面抗战前中国的现代化金融发展与布局情况做一简要介绍。

第一节 全面抗战爆发前在华外资现代金融机构的发展与分布

鸦片战争以前，钱庄、票号、当铺是清代金融业的主要组成部分。鸦片战争以后，伴随着西方列强的入侵，西方的新式金融势力如银行、保险、证券等纷纷进入中国，到1937年全面抗战爆发前，以上海为中心，已经形成了一个在华外资现代化金融网。

一、在华外资银行业

鸦片战争后，首先进入中国的外国银行是英国的丽如银行（Oriental Banking Corporation——1845年改名为东方银行公司），1845年，丽如银行先设分行于香港，并在广州设立分理处；1847年，继设机构于上海（图1-1）。它在中国的分支机构除了香港、广州、上海外，还有福州（1866年）、汉口（1877年）、厦门（1882年）、天津（1887年）和澳门（1887年）。继丽如银行后，19世纪50年代，又有4家英国银行在中国设立分支机构，它们是：汇隆银行（Commercial Bank of India），1851年在广州设立分行，1854年在上海成立代理处；阿加剌银行（Agra and United Service Bank Ltd），1854年在上海设立分行，1855年在广州，1858年在香港分别设立分支行；有利银行（Chartered Mercantile Bank of India, London & China），1854年在上海设立代理处（1860年改为分行）；麦加利银行（Chartered Bank of India, Australia & China Standard Chartered Bank），1858年在上海设立分行，同时在香港设立代理处（1859年改为分行）。①

图 1-1　上海第一家外资银行英国丽如银行在上海的行址

外滩十八号原是上海第一家外资银行英国丽如银行的行址，1892 年，英国丽如银行因放款和投资不慎而倒闭，后将产业转让给麦加利上海分行

从 1845—1858 年的 13 年中，在中国设立的外国银行共 5 家，都是清一色的英国银行，到 19 世纪 50 年代末，这些英国银行设立机构共计 13 个：上海 5 个，香港、广州各 4 个。至于福州、厦门、宁波三口，则纵览 19 世纪 50 年代，也不见外国银行的踪迹，更不用说广大的西部地区了。

从 1860—1865 年汇丰银行在中国成立，短短四五年时间里，中国出现了一个昙花一现的外国在华银行活动的热潮。其间，法兰西银行是当时进入中国的唯一一家非英资的外国银行，法兰西银行 1860 年在上海设立分行，1863 年在香港设立分行，以后陆续在天津（1867 年）、福州（1868 年）、汉口（1876 年）、厦门（1876 年）、北京（1887 年）等地设立分支机构。② 此外，还有 4

---

① 洪葭管主编：《中国金融史》，成都：西南财经大学出版社，1993 年，第 144—148 页。
② 洪葭管主编：《中国金融史》，成都：西南财经大学出版社，1993 年，第 149 页。麦加利银行又称渣打银行，为英国政府特许银行。1853 年成立，总行在英国伦敦，在上海设立了分行，由于第一任总经理为英国人麦加利，故称为麦加利银行，行址在今上海中山东一路 18 号。

家英国银行在中国设立：1861年汇川银行，1864年利华、利生和利昇等3家银行。它们不仅在上海、香港建立据点，还把触须伸入宁波以至九江、汉口。① 1866年伦敦发生金融恐慌，这4家银行的总行均受冲击，它们在华分行也一起倒闭了。

英国的汇丰银行（Hongkong & Shanghai Banking Company Limited，香港上海汇丰银行有限公司）于1865年3月正式开业，总行设在香港皇后大道中一号；同年4月，上海分行开业，首任经理（上海人称为大班）是苏格兰人麦克莱恩，行址设在上海南京路外滩。② 这是继9家英国银行和1家法国银行后的又一家英国银行，但它却是第一个总行设在中国的殖民地银行。它一开始就以中国为其营业基地和主要对象，它的全部活动都以中国为它的基地，中国的经济权益，就是它利益的焦点。在外国银行的扩张过程中，汇丰银行后来居上，它在中国境内分支机构的数量也大大超过了其他外国银行，汇丰银行在中国的分支机构依次为福州（1866年）、宁波（1866年）、汉口（1966年）、汕头（1866年）、厦门（1873年）、芝罘（1876年）、九江（1879年）、广州（1880年）、海门（1880年）、天津（1881年）、澳门（1881年）、打狗（即高雄市旧名，1886年）。③ 可以看出，汇丰银行从创办之初到19世纪末的20多年时间里，已经建立起一个北起天津，南临北海，从台湾一直到汉口的金融网，逐渐成为了近代中国金融市场上的霸主（图1-2）。

19世纪70—80年代中期，也有其他国家在华设立过银行，如德意志银行于1872年在上海设立分行，德华银行于1875—1878年间在上海、福州、汉口、厦门设立过分行，俄国对外贸易银行于1876年和东京第一国民银行于1880年均在上海建立过机构等。但它们存在时间都很短，设立不久就撤销或停闭，所以直到19世纪80年代末期，除了一家法兰西银行之外，其余都是英国银行，这些英国银行在华的分支机构计有丽如银行6个，有利银行8个，麦加利银行5个，汇丰银行14个，合计33个。④

进入19世纪90年代后，在1890—1902年的年间，德国的德华银行、日本的正金银行、俄国的华俄道胜银行、法国的东方汇理银行和美国的花旗银行相继设立，加上原已存在的英国汇丰银行，形成六强并存的竞争局面。

据唐传泗、黄汉民的研究，到1894年，继续在华营业的外资银行共有8

---

① 汪敬虞：《外国资本在近代中国的金融活动》，北京：人民出版社，1999年，第39页。
② 寿充一、寿乐英编：《外商银行在中国》，北京：中国文史出版社，1996年，第1—2页。
③ 洪葭管主编：《中国金融史》，成都：西南财经大学出版社，1993年，第152页。
④ 洪葭管主编：《中国金融史》，成都：西南财经大学出版社，1993年，第159页。

图 1-2　近代上海汇丰银行大楼旧址

上海汇丰银行大楼,指香港上海汇丰银行于 1923—1955 年在上海的分行大楼,位于上海外滩 12 号,又名市府大楼,是今天的上海浦东发展银行的总部驻地,地址在中山东一路 10-12 号

家,它们在中国各重要商埠设置的分支机构,总共在 40 个以上。[①]而另据汪敬虞统计,整个 19 世纪,外国在中国开设的银行,共有 21 家,其中总行设在中国者,有英国的汇丰银行和德华银行,此外还有在上海租界的两家小银行。其余的银行,总行都在本国,在中国的是他们的分支机构。这些在中国

---

① 唐传泗、黄汉民:《试论 1927 年以前的中国银行业》,中国近代经济史丛书编委会编:《中国近代经济史研究资料》(4),上海:上海社会科学院出版社,1985 年,第 58 页。

的分支机构,包括代理在内,前前后后,共计 101 处,分布的城市,北起哈尔滨,南到海口,包括上海、天津、汉口、广州等 20 个大城市,形成了一个巨大的辐射网。①

1895 年以前,作为外国在华金融活动主体的外国银行,还只限于英、法、德三个国家,甲午中日战争后,日、俄、美三国银行势力相继侵入中国,形成六强并立的局面。进入 20 世纪以后,欧洲的一些资本主义小国,如比利时、荷兰、挪威、意大利等,也先后参加进来,其中只有比利时活动较多,其他都不能与六国相比。

据叶世昌和潘连贵的统计,晚清时期先后在中国设立的各国外资银行共有 28 家,不过,到清朝灭亡的时候,还存在的外商银行只有 15 家,见表 1-1:

表 1-1 晚清结束时还存续的外商银行简表

国别	家数/个	银行名称	在中国设立的时间/年	在中国设立的地点
英国	4	有利银行	1854	上海
		麦加利银行	1858	上海
		汇丰银行	1865	总行香港、分行上海
		汇源银行	1902	上海
德国	1	德华银行	1890	总行上海
日本	2	横滨正金银行	1893	上海
		"台湾银行"	1899	总行台北
			1900	分行厦门
法国	1	东方汇理银行	1894	香港
			1899	上海
美国	1	花旗银行	1902	上海
比利时	1	华比银行	1902	上海
荷兰	1	荷兰银行	1903	上海
合资银行	4	华俄道胜银行(俄法中)	1896	上海分行
		正隆银行(日中)	1906	营口总行
			1911	迁大连
		义品放款银行(法比)	1907	上海
		北洋保商银行(中日德)	1904	天津

资料来源:此表系叶世昌、潘连贵:《中国古近代金融史》,上海:复旦大学出版社,2001 年,第 200—201 页,综合整理而制

---

① 汪敬虞:《外国资本在近代中国的金融活动》,北京:人民出版社,1999 年,第 299 页。

外资银行在进入中国的过程中,网络所布,使中国民族资本处于周遭群雄环伺之境地,然而,在晚清时期,这些外资银行主要设在当时的东、中部地区的主要通商口岸和大城市中,其辐射范围大致是北起哈尔滨,南到海口,西到汉口,东到打狗。到 1911 年辛亥革命爆发时,上海的外商银行已达 27 家,除了上海外,汉口有 19 家、天津有 8 家、广州有 7 家。① 它们主要采用金融集体力量来垄断中国市场,为推展其本国贸易之臂助。

北京政府时期新设立的外商银行有 29 家,不过日本在中国东北设立的地方性银行未统计列入表 1-2:

表 1-2 北京政府时期主要外商银行设立简表

国别	家数/个	银行名称	在中国设立的时间/年	在中国设立的地点
日本	6	住友银行	1916	上海
		三井住友银行	1917	上海
		三菱银行	1917	上海
		天津银行	1920	天津
		汉口银行	1920	汉口
		济南银行	1920	济南
美国	6	美丰银行	1917	上海
		菲律宾银行	1919	上海
		运通银行	1919	上海
		汇兴银行	1919	上海
		友华银行	1919	上海
		大通银行	1921	上海
英国	2	大英银行	1922	上海
		通济隆银行	1924	上海
法国	2	万国储蓄会	1912	上海
		汇源银行	1921	上海
俄国	1	远东银行	1923	哈尔滨
荷兰	1	安达银行	1920	上海
意大利	1	华义银行	1920	天津
中外合资银行	10	中法实业银行(中法)	1913	上海
		中华汇业银行(中日)	1918	上海

---

① 吴景平:《近代中国金融中心的区域变迁》,《中国社会科学》1994 年第 6 期,第 178 页。

续表

国别	家数/个	银行名称	在中国设立的时间/年	在中国设立的地点
中外合资银行	10	上海银行（中日）	1918	上海
		中华懋业银行（中美）	1920	北京
		中法振业银行（中法）	1921	北京
		震义银行（中意）	1921	北京
		华威银行（中挪丹）	1922	北京
		四川美丰银行（中美）	1922	重庆
		福建美丰银行（中美）	1922	福州
		中法工商银行（中法）	1925	上海

资料来源：此表系根据叶世昌、潘连贵：《中国古近代金融史》，上海：复旦大学出版社，2001年，第220—221页，综合整理而制

由表1-2可见，这一时期新设的银行以日、美两国最多（各6家），此外，英、法两国各2家，俄、荷、意三国各1家，中外合办银行10家。

1927—1937年，外国在华设立的银行数量有所减弱。1931年"九一八"事变后，日本占领中国东北，在东北的日本银行成为敌伪银行，已不属于外商银行的范畴。不计算东北的日本银行，那么全面抗战前十年间新设立的外商银行仅5家：美、英各2家（美国设立的2家是：1927年总行设立于哈尔滨的信济银行，1934年总行迁往上海，1936年停业；1930年在上海建立的友邦银行。英国设立的2家是：1930年在香港设立的沙逊银行，1931年在上海设分行；1931年在上海设立的达商银行），苏联1家（1934年在上海设立分行的莫斯科国民银行），[①]虽然数量不多，但原有的外商银行势力仍在继续发展。到1937年，中国全国银行中，华资银行合计164家，分支机构1627处，而外商银行仅29家，分支机构113处，这些外商银行主要集中在上海、大连、营口、天津、北平、汕头、青岛、长春、昆明、香港、哈尔滨、烟台、福州、汉口、广州、济南、沈阳、厦门等地。[②]

虽然外资银行的势力范围以东、中部沿江沿海地区为主，但也已经进一步将势力伸向中国的西部地区。在西北地区，外资银行最早将势力深入进来的是华俄道胜银行，清末民初它将其势力渗透到了西北的新疆地区。华俄道

---

① 叶世昌、潘连贵：《中国古近代金融史》，上海：复旦大学出版社，2001年，第268页。
② 中国银行经济研究室编辑：《全国银行年鉴》（1937年），上海：汉文正楷印书局，1937年，第A7—8、10；H60—64页。

胜银行原为俄、法合资，成立于 1895 年 11 月 23 日，资本额最初为 600 万卢布，总行设在俄国彼得堡。20 世纪初沙俄为了垄断新疆金融业，操纵新疆的经济命脉，华俄道胜银行于是将势力渗入新疆。1900 年，华俄道胜银行在喀什设立分行，1903 年，又在伊犁设立分行，不久，塔城、吐鲁番、巴里坤、奇台、吉木萨尔、莎车等地也都有了它的分行或代理机构；1909 年，华俄道胜银行又在西伯利亚设立撒马尔罕中心支行，管辖喀什、伊犁等支行，其设在巴尔瑙尔的中心支行管辖新疆地区的塔城支行；1920 年 6 月 17 日，华俄道胜银行又在迪化设立分行。华俄道胜银行新疆各分行垄断了新疆的汇兑、借贷、期票贴现、存放等业务，是沙俄实行经济扩张、掠夺新疆资源的工具，是吸吮新疆各族人民血汗的吸血管。① 俄国十月革命胜利以后，苏维埃政府宣布废除以前俄国政府历次同中国订立的一切条约，这样，华俄道胜银行就失去了在中国从事活动的特权，总行也由彼得堡迁往巴黎，1926 年华俄道胜银行倒闭，其在新疆的分支机构也随之停业（图 1-3）。

图 1-3 华俄道胜银行在新疆发行的金券

---

① 梁克明：《华俄道胜银行是沙俄侵略新疆的工具》，《新疆社会科学》1983 年第 4 期，第 60、77 页；魏永理：《中国西北近代开发史》，兰州：甘肃人民出版社，1993 年，第 432 页。

在西南地区，清末外商银行的渗透却因遭到当地政府的抵制而未得逞，如法国的东方汇理银行，曾于1910年4月9日，由法国交涉委员宝如华向云南地方政府发出照会，请求在云南省省城昆明设立分行，但却遭到了云南地方政府的拒绝："查云南府既非通商口岸，外国照章不能来此设立行栈经商，行设银行显背条约。"① 1913年10月，法国东方汇理银行强行在云南蒙自组织分行，并违反常例进行营业，次年还前往个旧办理放款。② 1912年在上海建立的法国万国储蓄会，1920年在重庆成立分会。③ 在中外合办银行中，1922年由中美合办的四川美丰银行在重庆成立，美国金融势力进入四川。④ 全面抗战爆发前，法国东方汇理银行为法国银团投资成渝铁路事务，它曾一度在重庆打铜街口设立办事处，但未对外办理银行业务。⑤

总之，从1845年英国丽如银行在香港设立分行开始，到1895年甲午战争止，英、德、法、日四国在中国内地和中国香港设银行共计14家，即英国9家，德国2家，法国2家，日本1家；到1894年，这些银行只剩8家，即英国5家，德、法、日各1家；1895—1913年，外资银行在中国又设立13行，85个分支机构；1914—1926年，再设立44行，125个分支机构，这样，加上甲午战争前开设的银行，到1926年中国共有65个外国银行和226个分支机构。1927年，在华外国银行大大小小共计34家。从1927年起到1936年，新开设的外商银行只有6家，其中英商2家，美商3家，俄商1家，均规模小，且力量薄弱；这9年中，倒闭、停业清理、因故退出的外商银行有10家，因此，到1936年时，仍在营业的外商银行全国共计30家。⑥

二、在华外资保险业

保险业也是一种现代化的金融经营方式。近代中国保险业，首先是由外

---

① 云南省档案馆等合编：《云南近代金融档案史料选编（1908—1949年）》（上）（内部资料），1992年7月，第30—31页。
② 云南省档案馆等合编：《云南近代金融档案史料选编（1908—1949年）》（上）（内部资料），1992年7月，第33、37页。
③ 田茂德、吴瑞雨、王大敏整理：《辛亥革命至抗战前夕四川金融大事记（初稿）》（二），《西南金融》1984年第5期，第30页。
④ 田茂德、吴瑞雨、王大敏整理：《辛亥革命至抗战前夕四川金融大事记（初稿）》（二），《西南金融》1984年第5期，第30—31页。
⑤ 中国人民政治协商会议西南地区文史资料协作会议编：《抗战时期西南的金融》，重庆：西南师范大学出版社，1994年，第270—271页。
⑥ 洪葭管：《中国金融通史（第四卷）·国民政府时期（1927—1949年）》，北京：中国金融出版社，2008年，第181页。

国商人在中国建立的。当清朝部分开放海禁以后，广州成为了对外贸易的前哨，同时也成了外国近代保险业进入中国的桥头堡。早在19世纪以前，加尔各答的零星几家保险公司便开始在广州设立代办处，从事保险代理活动。①鸦片战争爆发前的1805年，为了保护罪恶的鸦片贸易，由英属东印度公司鸦片部经理达卫森（W. S. Davidson）发起，在广州设立了谏当保险行（Canton Insurance Society）②，这是外商在中国建立的第一家保险企业。该行的设立使鸦片商可以获得损失赔偿，减轻了鸦片走私的风险，为其更大规模地走私提供了保障。

鸦片战争后，随着中国的五口通商口岸被迫开放，上海在五口中发展最快，到19世纪40年代末，上海逐渐代替广州，成为了全国对外贸易的中心，于是，以英国为首的外商保险公司，开始时以广州、香港为基地进行保险活动，后来逐渐通过在沪的洋行代理将其业务延伸到上海。据统计，1844年中国各通商口岸和香港，共有保险公司的代理机构25个，到1863年上海开埠后，短短二十年内，就有30余家英商保险公司在沪从事业务，保险种类不再仅仅局限于水险，而是扩大到火险乃至人寿保险等方面。从上海开埠到1937年，英商保险业在近代上海保险市场得到拓展，洋行代理下的英商保险公司自始至终在数量上占有压倒性优势，据1936年年底的统计，41家英商洋行在上海代理着87家总公司在英国的保险公司的业务。③英国基本上垄断了当时中国的保险业市场。

第二次鸦片战争之后，随着通商口岸的不断增多，西方各国资本主义经济势力在中国日益扩大，各国列强出于自身商品输出和资本输出安全的考虑，为了获取最大保险利润，美国、法国、德国、瑞士、日本等国步英国之后尘，相继在华开设保险公司或设立保险公司的分支机构。1866年，上海、香港、汕头、厦门、福州、天津6个通商口岸城市的保险代理处已有102家，到1900年，这6个通商口岸城市已有52家洋行，这些洋行代理着148家保险公司的业务。外商在中国常设的保险公司在主要的通商口岸都设立了分支机构，分布于上海、广州、黄埔、澳门、汕头、厦门、汉口、烟台、天津、宜昌、北

---

① 赵兰亮：《近代上海保险市场研究（1843—1937）》，上海：复旦大学出版社，2003年，第22—23页。
② 谭文凤：《中国近代保险业述略》，《历史档案》2001年第2期，第103页。
③ 赵兰亮：《近代上海保险市场研究（1843—1937）》，上海：复旦大学出版社，2003年，第26—28，40页。

京等地。^① 不过，整个中国的外商保险市场仍以英国为主，以 1927 年的上海火险公会会员组成为例，当时英商保险公司有 73 家，差不多是美商保险公司 16 家的 5 倍，即便到 1936 年，从全国范围来说，英商在华保险公司有 94 家，而美商在华保险公司则为 38 家。^② 这样，到 20 世纪 30 年代，在华的外商保险公司，基本形成了外商的保险网络，它们几乎垄断了近代中国的保险业市场。

据 1935 年年底的统计，将总公司设在中国的外商保险公司，仅上海就有 6 家，香港有 6 家，而大多数外商保险公司都是在中国设立分公司或代理机关。现将所有外国保险公司在中国有总、分公司及代理机关者统计见表 1-3：

表 1-3　截至 1935 年各国在华开办保险公司统计表　（单位：家）

国别	总数
英国	76
美国	23
日本	14
德国	9
法国	8
荷兰	11
澳大利亚	4
加拿大	3
瑞士	2
意大利	2
挪威	1
丹麦	1
印度	1
菲律宾	1
乌拉圭	1
东印度	1
总计	158

资料来源：中国通商银行编：《五十年来之中国经济》，上海：上海六联印刷股份有限公司印刷，1947 年，第 198—199 页

据陈郁先生 1937 年调查，全国共有保险公司 199 家，属于外商者 150 家，

---

① 中国保险学会等编：《中国保险史》，北京：中国金融出版社，1998 年，第 65—67 页。
② 赵兰亮：《近代上海保险市场研究（1843—1937）》，上海：复旦大学出版社，2003 年，第 99 页。

属于华商者 49 家,约为 3 比 1 的比例。① 全面抗战爆发前的这些外商保险公司,以上海为中心,独占和垄断了中国保险市场。据 1937 年《中国保险年鉴》统计,外商保险公司及其代理机构设在上海的共有 126 家,并且这些外商保险公司还在不断向内地渗透,其分支机构遍布中国的各重要通商口岸城市。②

三、在华外商证券交易所

在近代中国,最早的有价证券及其交易是由洋商舶来的,外商证券交易机构在中国的产生与发展主要集中于上海,而上海的外商证券交易所有两个,一是西商众业公所,一是日商取引所。

1843 年上海开埠后,外国侵略势力在中国不断扩张,不仅向中国输出商品,而且逐步增加了对中国的投资,在中国建立了大批企业,然而,这些来到通商口岸经商的外国商人,资金并不充裕,于是他们采用了西方国家已广泛推行的股份公司的形式,通过组织股份制企业,发行股票,招股集资来解决资金短缺的问题,这样,股份制度伴随着西方资本主义的经济侵略来到了中国。19 世纪 70 年代前,外商在华创办的主要股份制企业有:旗昌轮船公司、东方银行、商业银行公司、上海船坞公司、港澳轮船公司、公正轮船公司、中日(沿海和长江)轮船公司、北清轮船公司、华海轮船公司、中国太平洋轮船公司、太古轮船公司、扬子保险公司、保家行、保宁保险公司、香港火烛保险公司、宝裕保险公司、华商保安公司、汇丰银行、公和祥码头公司、英商上海自来火房、法商上海自来火行等,这些企业主要通过在中国最大的通商口岸上海发行股票来筹集资金。

随着外商在上海创办的股份制企业逐渐增多,外商股票发行数额也逐渐增大,1864—1869 年,上海外商证券市场出现相对活跃的局面。当时在上海开办的第一家外国银行——英商丽如银行(Oriental Banking Corporation)的股票成为了市场上的热门,面值 25 镑,市价已达 38 镑。市场上证券交易额"日以百万计,投机交易有时延到深夜",据称 1864 年,上海的西商证券市场"没有一夜安定"。③ 1869 年上海四川路二洋泾桥北,出现了中国第一家专营有价证券的洋行——英商长利公司(J. P. Biest & Co.)。不久,英商柯希奈·司

---

① 董幼娴:《重庆保险业概况》,《四川经济季刊》1945 年第 2 卷第 1 期,第 334 页。
② 中国保险学会、《中国保险史》编审委员会编:《中国保险史》,北京:中国金融出版社,1998 年,第 120 页。
③ 陈正书:《近代上海华商证券交易所的起源和影响》,《上海社会科学院学术季刊》1985 年第 4 期,第 94 页。

密斯公司（Cushuny-Smith & Co.）及苏利文·勃咨公司（Sullivan-Bases & Co.）也相继开办。① 其股票买卖形式，据《申报》资料显示，"上海有西人买卖各公司股份，曾习以为常，然其法未必。今买而即付银，或以一二月为期，甚至有以六阅月为期者"。② 虽然我们目前还未得到更多详细反映当时交易情况的资料，但仅从上文即可见，当时的外商证券交易不仅有股票的现货交易，而且还有期货交易，已经出现的从事股票买卖的外国商号，主要从事外国在华厂商企业股票的买卖，但买卖并不兴隆，股票经纪人大都是掮客，以买卖股票为副业。

上海开办的第一家初具规模的西商证券交易所是 1891 年英国人在上海的四川路南京路口的中央商场内开设的"上海股票公所"（Shanghai Sharebroker's Association），它由西商中一些专门从事证券买卖的经纪人组成，它以买卖外国股票为主，是证券掮客公会，但具有交易所的雏形。1903 年上海股票公所酝酿改组，1904 年它在香港注册，定名为"上海众业公所"（The Shanghai Stock Exchange），地址在黄浦滩（今中山东一路）1 号，其组织采取会员制，即只有会员（即经纪人）才能参加买卖交易，会员入会时需每人缴纳会费 2500 元。③ 最初会员为 50 人。开拍洋商在华企业股票，约有 60 余种，并买卖各国股票。成立后不久，会员即扩充为 100 人，其中，西商 87 名，华商 13 名。除经营外国股票外，该所还买卖外商在华所设公司的股票，它与香港市面有密切关系。市场设在四川路中央商场内。虽然英、德、法各国在沪商行都能以会员资格参与，但是，第一次世界大战以前，英商始终控制、垄断着上海的西商证券交易。

1929 年 10 月 7 日，上海众业公所曾经一度改组，到 1934 年，该所共有 98 位经纪人，其中 9 个是中国人，大多数是犹太人。它的地址在中央路 16 号。在上海众业公所行市单里，该所有 10 种银行和银公司股票，5 种保险公司股票，16 种地产公司股票，6 种船坞仓库和轮运公司股票，8 种公用事业股票，4 种纺织厂股票，38 种橡皮和垦殖公司股票，此外还有 13 种优先股，55 种市债和公司债。在这 155 种证券中，除 1932 年的上海市灾区复兴公债外，其他

---

① 陈正书：《近代上海华商证券交易所的起源和影响》，《上海社会科学院学术季刊》1985 年第 4 期，第 94 页。
② 《股份折阅》，《申报》1874 年 7 月 29 日。
③ 《民国三十年外商股票及发股公司之调查》，《经济研究》（上海）1942 年第 3 卷第 7 期，第 134 页。

均为由外国公司发行的股票与债券。①1937年"八一三"战事爆发前,西商众业公所是中国最大的外商证券交易市场,也是亚洲最大的一个证券市场,在这里不仅有由在华外资企业上市的证券,还有由西方列强在东南亚建立的企业所发行的证券(图1-4)。

图1-4　上海众业公所及其上市的股票

日商上海取引所(日本人称"交易所"为"取引所")从1917年酝酿发起、筹备开业、历年经营到1929年清算结束,历时12年。

1914年第一次世界大战爆发后,乘欧美列强放松对中国侵略之机,日本加紧侵略中国:以纺织业为中心的日本资本跃进上海,日资工场显著增多;与这种经济扩张的势头相适应,日本财阀为争夺上海证券、物品交易市场,1916—1917年,曾两次酝酿在上海发起成立取引所,均未果。1917年5—6月间,以刚上任大阪株式取引所理事长的岛德藏为主,由他联络实业界、政界著名人物13人充作发起人,酝酿发起成立上海取引所,由日本驻上海总领事馆函呈日本外务省,请示设立取引所,但取引所的成立涉及的司法问题,日本外务省认为日本取引所对于上海取引所不适用也不准用。②不过,经过上海取引所发起人极力争取,1918年上半年,在既违反日本取引所法,又为中国法律所不容的情况下,日本政府居然授命上海总领事予以特许设立,上海取引所紧锣密鼓地筹备开业。上海取引所总行设在日本大阪,分行设在上海租界,联络大阪、上海两大市场,经纪人须经上海日本领事允准充任。③1918年3月,与日本交易所有联系的在华日商,由日本驻上海总领事馆发给营业

---

① 《上海底两个证券市场》,章乃器:《中国货币金融问题》,上海:生活书店,1936年,第339—340页。
② 虞建新:《日商上海取引所及其与上海华商交易所业之关系(上)》,《档案与史学》1995年第1期,第47页。
③ 《论上海交易所》,《银行周报》1918年第2卷第14号(总第45号)。

许可证，设立了以经营花纱和股票为主的上海取引所，并定名为"股份公司上海取引所"，上海取引所股本为 1000 万日元，分为 20 万股，每股金额 50 日元。① 1918 年 6 月 8 日，大阪市东区的北浜银行召开第一次股东总会，并通过了购买上海公共租界福州路 19 号二楼以作营业之用的决议。1918 年 11 月北浜银行举行开幕式，12 月 2 日北浜银行正式营业。与众业公所不同的是，日商取引所采取股份制，为股份有限公司组织，标的物原定为棉纱、棉花、有价证券以及生丝、面粉等 5 项，后仅做棉纱与有价证券两项，日商取引所属于综合性交易所。

日商取引所开业之初，上市的有价证券种类，债券仅 1 种，即甲五分利公债；股票则有东京株式取引所、大阪株式取引所、大阪三品取引所及东洋拓殖、日本石油、大日本纺织、钟渊纺织、久原矿业等会社股，8 种股票全部属于日本公司，又均有新、老股票之分。半年后，债券部分增加民国三年公债、民国四年公债、民国七年公债 3 种；股票部分，日本方面增加大日本制糖新老股、东洋制糖新老股、日华纺织股、东洋纺织新老股、上海取引所股 5 种；中国方面，包括西商在内，有老公贸纺织公司、上海自来水公司、杨树浦纱厂、上海纺织有限公司、上海地产投资公司、英法地产投资公司、上海某电话公司、上海某船坞公司等 8 种。②

正是因为日本人在上海所设取引所只是分处，而总处却设在日本的大阪，这引起了中国人极大的愤慨，而中国人民的反对也直接反映到上海日商取引所在东京株式取引所的股票市价上，在上海取引所成立之初，当中国商帮协会未发电反对以前，其股价极高，曾高至每股 70 余元，其后股价日落，到 1919 年 2 月，其市价仅 30 余元。③

国人的反对也集中体现在日商上海取引所的经营情况中，1918 年下半年开业未久，上海取引所约计损失 6423 元；1919 年上半年结账时，上海取引所已扭亏为盈，获利 10 949 元，除去前期损失外，计有纯利 4526 元。④ 不过，在 6—7 两月排日最盛时期，上海取引所无交易可言。⑤ 日商上海取引所曾拉拢上海工商界中有声望的中国商人壮大声势、扩大影响，利用熟悉业内情况

---

① 《日人拟设上海交易所之内容》，《银行周报》1918 年第 2 卷第 20 号（总第 51 号）。
② 虞建新：《日商上海取引所及其与华商交易所业之关系（上）》，《档案与史学》1995 年第 1 期，第 49 页。
③ 《上海日本取引所近况》，《银行周报》1919 年第 3 卷第 5 号。
④ 《上海取引所之近状》，《银行周报》1919 年第 3 卷第 24 号（总第 106 号）。
⑤ 沧水：《可惊可惧之上海取引所》，《银行周报》1919 年第 3 卷第 47 号（总第 129 号）。

的干练的中国商人为之经营业务，打开市面，日商上海取引所成立之后即聘请王一亭、金锡之、胡梅庵等三人为董事，朱葆三为监察人，谢孟军为买办，并吸收花纱业中的有力人物吴麟书、徐庆云等为花纱部经纪人，还拉去了上海股票商业公会的几个会员来当上海取引所股票部的经纪人，专以日本帝国公债、水月牌棉纱及通州棉花为交易标的。上海取引所所经营的花纱业务极为兴旺，交易节节扩大，在成立后的两年多时间内，上海的花纱交易几乎都集中到了那里，同时也做起了日本和中国的股票。[1]然而，好景不长，日商取引所企图垄断上海证券市场，因此它从一开始成立即遭到中国人的强烈反对，再加上中国人自办的上海证券物品交易所与上海华商证券交易所相继成立，日商上海取引所的业务受到影响，除1919年全年和1920年上半年曾有盈余外，其余时期多为亏折，日商上海取引所的业务逐渐萎缩，虽经多方挣扎，终于无法维持，到1927年不得不宣告停业清理，1929年正式停业。

总之，在抗战以前，外商在华金融机构，以外资银行业为核心，包括银行、保险与证券在内，已经建立了一个较为完整的金融网络，这一网络以上海为中心，形成了一个辐射中国东、中部地区的金融网络体系。

第二节　全面抗战爆发前华资现代化金融业的发展与分布

近代中国华资金融业的现代化，集中体现为银行、保险、证券、信托、合作金库等新式金融机构的产生与发展，其中新式华资银行业是更为集中的体现。本节将对抗战前中国华资现代化金融业在全国的整体分布展开论述。

一、全面抗战前中国华资银行的总体发展与布局

近代中国新兴之华商新式银行业，当以清光绪二十三年（1897年）在上海创立的中国通商银行为嚆矢，至宣统末年（1911年）止，这段时间可谓中国银行业之萌芽时代。民国以后，银行业更是得到突飞猛进的发展，到抗战爆发前，华资银行已逐渐构成以上海为中心，包括国家银行、地方银行、商业银行等多种类型的银行在内的金融网络。

自1897年中国通商银行创立，到1911年辛亥革命爆发，华资银行业之特

---

[1] 邓华生：《旧上海的证券交易所》，文史资料工作委员会编：《上海文史资料选辑》第60辑《旧上海的金融界》，上海：上海人民出版社，1988年，第323页。

点为：实收资本均在数十万两以至一二百万两左右；活动能力与范围，均远逊于外商银行及钱庄。这段时间，中国的新式银行共设立20家：中国通商银行、户部（大清）银行、濬川源银行、信诚银行、信义银行、浙江兴业银行、交通银行、北京储蓄银行、四明商业储蓄银行、和慎银行、裕商银行、浙江银行、福建银行、广西银行、大信银行、直隶省银行、四川省银行、殖业银行、中华银行、贵州银行等。①

辛亥革命后，票号与钱庄的实力大受打击，新式银行遂有突飞猛进之发展，民国元年（1912年）一年中即有14家新银行成立；此后，我国新式银行每年都有增设。1921—1924年，新增银行竟达79家，其中，仅1921年及1922年这两年，新增银行即达50余家之多，新式银行可谓盛极一时。不过，1912—1927年，我国新式银行处于动荡时期，成立虽多，倒闭亦多：在此短短十五年中所成立之新式银行，共达186家，到1927年仅存50家，其他136家均已停业。新设银行之倒闭者，达总数2/3以上。1928年后，政局渐趋稳定，工商业逐渐繁荣，新成立之银行达80余家。1927—1937年十年间，我国新设银行总计达137家，到1937年已停业者32家，尚存者达105家，尚存者占当时新设银行的2/3强。自清末至1937年"七七"事变年间，中国华资银行总行共达164家，分支行达1627处，总、分支行达1791处；中国华资银行总、分支行的资产负债总额达70万万元以上；资本金与公积金合计在4万万元以上；存款与放款数额，各达30万万元左右；钞票之发行额，在15万万元之谱。②

再从中国银行业地域分布的情形看，中国银行业地域分布极不平衡，都市资金之膨胀与内地经济之偏枯，形成强烈对照。到1935年，全国银行共有159家，按其总行所在地及分行所在地地域分布状况，我们加以统计，列表如1-4：

表1-4　1935年全国银行总行所在地及分行所在地地域分布情况统计表

（单位：家）

地域	总行数	分支行数	合计	本埠分行数
上海市	60	128	188	82
天津市	8	54	62	32

---

① 唐传泗、黄汉民：《试论1927年以前的中国银行业》，中国近代经济史丛书编委会编：《中国近代经济史研究资料》第四辑，上海：上海社会科学院出版社，1985年，第63页。另据中国银行总管理处经济研究室编辑的《全国银行年鉴》（1934年）（上海：汉文正楷印书局，1934年，第A3页）的统计，这一时期的新式银行仅为17家。

② 中国银行总管理处经济研究室编辑：《全国银行年鉴》（1934年），上海：汉文正楷印书局，1934年，第A3页；沈雷春主编：《中国金融年鉴》（1939年），近代中国史料丛刊编辑（613），台北：文海出版社，第104—107页。

续表

地域	总行数	分支行数	合计	本埠分支行数
北平市	1	50	51	31
青岛市	3	20	23	9
杭州市	7	17	24	4
南京市	1	50	51	26
重庆市	9	14	23	10
汉口市	4	30	34	4
广州市	5	14	19	4
江苏省	13	175	188	20
浙江省	17	78	95	—
山西省	1	32	33	—
山东省	1	33	34	2
甘肃省	—	4	4	—
河北省	—	48	48	—
河南省	1	49	50	—
陕西省	2	46	48	—
四川省	4	41	45	4
江西省	3	46	49	3
安徽省	—	40	40	2
湖北省	—	28	28	1
湖南省	2	32	34	—
福建省	3	32	35	9
广西省	1	24	25	—
广东省	—	15	15	—
吉林省	—	10	10	2
黑龙江省	—	3	3	—
辽宁省	—	21	21	3
云南省	1	6	7	—
察哈尔省	—	4	4	—
绥远省	1	8	9	—
宁夏省	1	3	4	—
香港及国外	10	33	43	1
总计	159	1188	1347	249

资料来源：王承志：《中国金融资本论》，上海：光明书局，1936年，第16—18页

注："—"表示无数据，全书同

由表 1-4 可知，中国的银行设立区域，以都市来说，以上海为最多，总行 60 家，占全国 37.74%，分支行 128 家，占全国 10.77%，而上海、天津、北平、南京、青岛、杭州、重庆、汉口、广州等九市集中了主要的华资银行，总行为 98 家，占全国 61.64%，分支行为 377 家，占全国 31.73%；以省别来说，总行及分支行的所在地又以江浙两省、沿海诸省及长江流域数省最多，总行为 116 家，占全国 72.96%，分支行为 680 家，占全国 57.24%，而偏僻之区，特别是工商业不发达的西部省份，如甘肃、陕西、四川、广西、绥远、察哈尔、宁夏等省，不但总行鲜见，就是分支行也极少：总行为 19 家，仅占全国 11.95%，分支行为 150 家，仅占全国 12.63%。在这些西部省区中，四川（包括重庆）一省的总行为 13 家，分支行为 55 家，分别占西部省区的 68.42%、36.67%。其中，重庆一地的总行为 9 家，分支行为 14 家，为四川省甚至西部地区新式银行业比较集中的城市。由此可见，中国金融业发展畸形。以下再就银行分布与土地、人口之关系进行比较，就更能说明近代中国银行业是畸形发展的。

全面抗战前中国金融业之分布，偏在口岸都市，以 1936 年的银行分布情形而言，上海一地，总行占全国总数 37%，分行占总数 9%；其次江浙两省总行占总数 23%，分行占总数 2%—3%；再次为京、平、津、穗、汉五大都市，五大都市总行占 14%，分行占 16%；西北陕、甘、宁、青、疆五省的总行只占 2%，分行占 5%；西南五省总行亦占 5%，分行占 7%。此种分布若与人口及土地面积对照，则不平衡性更加明显，现将银行分布与人口、土地百分比比较列表 1-5：

表 1-5 1936 年全国银行分布及人口、土地百分比比较统计表　　（%）

地域	银行总行数百分比	银行分行数百分比	人口数百分比	土地百分比
沪津平京广汉渝杭青九大都市	61	29	2	1
江浙两省	18	21	15	2
其他各地	21	50	83	97

资料来源：沈春雷主编：《中国金融年鉴》（1947 年），上海：黎明书局，1947 年，第 A5 页

由表 1-5 可见，战前中国银行业，总行的 79%、分行的 50%，都集中在沪、津、平、京、广、汉、渝、杭、青九大都市及江、浙两省，而这些地区的人口却只占全国人口的 17%，土地占全国土地的 3%；其他地区的人口占全国人口的 83%，土地占全国土地的 97%，新式银行总行仅占全国总行的 21%，

分行占全国分行的 50%，特别是广大的西南、西北内陆地区，新式银行为数极少。这种情势，非常不利于中国社会经济的发展。这也充分显示了少数通商口岸的银行统治了中国的金融，并影响了内地的社会经济发展。

以上是全面抗战爆发前中国华资银行业的总体发展情况及其在全国的整体网络布局，以下我们将根据战前中国华资银行性质对其进行分类，并对各类银行的地域分布情况做进一步的分析和总结。

近代中国创办的新式银行，大体可分为两类：一为官办或官商合办，一为商办。官办或官商合办银行，包括中央政府经办之国家银行及地方政府所兴办的各省、市、县地方银行等。

中央政府经办之国家银行：

晚清政府投资经办的第一家国家银行是 1905 年的户部银行（1908 年改为大清银行），第二家国家银行则是 1907 年邮传部奏请筹设的交通银行。

民国以后，大清银行宣告清理，晚清政府另设中国银行，中国银行与交通银行同时行使中央银行的职权，中国银行与交通银行成为了北京政府的国家银行，是北京政府的两大财政支柱（图1-5）。

图1-5　中国银行旧址

大清银行旧址，地址在北京西交民巷，1912 年 8 月—1928 年为中国银行总行地址。1912 年 1 月初，大清银行商股联合会正式上书临时大总统孙中山，建议将大清银行改组为中国银行，中国银行为临时政府的中央银行，孙中山批准。1912 年 2 月 5 日，中国银行在上海成立

1927 年以前，国家银行在中国银行业中不占优势地位，但国民政府定都南京后，凭借国家政权的超经济力量与货币、信用和外汇政策的经济力量，经过短短的几年时间，到 1935 年，国家银行成为了控制和支配中国金融业的主导力量，我国金融业基本上形成了以中央、中国、交通、中国农民四行为

中心的国家银行体系。

1928年11月1日,中央银行在上海黄浦滩路华俄道胜银行旧址宣告成立。1935年6月3日,中央银行取消支行名称,按业务繁简分设一等分行、二等分行、三等分行及办事处。各分行处推进较速,西达川黔,北抵陕甘,同时为便利发行,中央银行拟于西南、西北、华中三区设立发行分局。1935年9月,中央银行首先在重庆设立发行局第一分局。到全面抗战爆发前,中央银行分行处计达49处,遍布各重要地区(图1-6)。①

(a)中央银行第一任总裁宋子文

(b)中央银行总行设在上海外滩黄浦江路15号,原上海华俄道胜银行大楼内

图1-6 中央银行第一任总裁及总行旧址

1928年10月26日,国民政府公布《中国银行条例》,条例明确规定,经国民政府特许中国银行为国际汇兑银行。在首都、各大商埠、交通中心及物产集散地区,国民政府广设支行、办事处、办事分处,乃至寄庄,汇兑所、兑换所、收税处等机构陆续取消。中国银行在国内的总行、分行、支行、办事处,1929年共84个,以后机构与员工逐年增加,至1937年,机构增至209个,员工增至3505人;与1934年比,机构(157个)增加33%,员工(2528人)增加39%;与1929年机构数量比,8年增加了1.49倍。同时,中国银行还设立了海外机构,中国银行最早于1929年11月4日在世界金融中心的伦敦设立了经理处,后于1931年9月1日在日本大阪开设分行,1936年6月15日开设新加坡分行,1936年7月1日在纽约开设经理处,并与英、美、法、

---

① 刘慧宇:《中国中央银行研究(一九二八至一九四九)》,北京:中国经济出版社,1999年,第54页。

意等外国银行建立直接通汇和代理关系。①

1929年11月16日，国民政府公布《交通银行条例》，明确规定交通银行为特许发展实业银行。1933年7月，交通银行进行改组，总管理处改为总行。其后经过两年多的发展，截至1936年年底，交通银行有分行7个，支行70个，办事处35个，临时办事处10个，共计122个。其中，7个分行都集中在中、东部地区，西部地区一个也没有，7个分行位于：天津、香港、汉口、厦门、杭县、青岛、长春。在70个支行中，由于西北经济开发，陕西仅设立了2个支行：西安三等支行、渭南五等支行。陕西还设立了1个办事处：潼关办事处，以及1个临时办事处：泾阳临时办事处。其他西部各省，一个支行及办事处都没有（图1-7）。②

图1-7 上海交通银行旧址

上海外滩14号是原交通银行大楼，现在是上海市总工会大楼，地址在现中山东一路14号。1928年，随着全国政治中心从北京转移到南京，交通银行也将总管理处迁到上海外滩14号

中国农民银行，1935年4月，由豫、鄂、皖、赣四省的农民银行改组而成。根据《中国农民银行条例》，该行除经营一般银行业务外，还享有发行兑换券、农业债券和土地债券等的特权。四省农民银行曾在1934年6月设立西安办事处，西安办事处于1935年改称中国农民银行西安分行。③1935年和1936年四省农民银行又分别设潼关、南郑、安康等办事处；1935年四省农民银行

---

① 中国银行行史编辑委员会编著：《中国银行行史（1912—1949）》，北京：中国金融出版社，1995年，第167—170页。

② 交通银行总行、中国第二历史档案馆合编：《交通银行史料》第一卷（1907—1949）（上），北京：中国金融出版社，1995年，第131—136页。

③ 杨希天等编著：《陕西省志·金融志》，西安：陕西人民出版社，1994年，第24页。

在甘肃设兰州分行，以及天水、平凉、武威办事处。1935年7月8日，中国农民银行重庆分行成立，8月25日，中国农民银行成都办事处开业（图1-8）。1936年，在川各县成立的中国农民银行机构有泸县、永川、乐山、宜宾、自流井、广元、阆中、西充、雅安等9处。①

图1-8　中国农民银行（1935—1948）成都办事处

地方政府经营之省市县地方银行：

近代中国省地方银行是从晚清地方官银钱号演变而来的。清末地方官银钱号是近代中国地方政府官方设立的信用机构。清末设立省地方银行的主张是由省地方政府提出来的，设立省地方银行的目的也主要是为了维持地方财政，发展地方经济。省地方银行组织结构和管理制度的制定，既受西方银行制度的影响，又吸收了票号的许多有益做法，其所用管理人员和办事人员也多为经营过票号的人。

近代中国最早建立的省地方银行是1902年直隶省于天津创设的直隶省银行，其次是四川的濬川源银行，成立于1906年，再次则为浙江银行，成立于1909年。省地方银行在前清成立的，仅有此三家。1912年始，各省官银钱局

---

① 四川地方志编纂委员会编：《四川省志·金融志》，成都：四川辞书出版社，1996年，第20页。

因为经营不善,停闭的很多。在1912年一年以内,即有7家省地方银行成立,以后各省先后设立的省地方银行,或由省官银钱局改组而成,或由省政府新设,1912—1927年,各省先后设立且有省地方银行性质的银行,计有25家之多,在数量上不可谓不多;但因受军阀割据的影响,省地方银行多为为军阀筹饷的机关,它们滥发钞票,信用扫地,最终倒闭或改建,这是司空见惯的现象,这段时间是地方金融机构最混乱的时期,也是省地方银行最黑暗的时代。[1]根据杜恂诚教授的研究,这一时期的省地方银行可以分为五种类型:第一种为防区银行,以军队防区为基础,以防区部队的名义设立,既不需要向中央或地方政府申请注册,也没有固定资金充作资本,而是靠发行没有准备金的钞票作为营运资金,四川防区银行最为典型。这种防区银行随防区部队的存亡而存亡,毫无信誉可言。防区银行所发钞票的流通,是以部队的武力为后盾的。第二种是轮番上台的军阀所控制的地方银行。如湖南银行从1912年成立到最后结束,历时6年,其间,湖南军阀当政者前后换了6次,湖南银行的主持人前后换了8届。这种地方银行一般是随政权更迭变化,银行主管易人,银行即由军阀掌握。第三种是由一派军阀长期掌握的地方银行。属于这类银行的有东三省官银号、山西省银行、广西银行等。第四种是较为特殊的广东地方银行。广东在相当长的一段时期内,是孙中山的北伐根据地。由于广东是一个政治色彩很强、政治变动很大的省份,所以广东的银行业,特别是官办银行业,也是很不稳定的。第五种是经营重心在上海的地方银行。江苏银行和浙江地方银行可以归入这一类。这些省地方银行注重实业经营,在所有的地方银行中可谓鹤立鸡群。[2]

在这些形形色色的省地方银行中,除了第四、第五种比较特殊外,主流的省地方银行还是以前三种居多。

随着社会经济的发展,1927年南京国民政府成立以后,特别是在20世纪30年代,国民政府在完成了形式上对全国的统一之后,省地方银行也有了较快的发展,这段时间新设立的省银行,计有:江西裕民银行、河南农工银行、江苏农民银行、湖北银行、湖南银行、河北银行、江西建设银行、新疆银行、陕西银行、宁夏银行、广东银行、河北民生银行、山东民生银行、富滇新银行、四川地方银行、福建银行、广东实业银行、安徽地方银行、广西农民银行、西康银行,以及贵州银行等21行;其中仅河北民生银行一行于1933年

---

[1] 陈寿琦:《论省地方银行之将来》,《四川经济季刊》1943年第1卷第1期,第275页。
[2] 杜恂诚:《清末民初形形色色的地方银行》,《银行家》2003年第8期,第154—155页。

停办，广东实业银行与广西农民银行分别合并于广东银行与广西银行两个省行中，四川地方银行改组为四川省银行。① 由此可见，这时的省地方银行逐渐走上轨道，与以前明显不同的是：此时的省地方银行受中央的影响加强，受地方政治的控制逐渐削弱，停业之事，已很少闻。这时的地方银行均纷纷借鉴商业银行的经营管理经验，在业务上逐渐转向了扶植地方经济，省地方银行的基础，即是在这个时期确立的。不过，省地方银行在业务上仍未能完成调节本省金融、辅助本省经济建设的使命。

中国之特别市银行，在1937年"七七"事变之前，为数共7家，即广州市立银行、南昌市立银行、南京市民银行、上海市银行、青岛市农工银行、北平市银行、天津市市民银行。就资本来源而言，除南昌市立银行及青岛市农工银行为官商合资组织外，其余5家皆由市政府拨资兴办。②

民国时期的县银行，其前身可追溯到北京政府时代的农工银行。早在1915年，即有《农工银行条例》的颁布及农工银行的设立，每县以设一行为原则，并以县境为营业区，业务以扶助县地方农工事业为主旨，以当时的大宛、昌平、通县三个农工银行为嚆矢。③ 但这些农工银行，因自身和外部环境的种种弊端，发展并不理想，直到1937年全面抗战爆发前，中国以县境为营业区域之银行仅21家，详见表1-6：

表1-6　1937年"七七"事变前中国县银行统计表

行名	设立年份	实收资本/万元	出资性质	董事长	经理	地址	备考
太仓银行	1921年	18	民营	龚鸣璆	邵孟刚	江苏太仓	
江丰农工银行	1922年	20	民营	施肇曾	施士彬	江苏吴县	
吴县田业银行	1922年	25	民营	丁春芝	潘子起	江苏吴县	
嵊县农工银行	1924年	10	民营	钱惟烈	汪正金	浙江嵊县	
瓯海农工银行	1924年	25	民营		张惠顾	浙江永嘉	
衢县地方农民银行	1929年	6	官商合办	项槐	陈叔贤	浙江衢县	
莆田实业银行	1929年	5	民营	张志如	徐咏沧	福建涵江	1937年停业
海宁县农民银行	1931年	10	公营	黄曝寰	顾达一	浙江海宁	1937年秋迁永康

---

① 胡铁：《省地方银行之回顾与前瞻》，《金融知识》1942年第1卷第6期，第15—16页。
② 徐学禹、丘汉平编著：《地方银行概论》，福州：福建省经济建设计划委员会出版，1941年，第107—108页。
③ 沈长泰：《省县银行》，上海：大东书局，1948年，第41页。

续表

行名	设立年份	实收资本/万元	出资性质	董事长	经理	地址	备考
余姚县农民银行	1932年	8	公营	林泽	童泉如	浙江余姚	
嘉兴县地方农民银行	1932年	11	公营		周剑佩	浙江嘉兴	
崇德县农民银行	1933年	6	公营	徐世钰	姚乃鄂	浙江崇德	
嵊新地方储蓄银行	1933年	8	民营	俞士燮	汪尚志	浙江嵊县	
嘉善地方农民银行	1933年	6	公营		顾庚丽	浙江嘉善	
江津县农工银行	1933年	10	民营	樊肇海	邓燮康	四川江津	
平阳县农民银行	1934年	4	公营	徐用	庄世杰	浙江平阳	
绍兴县农民银行	1934年	5	公营		朱仲华	浙江绍兴	
绍兴商业银行	1935年	20	民营	金汤候	陈恕臣	浙江绍兴	
金堂农民银行	1935年	6	公营		颜如愚	四川金堂	
津市农工银行	1935年	5	民营	伍葆元	胡彬生	湖南津市	
垫江农村银行	1935年	3	民营	沈其宇	闵闵笙	四川垫江	
中山民众实业银行	1936年	62	公营	郭泉	黄文坚	广东中山	

资料来源：徐学禹、丘汉平编著：《地方银行概论》，福州：福建省经济建设计划委员会出版，1941年，第114—116页

由表1-6可知，在全面抗战爆发前的这21家县银行中，其地域分布情况是：浙江省最多，有12家，占全数1/2以上，其次是江苏与四川各3家，福建、湖南与广东各1家。

民营资本的商业银行：

中国通商银行是近代中国人自己创办的第一个商业银行，此后，商办银行不断涌现，1907年，浙江兴业银行设立，1908年，四明银行与浙江实业银行设立。不过，在清末民初，商办银行的创立却是举步维艰，直到1916年以后，随着民族资本主义工商业的繁荣兴盛，华资商业银行创办与发展的速度才大大超过了官办和官商合办的银行。1916—1920年，商办银行新设共73家，平均每年新设15家，占同期全国新设华资银行总数的90.1%。1920年以后，商办银行又有了新的发展，1921—1925年间共新设110家，平均每年新设达22家之多，不过这期间倒闭的也很多，五年倒闭的商办银行共有61家之多。[①]

从1926—1937年的11年半的时间里，中国的华资商业银行总计增设146

---

① 唐传泗、黄汉民：《试论1927年以前的中国银行业》，中国近代经济史丛书编委会编：《中国近代经济史研究资料》（4），上海：上海社会科学出版社，1985年，第69页。

家,除1926、1927年银行集中性倒闭家数增多外,自1928—1935年年底的八年时间,又出现了一个增设银行的高潮,其间银行倒闭家数为数极少,不过,这八年间新设的银行中规模较大的却屈指可数,实收资本在200万元以上的仅广东商人创办的国华银行(1928年),更没有出现像"南三行""北四行"那样的著名商业银行崛起的现象,到了1935年,南京国民政府实施强烈的垄断措施,意味着自由地发展资本主义银行的年代已经过去,受控制和统治的时期已经到来,所以,1936年全年和1937年上半年新设的银行减少了。

总之,到全面抗战爆发前,中国新式银行业得到了迅速发展,上海已经成为了全国金融之中枢,银行总行设于上海者达全国银行总数的1/3以上,现将1937年上海及全国各地的银行总行分布情况统计如表1-7:

表1-7　1937年上海以及全国各地银行总行的分布情况统计表

种类	上海		其他各地		全国	
	家数/个	占全国百分数/%	家数/个	占全国百分数/%	家数/个	占全国百分数/%
中央及特许银行	4	100.00	—	—	4	100.00
省市立银行	2	7.7	24	92.3	26	100.00
商业储蓄银行	36	49.3	37	50.7	73	100.00
农工业银行	6	16.7	30	83.3	36	100.00
专业银行	6	40.0	9	60.0	15	100.00
总计	54	35.1	100	64.9	154	100.00

资料来源:中央储备银行调查处编:《上海银行业概况》,1944年,第2页

从表1-7观察,中央及特许银行完全集中于上海;因总行仅能设于各省之省会或市区内,不能设于他处,故上海仅有江苏省银行与上海市银行二家;商业储蓄银行,上海几占半数;而农工业银行与专业银行因在中国银行分工并不精密,大部分与商业储蓄银行不过名称上之不同,农工业银行占全国16%,专业银行占40%,总计上海的银行占全国35.1%,其他各地这两种银行占64.9%,故上海为银行荟萃之区、全国金融之中枢。

不过,从国家银行与商业银行各自所占的比重来看,抗战爆发前,中央、中国、交通、中国农民四行存款的迅速增长改变了全国银行业的存款结构,1927年年底,全国银行业存款共计4亿余元,其中,中国、交通两行为2亿余元,商业银行合计为2亿余元,两者比例为1∶1。1936年年底,中央、中国、交通、中国农民四行的存款为26亿余元,加上省市银行的存款,合计为30亿元,而商业银行的存款为15亿余元,两者比例为2∶1,亦即全国银行

业中，66%的存款已掌握在国家资本银行手中。① 因此，在整个金融业的发展中，国家银行逐渐发展起来，其发展规模仅几年的时间就超过了商业银行，占据了极为重要的地位。

二、全面抗战前华资保险业与证券业的地域分布

在近代中国的金融业中，除了以银行为主体的金融机构外，还广泛存在着非银行类的金融机构：保险、证券、信托、合作金库等，全面抗战爆发前，这些金融机构在中国的分布情况如何呢？

全面抗战前华资保险业的地域分布：

近代中国的华资保险事业，发轫于清光绪年间的轮船招商局附设的保险公司。轮船招商局建立后，其船舶向洋商投保，投保费竟高到保额的10%。如此苛刻的条件，迫使该局不得不自行设法。1875年，李鸿章从轮船招商局拨白银20万两，交给大买办徐润和唐廷枢，两人于次年创办了仁和保险公司，仁和保险公司是中国人自己创办的第一家船舶保险公司。为了扩大保险业务，徐润等又于1878年创办了济和水火保险公司。1885年，仁和、济和两个公司合并，成立仁济和保险公司，通过公司合并，增强了与外商保险公司抗衡的实力，仁济和保险公司为近代中国人经营水火保险业务之先河（图1-9）。②

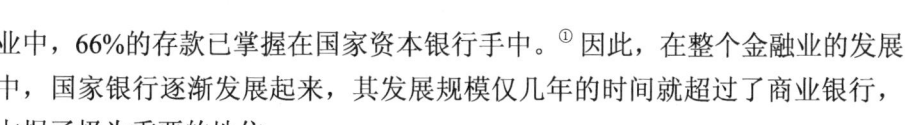

图1-9 仁济和保险开办告白

自仁和、济和两个保险公司成立后，20年内，华商公司并无继起者，直到1905—1907年，才有华兴、华安、华成、华通、源安、源盛、合众、万丰、福安等9家保险公司创办，这时各公司的业务，大都是经营火险。民国以后，华商保险业得到真正发展，1912年有华安合群和均安两家公司成立，前者经

---

① 交通银行总行、中国第二历史档案馆合编：《交通银行史料》第一卷（1907—1949）（上），北京：中国金融出版社，1995年，第318页。
② 沈雷春主编：《保险年鉴》（1935年）（下篇），上海：中华人寿保险协进社，1935年，第1—2页。

营寿险,是华资开办的第一家人寿保险公司,后者经营水火险。至1917年止,华商保险公司先后增添信益、协安、宜安、同安、恒安、普华、同人、恒盛、羊城、华侨合资、联保、金星、联泰、先施、广恒、香安、永安、中华等18家,加上原有的9家,一共27家。其间,华通、源安、源盛等13家,不幸先后宣告停业;1917年华商保险公司仅剩14家,其中经营水火险者有12家。从1917—1928年,新增保险公司有中华、联安、南洋华暹、丰盛、中央信托公司保险部等13家。①

随着华资保险业的发展,1929年1月,国民政府指定马寅初等人组织商法起草委员会,由其拟具《保险契约法》,并与民法起草委员会共同讨论,经过审议修订,1929年12月24日《保险契约法》提交到了南京国民政府立法院第六十八次会议表决,大会决定改《保险契约法》为《保险法》,并逐条修改,再由大会主席将修改后的《保险法》全案交付表决,修改后的《保险法》全票通过。12月30日,国民政府正式颁布《保险法》(共三章八十二条),《保险法》是中国历史上第一部正式公布的保险单行法。1935年,立法院商法委员会聘请保险法专家王效文修订《保险法》,修订至1936年春完毕。1937年1月11日,国民政府主席林森、立法院院长孙科共同签发了国民政府第16号训令,正式颁布了修正后的《保险法》。②实际上,尽管国民政府从1929—1937年先后颁布了《保险法》及其修订版,但由于外国保险公司的反对及其他原因,在全面抗战前,《保险法》一直都没有付诸实施过(图1-10)。

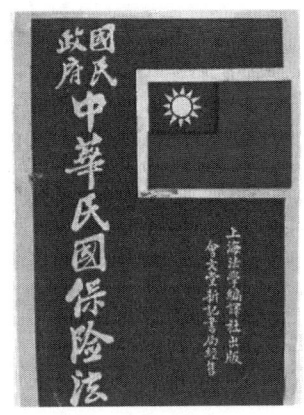

图1-10 我国保险史上第一部专门法律——《中华民国保险法》(1929年,国民政府公布)

---

① 朱斯煌主编:《民国经济史》,上海:银行学会,1948年,第93—94页。
② 殷唯青:《南京国民政府时期(1927—1937)保险法立法浅析》,华东政法大学硕士学位论文,2009年,第11—13页。

到全面抗战爆发前，中国保险业的中心一直在上海。据1935年的《保险年鉴》统计，到1934年，西部地区仍没有保险公司的总公司建立，仅在陕西、四川两省有保险公司的代理机构，陕西潼关有2处：上海银行代理的宝丰保险公司与李超越代理的泰山保险公司；四川有5处：重庆的中国银行代理的中国保险公司、马熏南代理的太平保险公司、郑帮一代理的永安寿险保险公司、蒋湘臣代理的天一保险公司等4处及万县中国银行代理的中国保险公司等1处。① 据1936年《中国保险年鉴》的统计，1935年全国有保险公司总公司48家，按其组织性质言，计国营2家，民营46家；就其经营事业之种类言，则专营人身保险者13家，专营财产保险者30家，人身、财产兼营者5家；就地域而言，上海25家，香港13家，广州、福州各3家，天津2家，而北平、重庆各1家。1935年全国有保险公司分公司135家，其中内地和香港共计127家，分布为：广州17家，汉口13家，上海、天津各12家，南京10家，杭州、青岛各6家，济南、哈尔滨各5家，重庆、石岐各4家，沈阳、北平、长沙、开封与香港各3家，苏州、宁波各2家，龙口、芜湖、九江、宜昌、南昌、汕头、大连、营口、台山与厦门各1家，其中西部地区也仅重庆有4家。② 整个西部地区就重庆一地有保险公司，即兴华保险公司一家保险公司的总公司及4家分公司。

表1-8反映的是全面抗战爆发前华商保险公司的一般情况及其相关数据，虽然统计数字与前面有所出入，但差距不大，于此我们还是可以窥出全面抗战前华商保险业的基本概貌。

表1-8 全面抗战爆发前华商保险公司统计一览表

名称	营业性质	总公司所在地	创立年度	资本/元
中央信托局保险部	损失保险人身保险	上海	1935年	5 000 000
邮政储金汇业局保险处	简易人寿保险公司	上海	1935年	500 000
上海华兴保险公司	损失保险	上海	1905年	500 000
上海联保水火险公司	损失保险	香港	1915年	1 430 000
大华保险公司	损失保险	上海	1927年	200 000
太平保险公司	损失保险人身保险	上海	1929年	3 000 000
中一信托公司保险部	损失保险	上海	1921年	3 000 000

---

① 沈雷春主编：《保险年鉴》(1935)（下篇），上海：中华人寿保险协进社，1935年，第180—181页。

② 沈雷春主编：《中国保险年鉴》(1936)，上海：中华人寿保险协进社，1936年，第2—7页。

续表

名称	营业性质	总公司所在地	创立年度	资本/元
中国天一保险公司	损失保险	上海	1934年	1 000 000
中国保险公司	损失保险人身保险	上海	1931年	2 000 000
中国海上意外保险公司	损失保险	上海	1932年	200 000
中国第一信用保险公司	损失保险	上海	1930年	200 000
永安人寿保险公司	人身保险	香港	1924年	2 000 000
永安水火保险公司	损失保险	香港	1916年	1 500 000
永甯水火保险公司	损失保险	上海	1935年	500 000
四明保险公司	损失保险	上海	1898年	500 000
四海通银行保险公司	损失保险	新加坡	1906年	2 000 000
安平保险公司	损失保险	上海	1926年	1 000 000
先施人寿保险公司	损失保险	香港	1922年	697 120
先施保险置业公司	损失保险	香港	1915年	1 200 000
均安水火险公司	损失保险	香港	1912年	500 000
东方人寿保险公司	人寿保险	北平	1920年	250 000
香安保险公司	损失保险	香港	1914年	1 000 000
泰山保险公司	损失保险人寿保险	上海	1932年	1 000 000
陆海通人寿保险公司	人寿保险	香港	1927年	500 000
华安水火保险公司	损失保险	上海	1906年	600 000
华安合群保寿公司	人身保险	上海	1912年	500 000
华成保险公司	损失保险	上海	1906年	224 000
华商联合保险公司	损失再保险	上海	1906年	400 000
华侨保险公司	损失保险	新加坡	1921年	650 000
宁绍人寿保险公司	人身保险	新加坡	1931年	250 000
宁绍水火保险公司	损失保险	新加坡	1925年	250 000
爱群人寿保险公司	人身保险	香港	1928年	540 000
广州大华保险公司	损失保险	广州	1932年	360 000
肇泰保险公司	损失保险	上海	1928年	500 000
联泰保险公司	损失保险	香港	1915年	1 000 000
兴华保险公司	损失保险	重庆	1935年	500 000
丰盛保险公司	损失保险	上海	1931年	200 000
宝丰保险公司	损失保险	上海	1923年	500 000
总计				36 151 120

资料来源：沈雷春主编：《中国金融年鉴》(1939年)，上海：美华印书馆，1939年，第A134—136页

表 1-8 列 38 家保险公司之资本，共计达 3615 余万元。其中达到 500 万元的仅中央信托局保险部 1 家；达 300 万元的有太平保险公司及中一信托公司保险部 2 家；这 38 家保险公司平均每家资本不足 100 万元。从地域分布看，上列保险公司主要集中在上海及香港两地，上海 21 家，香港 10 家，其次是新加坡 4 家，北平、广州、重庆各 1 家。

由此可见，近代中国华资保险企业主要集中在上海、香港等早期现代化和城市化发展水平较高的城市，造成这种空间布局的原因就在于，这些城市不仅较早地受到近代西方保险思想的冲击和洗礼，而且这些城市中的近代工商业和港口贸易较为发达，有产生和发展保险业的基础和有利条件，至于广大西部地区，仅四川的重庆设有 1 家华资保险企业。

全面抗战前华资证券业的地域分布：

上海是近代中国华资证券业的发祥地。1873 年，中国人发行了自己的第一只股票——轮船招商局股票，这只股票就诞生在上海。随着华商股份制企业的迅速增多，华股交易也迅速发展起来。1882 年，在上海诞生了类似于以后证券交易所的、中国人自己开办的上海平准股票公司（成立于 1882 年 10 月 24 日），这是近代中国最早公开买卖华商股票的机构。上海平准股票公司的组织虽简单，但却议决各种华资股票，并悬牌公布市价，还试图通过建立公开、公平、公正、有序的股票交易市场，来保护股票买卖者的竞争和消除股票交易中的隐患，它已初步具备了股份公司制交易所的雏形。（该公司营业不到一年，即遭受了 1883 年金融风潮的强烈冲击，此后好长时间没有其经营资料的反映，直到两年后的 1885 年，在《申报》上才有了这个公司的零星消息。[①]）

1894 年甲午战争后，社会舆论一致呼吁中国要自强，中国又一次出现投资设厂的热潮，有民族工商企业，如裕源纱厂、大生纱厂、商务印书馆、江浙铁路公司等的股票相继进入市场。随着华商股票交易日盛，由上海买办王一亭、郁屏翰发起，在上海南市关桥开设了专营证券的公司，称为"公平易"，不久由买办孙静山等发起，又在上海九江路渭水坊开办了"信通公司"，它们均为华商经营股票的公司。此时，上海也出现了一种交易形式：本国股票捐客以茶会形式进行交易，各捐客于每日上午赴茶会以通消息，并于品茗时以口头接洽成交所有的买卖，下午则各走银行帮及客帮（如京津帮、山西帮、

---

① 刘志英：《近代中国华商证券市场研究》，北京：中国社会科学出版社，2009 年，第 20—21 页。

广帮等）以兜揽生意，由此形成松散的股票捐客组织。1910年茶会设在上海南京路的"惠芳茶楼"，1913年迁至四马路（今福州路）大兴街口（今湖北路口）。

1914年夏，上述这些交易组织，在原信通公司的基础上，着手筹建公会，后得农商部的准许，于是年秋成立了"上海股票商业公会"，公会设于上海九江路渭水坊。该公会既交易华商企业的股票，又经营北京政府发行的公债。随着公会业务的蒸蒸日上，原以股票为副业的会员转而以股票为主业，并且纷纷在各自店前挂牌设立股票公司，在上海的福建路、九江路、汉口路一带，这样的挂牌公司举目皆是，形成热闹的华商股票市场。

可见，"上海股票商业公会"本质上已经具备华商证券交易所的雏形，直到1920年以前，公会一直是上海华商证券交易的活动中心。

与此同时，上海以外的不少城市也出现了一些经营证券业务的零星字号。民国初年，武汉开始有了证券商号，称为股票公司；广州出现了兼做买卖有价证券的银号；在哈尔滨，20世纪初，以沙俄为首的30多个国家财团和商人涉足哈尔滨大办工商、金融各业，成立了各种各样的股份有限公司，金融界逐渐出现了以从事股票交易为副业的经纪人，1918年2月29日，农产银行首次发布广告，宣布正式开办证券交易所，农产银行成了哈尔滨第一家从事证券交易的银行。①

近代中国人自己建立的最早的证券交易所，是1916年在湖北的汉口市前花楼街成立的汉口证券交易所，但它开业不久即停业。② 1916年，在上海，孙中山先生也发出了创设上海交易所（上海证券物品交易所的前身）的倡议，却因种种原因而未果。在天津，早在1914年，即有梁成等人申请设立了天津证券物产交易所有限公司，并经农商部批准立案。此后，1918年7月30日，天津证券交易所又奉农商部批示，准予备案。1918年8月18日，天津证券交易所在江苏会馆开成立大会，该所租定天津东马路中间道西楼房一所，作为营业地址。③ 不过，天津证券交易所的批准立案及成立在近代中国虽属较早，但天津证券交易所有限公司只见立案未见成立，而天津证券交易所终因和银钱业结合不够，没有得到银钱业支持，也未开业。在大连，1917年，以公称

---

① 中国人民银行总行金融研究所金融历史研究室编：《近代中国的金融市场》，北京：中国金融出版社，1989年，第112、133、270—271页。
② 中国人民银行总行金融研究所金融历史研究室编：《近代中国的金融市场》，北京：中国金融出版社，1989年，第7页。
③ 林榕杰：《1948年的天津证券交易所》，《中国经济史研究》2008年第2期，第103页。

资本金30万元，实交资金7.5万元，成立了满洲证券股份有限公司，专门从事证券买卖业务。1917年12月，各证券商共同组织了大连证券同业公会，1918年6月，大连证券同业公会成立了会员组织的证券交易所，只做股票现货交易，禁止期货交易。① 而依据《证券交易所法》成立并获得北京政府批准的华商证券交易所，则是1918年的北京证券交易所，经农商部立案，1918年6月5日，北京证券交易所在前门外大街11号正阳门开业，该所当时有名可查的经纪人实为54名。②

上海成立的证券交易所有两个：上海证券物品交易所与上海华商证券交易所。③ 1916年孙中山联合上海著名商人虞洽卿、闻兰亭、沈润挹等，提出开办上海交易所，要求经营证券与物品，后由于北京政府只批准了经营证券一项，加上政局动荡，孙中山南下广州组织军政府，受到北京政府通缉，并被取消上海交易所发起人的资格，此事搁置。1918年，北京证券交易所与上海日商取引所分别成立，此事对虞洽卿等人刺激很大，他们积极联络商界，重新发起成立了综合性交易所，经过一系列曲折，1920年7月1日，上海证券物品交易所正式开业。上海华商证券交易所则是由范季美、孙铁卿、张慰如等人发起，把上海股票商业公会改组而成的，1920年5月20日上海华商证券交易所宣告成立，1921年1月正式开业（图1-11）。

图1-11 上海证券物品交易所开幕盛况

随着北京、上海的三个证券交易所的建立，中国大地上兴起了一场波澜

---

① 中国人民银行总行金融研究所金融历史研究室编：《近代中国的金融市场》，北京：中国金融出版社，1989年，第67、275—276页。
② 北京市档案馆馆藏金城银行北京分行未刊档案，档号：J41—1—553。
③ 刘志英：《近代上海华商证券市场研究》，上海：学林出版社，2004年，第6—13页。

壮阔的筹办交易所的风潮。这次风潮以上海为主,据记载,仅1921年5月—12月,上海各种新设企业共计243家,其中交易所136家,信托公司12家,银行32家,其他公司厂号63家,交易所在当时上海的各种新设企业中位居榜首。① 这些交易所分别向不同的机构申请设立,有北京农商部、上海工部局、上海各领事馆、淞沪护军使署、会审公廨等,五光十色。

总之,20世纪20年代前后,是中国华商证券交易所的产生与形成时期,在近代华商证券市场的演进过程中,北京、上海等地证券交易所的成功创建,对全国其他各地产生了强烈的辐射能力,于是在其示范与带动下,在北方的哈尔滨、大连、天津,南方的广州、汕头,长江中下游地区的汉口、南京、南通、苏州、蚌埠、宁波、杭州、松江等地纷纷出现了证券交易所,全国出现了一股兴建交易所的热潮。不过,这些证券市场主要出现在东部沿海地区的通商口岸,至于广大西部地区,几乎没有证券交易所的踪影。

经历1921—1922年"信交风潮"的冲击之后,中国大地上幸存下来三个证券交易所,它们是北京证券交易所(1928年6月20日,北京改为北平,1929年,北京证券交易所改为北平证券交易所。"七七"事变爆发,受战事影响,1939年6月即停止营业)、上海证券物品交易所(1933年5月31日停止营业,6月1日正式合并于上海华商证券交易所)及上海华商证券交易所(自1933年6月1日起,成为上海唯一经营证券的交易所)。而到20世纪30年代,随着国民政府中央及地方公债的广泛发行,在全国除上海、北平之外,在重庆(重庆证券交易所,1932年4月20日正式营业)、汉口(汉口证券交易所,1934年5月25日筹备设立)、宁波(四明证券交易所,1933年9月7日开始营业)、青岛(青岛市物品证券交易所,1934年8月成立)等地又相继建立了一系列的地方证券交易所。可以说20世纪30年代是中国近代证券交易所建立最多的时期,地域分布从东部扩展到了西部的重庆,不过华商证券市场的中心仍然集中在上海。

三、战前中国的信托业及合作金库的地域分布

信托、合作金库等也是现代化的金融机构,在全面抗战爆发前,中国的信托与合作金库的发展与地域分布如何呢?

全面抗战前中国的信托公司及其分布:

近代中国的信托公司,开始于1921年,与交易所一起蓬勃兴起,主要集中于上海,半年之内,竟成立10余家之多。其最初成立者为上海通商信

---

① 《去年十二月份上海企业之状况》,《银行周报》1922年第6卷第4号。

托公司，其后中易、中国商业、上海运驳、大中华、中央、中华、中外、通商、通易、神州、上海、华成等信托公司则相继成立，当信交狂热时，不仅上海一埠为然，诸如杭州、北京、汉口等处，也均步上海之后尘，纷纷创设各种信托公司。"信交风潮"之后，信托公司相继倒闭。其硕果仅存者，唯有上海的中央信托公司与通易信托公司两家。自1928年以后，信托公司再次兴起，上海有国安、中国、上海、东南、通汇、中级等信托公司及四行信托部，香港有广东信托公司，重庆有重庆信托公司。银行兼营信托业务盛行于1930年以后，而各银行信托部分设独立会计，则是1934年以后的事了。于是各大银行如中国、交通、上海、国华、新华、大陆、浙江兴业、浙江实业等，亦各有信托部之专设。官立之信托机关，有1933年10月创设的上海市兴业信托社，它系上海市市政府所办；1935年10月，中央信托局亦告开业。①

1928—1936年，呈经国民政府财政部注册之信托公司，除前述之通易信托公司及中央信托公司外，还有国安、和昆、上海、恒顺、中国、通汇、东南、上海兴业、中级、生大等10家。兹列表见表1-9：

表1-9　抗战前我国信托公司统计一览表

公司名称	成立年月
通易信托股份有限公司	1921年7月
中央信托股份有限公司	1921年10月
国安信托股份有限公司	1928年4月
和昆信托股份有限公司	1930年1月
上海信托股份有限公司	1930年11月
恒顺信托股份有限公司	1930年12月
中国信托股份有限公司	1930年2月
通汇信托股份有限公司	1931年4月
东南信托股份有限公司	1931年4月
生大信托股份有限公司	1936年7月
上海兴业信托社	1933年5月
中级信用信托公司	1933年10月

资料来源：中国通商银行编：《五十年来之中国经济》，上海：上海六联印刷股份有限公司，1947年，第214页

到全面抗战爆发前，信托业在中国虽有十余年之历史，但除上海的十余

---

① 沈雷春主编：《中国金融年鉴》（1939年），上海：美华印书馆，1939年，第A122—123页。

家信托公司外,大部分系由银行业兼营。就上海而论,此少数之信托同业尚不能专恃经营信托以谋自给,其在外埠,自然更少独立之可能。

全面抗战前中国的合作金库:

合作金库,在英美称合作银行或平民银行,也称信用合作社,是一种以人的信用为基础的平民金融机关。20世纪20年代前后,中国早期合作主义的宣传家、理论家薛仙舟,从美国和德国留学回国后,创立了上海国民合作储蓄银行,1920年薛仙舟(图1-12)又创设了上海民兴合作储蓄银行及上海合作银行,均告失败。①

图1-12 薛仙舟

薛仙舟(1877—1927),原名颂瀛,字仙舟,广东香山人。早年肄业于北洋大学法科,曾留学美、德,专攻经济学,被称为"中国合作运动之大师"

1929年世界经济危机爆发后,在西方国家试图努力转嫁危机的同时,中国也出现了严重的农村经济危机。20世纪20—30年代,农村问题逐渐成为关注的焦点,"救治农村""建设农村""复兴农村"成为国民政府的当务之急。自1930年代中期开始,国民政府开始倡议设立合作金融体系,将合作金库的建立作为解决农村问题的主要手段。

20世纪30年代初,国民政府开始县合作金库之试验。1933年,豫、鄂、皖、赣四省的农民银行,于江西受灾各县首先设立了县合作金库,是为我国合作金融之先河。1935年3月,全国合作事业讨论会召开,大会审议通过了《请政府起草农业银行条例及合作银行条例》,修正通过了王志莘在大会中提出的《合作金融系统案》。②1935年4月,军事委员会南昌行营颁布了《剿匪

---

① 顾尧章:《中国之合作金库》,《金融知识》1943年第2卷第3期,第110页。
② 郑厚博:《我国合作金融问题之检讨》,《西南实业通讯》1941年第3卷第2期,第17页。

区内各省合作金库组织通则》，当时行营通令豫、鄂、皖、赣四省省政府积极筹备，于是四川、江西两省最先成立了省合作金库。①1936年9月，实业部农本局成立，其设立宗旨是在联合国内各银行共同调整农业产品，流通农村金融，它以推行合作金库为其主要工作之一。1936年12月18日，由实业部公布了《合作金库规程》，规程明文规定了合作金库以调剂合作事业资金为宗旨，分中央、省及直隶行政院之市、县市合作金库三级。②可见，合作金库为辅助合作事业发展，来完成合作金融系统的一种新式的金融机构，合作金库由各合作社本着合作原则联合组织而成。

从设置顺序来看，近代中国合作金库首先从省合作金库的创立发端，之后县级合作金库普遍组设，中央合作金库则到抗战结束之后的1946年才开始筹备建立起来。

筹议省合作金库最早的是江西省。1935年1月，江西省农村合作委员会拟定了《江西省合作金库暂行简章草案》，初步搭建起省级合作金库的制度框架，然而，其正式成立则是在1937年。1937年2月2日，江西省省务会议通过了《江西省合作金库章程》，将资金定为国币500万元，资金半数由省政府认拨，半数由各县合作社及各区联合合作社认股，它们均定5年内认缴足额。③资金先由江西省省政府拨提倡股100万元，再由各县合作金库及各级各种合作社陆续认购股本。④

最先成立的省合作金库是四川省合作金库，其前身是四川省农村合作委员会，它于1935年2月设立，该委员会设委员5人，财政厅厅长刘航琛兼委员长，负责办理农贷，救济灾荒，推行全川农村合作事业。⑤四川省农村合作委员会成立后，积极推行合作事业，并筹设省合作金库。1936年11月22日，四川省合作金库宣告成立，以四川省各级合作组织提供贷款资金为主要业务，是民国时期成立的第一个省级合作金库。该库成立时股本定为1000万元，分为100万股，每股10元，除由省政府认提倡股500万元外，其余由合作社、联合社及下级合作金库认购，开业时仅由省政府实拨140万元。⑥直

---

① 丁宗智：《八年来之合作金融》，《金融知识》1945年第4卷第1、2期合刊，第115页。
② 罗俊：《合作金库经营论》，《农村合作》1937年第2卷第9期，第33页；郑厚博：《我国合作金融问题之检讨》，《西南实业通讯》1941年第3卷第2期，第17页。
③ 郑厚博：《中国合作金融之检讨》，《合作事业》1941年第3卷第1—4期合刊，第102页。
④ 熊在渭：《十年来之江西合作事业》，《赣政十年》，1941年12月编印，第5页。
⑤ 中国人民政治协商会议西南地区文史资料协作会议编：《抗战时期西南的金融》，重庆：西南师范大学出版社，1994年，第438页。
⑥ 丁宗智：《八年来之合作金融》，《金融知识》1945年第4卷第1、2期合刊，第116页。

到全面抗战爆发前,四川省合作金库的股本仅奉拨农贷专款现金及公债折抵共214万元。①

县市合作金库之发展,则在国民政府实业部公布《合作金库规程》后,农本局又拟定章程准则,积极在各省各县提倡辅助设立县市合作金库,1937年4月,在山东寿光县成立第一所县市合作金库,其后山东济宁、安徽芜湖、宣城及南京市等地的合作金库相继成立,后因抗战军兴,各库业务被迫收束。②自1936年12月四川省合作金库成立至1937年"七七"事变止,为时半载,省库已成立2所,市库成立1所,县库成立5所。③中国农民银行对省县合作金库之辅设,其办法大抵与农本局相仿。1936年中国农民银行曾辅设四川省合作金库及湖北省县库各一所。④省市县合作金库主要分布在四川、江西、山东、安徽、江苏、湖北等少数省份。可见,全面抗战爆发前,中国农贷事业的范围十分狭窄,贷款数目1936年全国不过3000余万元。⑤

中国的现代化进程往往与列强侵略所带来的丧权、割地、赔款相伴随,而国内政治的腐败、社会矛盾的尖锐、大规模内战也与现代化进程相交织,不断出现的内忧外患一次又一次地转移了人们对现代化的关注。中国的现代化曾有过多次延缓,遭受到巨大的挫折,再加之中国地域广阔,各区域的现代化进程极不相同,这就造成了各区域间现代化进程和程度的差异极大。近代以来中国金融业的现代化,同样也呈现出严重的地域差距,以上海为中心的沿海城市是中国连接世界的枢纽,也是中国金融现代化最早最大的基地和辐射源,而广大西部地区长期发展缓慢,加上恶劣的交通条件,发展区域经济和现代化困难重重,远远落后于东部沿海地区。

第三节 全面抗战爆发前中国传统金融业的发展与地域分布

中国传统的金融机构,主要包括票号、钱庄、银号、典当等。近代以来,随着西方现代金融机构的入侵与中国新式金融机构的产生、发展,中国传统金融机构在夹缝中求生存,发生了很大的变化。晚清时期,票号业务虽遍及

---

① 张桢:《四川省合作金库二十九年度业务概况》,《四川合作金融季刊》第2、3期合刊(1940年12月、1941年3月号合刊),第1页。
② 罗俊:《合作金库经营论》,《农村合作》1937年第2卷第9期,第33页;郑厚博:《我国合作金融问题之检讨》,《西南实业通讯》1941年第3卷第2期,第17页。
③ 顾尧章:《中国之合作金库》,《金融知识》1943年第2卷第3期,第110—111页。
④ 顾尧章:《中国之合作金库》,《金融知识》1943年第2卷第3期,第106—108页。
⑤ 徐日琨:《西南农村金融问题与合作金库》,《西南实业通讯》1941年第3卷第3期,第31页。

全国，但由于票号的繁荣主要依附于清代的官僚，加之票号自身不求改变，辛亥革命爆发后，随着清政府的灭亡，全国票号亦纷纷倒闭，民国后，全国票号所剩无几。进入近代以后，典当业务由盛转衰，直到全面抗战爆发前，它都一直存在，在大城市和东部地区，典当业相对弱小，而在广大农村和西部地区，典当业仍有所发展，据不完全统计，1935 年，北平、天津、上海、南京、武汉、广州、青岛、厦门这八大城市，约有典当行 1100 家，资本 4400 万元，农村约有 3500 家，资本 10 500 万元，两者合计共有 4600 家，资本 1.49 亿元。① 钱庄（包含银号），则是中国传统金融机构中最早适应形势，寻求变革的金融机构，因此，在近代中国华商新式金融机构诞生前，钱庄是唯一能与外商金融机构相抗衡的传统金融机构，在晚清的绝大部分时间里，在洋行和外商银行的扶植下，钱庄趋向买办化，几乎包揽了当时所有的信用业务，成为外商银行势力进入中国内地的工具。

辛亥革命后，钱庄业务曾一度衰退，据记载，1912—1914 年间，全国平均每年有钱庄 4600 余户，资本 7161 万余元。② 此后钱庄不断衰退，到 1937 年"七七事变"爆发前，全国钱庄业的分布情况如表 1-10、表 1-11 统计：

表 1-10　全面抗战爆发前全国各省钱庄统计表

省别	同业家数/个	资本/元	备注
江苏	60	2 790 000	京沪路沿线为主，南京、上海除外
浙江	174	5 040 000	杭州除外，各地俱有
山西	7	5 100 000	仅新绛 1 县；又晋绥地方铁路银号占 500 万元
山东	74	2 470 000	青岛未计
甘肃	6	100 000	仅皋兰 1 市之数字
河北	26	1 160 000	石家庄清宛为主，平津两市除外
河南	21	2 020 000	大德恒银号独占 1 000 000 元
陕西	12	345 000	仅长安之数字
四川	56	2 203 000	重庆不计，成都、自流井等五县
安徽	10	300 000	此为四大城市之统计数字
江西	17	500 000	四大城市之数字
湖北	9	未详	

---

① 傅为群：《近代民间金融图志》，上海：上海书店出版社，2007 年，第 3 页。
② 唐传泗、黄汉民：《试论 1927 年以前的中国银行业》，中国近代经济史丛书编委会编：《中国近代经济史研究资料》（4），上海：上海社会科学院出版社，1985 年，第 59 页。

续表

省别	同业家数/个	资本/元	备注
湖南	46	未详	
贵州	未详	未详	
云南	未详	未详	
福建	53	3 312 000	以思明为主
广西	50	未详	
广东	66	4 735 000	此为汕头、琼山两地数字,汕头市独占435万元
吉林	13	2 370 000	此为永吉、滨江两地数字,多名为银行
黑龙江	1	80 000	龙江一地之数
辽宁	43	3 453 000	多数地方之数字
绥远	28	3 390 000	归绥、包头两地之数字,前者最多
新疆	未详		
察哈尔	未详		
宁夏	未详		汇兑等业务皆由巨商兼营
合计	772	39 368 000	

资料来源:沈雷春主编:《中国金融年鉴》(1939年),上海:美华印书馆,1939年,第A144—145页

表1-11 抗战爆发前全国各大都市钱业统计

地别	同业家数/个	资本/元	备注
上海	(汇划庄)46	19 080 000	平均资本410 000元,居首位
天津	(大银号)40	3 455 000	平均资本86 000元,居第三位
北平	(大银号)9	650 000	平均资本7万余元
杭州	大钱庄30	610 000	平均资本2万元
青岛	庄号10	370 000	平均资本37 000元
南京	大钱庄6	130 000	平均资本2万余元
重庆	大钱庄13	830 000	平均资本63 000元
汉口	钱庄24	1 560 000	平均资本65 000元
广州	银号77	2 820 000	平均36 000余元
香港	钱庄18	5 500 000	平均资本300 000元,居第二位
合计	273	35 005 000	

资料来源:沈雷春主编:《中国金融年鉴》(1939年),上海:美华印书馆,1939年,第145—146页

从以上两表综合分析可知，到全面抗战爆发前的1937年，全国钱庄总数在1045家，就其地域分布状况，主要集中于上海、天津、北平、杭州、青岛、南京、重庆、汉口、广州、香港等十大城市，共达273家，资本总计3500万元左右，占全国资本数的47%以上。其余各省市地方，合计同业770余家，资本3937万元，占资本总额的53%以上。在十大都市之中，上海钱业会员（汇划庄）46家，资本共计1908万元，占十大都市钱业资力54.5%，占全国已统计的钱业资力约26%。上海钱业会员，平均资本每家为41万元，在全国各地钱业中，列居第一位。再从各省区钱业及其资力之分布情形看，浙江第一（杭州除外），计同业174家，资本合计504万元，以下依次为广东、辽宁、绥远、福建、江苏（京、沪不计）、山东（青岛不计）、吉林、四川（重庆在外）、河南、河北、山西等（图1-13）。

图1-13 近代上海的钱庄及庄票

总之，战前中国的金融网及其分布在全国范围内严重不平衡，呈现出畸形发展的状态，金融业主要集中在沿海一带，其中新式金融机构尤以上海及江、浙两省为最多，新式银行主要集中于上海、天津、广州等少数头等都市，新式银行分支行由沿海各大都市而分设内地者，其数达 1500 处以上；保险业分别跨越上海及香港两埠，其分支机构伸入内地者，为数较少；信托业兴起较晚，尚未充分表现出向内地发展的趋势，它完全以上海为中心，而西南与西北之广大区域，则因为交通梗阻，经济枯竭，新式金融机构为数较少。至于传统的金融机关——典当与钱庄，虽然散处全国各地，但其数量之多，则为新式金融机关所不逮，然而，资本和规模最大的典当与钱庄，仍然集中于沿海城市与东部较为发达的地区，在广大的西部地区则相对弱小。

第二章 全面抗战爆发后中国金融业的大迁徙

1937年7月7日，卢沟桥事变爆发，8月13日，淞沪战役拉开序幕。日本的疯狂进攻，使中国的金融陷入一片混乱。枪声一响，中国的金融中心上海市场震荡，人心惊恐不安，资金流散，金融呈现恐慌，这些都势必影响抗战大局。当日军兵临上海、江苏、浙江等地之时，滨江临海诸省市的金融机构，无论是刚刚建立起来的四行联合办事处，还是作为政府金融机构的中央、中国、交通、中国农民四银行，邮政储金汇业局，中央信托局，都陆续随政府西迁。在政府金融机构的带动下，不少商业银行与保险业也纷纷加入了内迁的行列，各机构的总行、总管理处和总局，以及四行联合办事处（后改为四联总处），均辗转迁往重庆，并在西南、西北大后方各主要城市设立分支机构。这一过程从1937年11月上海沦陷开始，辗转经历了大约四年时间，到太平洋战争后的1942年基本完成。本章将对中国金融业的这场大迁徙进行考察。

第一节 全面抗战时期四联总处的建立与内迁

四联总处，即中央银行、中国银行、交通银行、中国农民银行四银行联合办事总处的简称，1937年8月成立于上海，又名"四行联合办事处"，是全面抗战爆发之后的历史产物，应战时金融管理之需要而设立，沪、宁沦陷后，该处西迁汉口，工作一度停顿。1938年10月末，孔祥熙回国，在汉口主持并恢复该处工作。1938年11月，该处改为"四行联合办事总处"，简称"四联总处"。不久，四联总处又由汉口迁入重庆，一直工作到1939年9月重庆实行改组。1939年10月开始，蒋介石兼任四联总处理事会主席，四联总处成为蒋介石直接控制的金融经济管制机构。1948年四联总处宣布撤销，历时十一年，其在重庆的时间就长达七年。作为国民政府的一个中枢金融机构，四联总处在战时大后方的金融、经济领域发挥着特殊的作用，产生过重大的影响。

一、四联总处在上海初创

全面抗战爆发后，战争给金融、经济带来的恐慌立即笼罩全国，为应付突然事变，安定金融，稳定经济，国民政府急需一个处置战时金融事宜、事权高度集中、具有权威性的战时金融总枢机构，但全面抗战前的金融领域内，还未形成这样一个权威机构。于是，"七七"卢沟桥事变发生后，蒋介石令饬迅速组成以宋子文为首的金融委员会，并亲自决定了委员会组成人员名单，总领全国金融决策。无奈国民党内派系倾轧，利害相争，以致该委员会迟迟未能建立。①为了使全国金融、经济在战争的突然打击下不至于瘫痪，作为临时性的紧急措施，1937年7月29日，国民政府财政部授权中央、中国、交通、中国农民四银行在上海合组联合贴现委员会，共同办理同业贴现业务。

上海"八一三"事变后，为加强国家行局的联系，集聚金融力量应付危局，1937年8月16日，国民政府财政部致函中央、中国、交通、农民四家银行在设有分支行的重要都市各设联合办事处，同日，上海四行联合办事处在法租界开业。②四行联合办事处成立之初，仅由四行各派代表一人参加，每次集会，先冀遇事取得联络。因财政部长孔祥熙尚在国外，由中国银行董事长宋子文代其主持，四行高级人员一体参加。1937年8月19日，四总行电令：各地四行中有两行分支行者，应即日联合组设办事分处。其任务：维持当地金融；汇总当地各方请示与当地市面情形，逐日电报一次。分处成立后，每日上午八时必须集议一次。8月25日，为活泼市面、增加生产、适应大后方需要，国民政府财政部函令四行在设有分支行之各重要都市设立联合办事处，办理贴放事宜，并于汉口、重庆、南京、南昌、广州、济南、郑州、长沙等8处先行成立，随即通电国内各重要城市之四行，筹设联合办事分处，其先后组成者，计达52处。后因上海失陷，南京告急，中央、中国、交通、中国农民四银行总部由上海分别内迁，期间四行联合办事处的工作一度停顿。③

---

① 黄立人：《四联总处的产生、发展和衰亡》，《中国经济史研究》1991年第2期，第46页。
② 任建树主编：《现代上海大事记》，上海：上海辞书出版社，1996年，第671、676页。
③ 重庆市档案馆等编：《四联总处史料》（上），北京：档案出版社，1993年，第53—61、118—120页。

二、四联总处从上海迁汉口再迁重庆

1937年10月末,孔祥熙由伦敦回国。11月25日,孔祥熙主持并恢复四行联合办事处的工作,改"四行联合办事处"为"四行联合办事总处",简称"四联总处",并以中央银行理事会主席兼总裁名义担任四联总处主席,上海则改为分处。武汉局势紧张后,1938年初,四联总处由汉口迁至重庆。为谋加强组织及增进工作效能,1939年3月,四联总处添设政策、业务、考核、事务四组,分掌四行之计划,贴放发行之调拨,收兑金银之考核,以及掌管运输工程各项事宜之计划,如此一直工作到1939年9月重庆实行改组。不过,这时的四联总处,实际上属于业务联系性质,组织比较松散。

四行联合办事处一经成立,即发出要求,各地四行中有两分支行者,应成立分处,同时还要求各地成立联合贴放委员会,重庆作为大后方重镇,对此给予了积极的响应。当时,四行中,交通银行还没有在重庆设立分行,于是,中央、中国、中国农民银行等在渝的三行展开协商,1937年8月20日,在重庆,中国银行经理徐维明、中国农民银行经理冯英等齐集中央银行召开会议,决议成立三行联合办事处重庆分处。8月26日,奉复准予组织,推定徐广迟、潘益民、冯英、王士燮、王君韧、金爵腾、刁堵然、顾敦甫、孙祖瑞为委员,并推徐广迟、潘益民、冯英三个经理为常委,呈核施行。8月28日,正式成立渝市贴放委员会,对渝市10家银行及21家钱庄承借之救济金融借款500万元办理贴放事宜,其后贴放范围逐渐推广,至9月间,总额达千余万元。此后,鉴于渝市贴放办理有成效,成都、万县两地亦由于市面需要,经重庆贴放委员会呈奉总行决定,由重庆贴放委员会续做成都、万县两地的贴放,贴放业务愈形扩增。1938年1月,交通银行渝分行成立,加入并组成了四行联合办事处重庆分处,加推李钟楚为常委、沈青山为委员。[①]

1937年8月—1939年9月的这两年多时间,可以说是四联总处的第一阶段,也正是国民政府将其从平时经济转变为战时经济的过渡时期。在这一时期中,有关财政、金融、经济方面的重大决策,以及这些决策的实施,主要是由国民政府军委会、财政部、军委会三个调整会(即工矿调整委员会、农产调整委员会、贸易调整委员会)和稍后组建的经济部设计和执行的。此时的四联总处还不是一个金融、经济领域里的决策机构,仅负有四行代表共同研讨及指导联合应办业务之责,其业务范围较狭,其性质偏于联络方面。它

---

① 重庆市档案馆等编:《四联总处史料》(上),北京:档案出版社,1993年,第119—122页。

的主要任务是联络国家银行,协调各行动作,配合政府贯彻《非常时期安定金融办法》,并对外汇实行初步管制,稳定金融市场,同时集中利用国家银行资力的举办联合贴放业务,融通资金,扶持生产,支持工矿企业内迁。

在西北地区,西安四行联合办事处成立于1937年8月,设于西安中央银行之内,当时该处曾拟订《西安市非常时期安定金融补充办法》,由陕西省政府发布实施。1940年元月该处改组为四行联合办事处西安分处,以后又相继设立汉中、宝鸡、安康支处。①

三、四联总处在重庆的改组

四联总处(图2-1)在重庆的改组有两次,1939年9—10月是第一次,1942年9月进行了第二次改组。

图2-1　四联总处在重庆的旧址

1939年的国际、国内形势更趋严峻,武汉、广州相继沦陷,战争进入相持阶段后,日本侵略者除了在军事上保持强大压力和在政治上加紧诱降外,主要企图利用金融、经济手段来搞垮国民政府:完全切断国统区对外联系的直接的海上通道,加紧对国统区的经济封锁;发动货币金融战,千方百计地破坏法币体系;鼓动走私,大规模地抢购国统区的战略物资。国民政府认识到,其生存越来越取决于国统区的金融经济能否支撑下去,经济特别是金融的作用绝不在党政军之下,所以蒋介石继续加紧金融管制的步伐,正如他在致四联总处的信中所说:"今后抗战之成败,全在于经济与金融的成效如何。"

---

① 杨希天等编著:《陕西省志·金融志》,西安:陕西人民出版社,1994年,第24页。

"七分经济、三分军事"的呼声越喊越响。在战争状况下要达此目的，就必须有一权威机关执掌金融中枢。1939年8月，财政部次长徐堪由香港到重庆后，"草拟巩固金融办法草案，加强本总处（即四联总处）组织"，"呈奉委座亲加核正"。[①] 9月8日，国民政府公布《巩固金融办法纲要》和《战时健全中央金融机构办法纲要》，改组成立四联总处，将蒋介石建立"金融总枢机构"的愿望付诸实现。

1939年10月1日，四联总处进行了第一次改组，理事会为四联总处最高之执行机构，其任务在决定政策、指示方针、考核工作。理事会系由中央银行总裁、副总裁，中国银行董事长、总经理，交通银行董事长、总经理，中国农民银行理事长、总经理，财政部、经济部代表组织之，设主席一人，总揽一切事务；常务理事三人，襄助主席，执行一切事务；于理事之中，由主席指定若干人，分组战时金融及战时经济两委员会。[②]

改组后的四联总处，最大的一个变化就是国民政府特任蒋介石以中国农民银行理事长名义兼任理事会主席，从而取代了孔祥熙。这一变化的产生，主要是为了解决孔祥熙与宋子文的矛盾。四联总处在上海初建时，由中国银行董事长宋子文主持；孔祥熙回国后，他在汉口重新恢复四联总处，并以中央银行理事会主席兼总裁身份担任四联总处主席，但宋子文对此不满，不与之合作，处处挟持中国、交通两银行与中央银行作梗。[③] 宋子文留在香港，始终不来汉口，也不派高级干部来代表，中国银行由汉口分行经理出席，遇事不能做主；交通银行董事长胡笔江也留在香港，派总经理唐寿民代表；中国农民银行派常董周佩箴参加。因宋子文消极抵制，四联只是三联；由汉口到重庆，中国银行始终阳奉阴违，态度消极。[④] 孔祥熙对宋子文无可奈何，只得向蒋介石建议，请宋子文以中国农民银行理事长身份兼任总处主席，徐堪以财政次长身份兼任秘书，以图纠正这个现象。改组后的四联总处由蒋介石亲自担任理事会主席，取代孔祥熙，不仅缓和了孔、宋之间的矛盾，也加强了蒋介石对金融的控制。

1939年10月2日，由理事会主席蒋中正主持的四联总处第一次会议讨论通过，以孔祥熙、宋子文、钱新之、翁文灏、张嘉璈、徐堪、唐寿民、叶琢堂为战时经济委员会委员；以孔祥熙、宋子文、钱新之、徐堪、陈行、唐寿

---

① 伍野春、阮荣：《蒋介石与四联总处》，《民国档案》2001年第4期，第91页。
② 重庆市档案馆等编：《四联总处史料》（上），北京：档案出版社，1993年，第55页。
③ 朱镇华：《中国金融旧事》，北京：中国国际广播出版社，1991年，第90页。
④ 寿充一主编：《孔祥熙其人其事》，北京：中国文史出版社，1987年，第9页。

民、贝祖诒为战时金融委员会委员。1939年10月3日,由孔祥熙代理主持的四联总处第二次会议,拟以金国宝为战时金融委员会发行处处长,浦拯东为战时金融委员会贴放处处长,戴铭礼为战时金融委员会汇兑处处长,王华为战时金融委员会特种储蓄处处长,李嘉隆为战时金融委员会收兑金银处处长,徐广墀为战时经济委员会特种投资处处长,庞松舟为战时经济委员会物资处处长。此后,经四联总处理事会主席蒋介石的批准,1939年10月13日,四联总处第四次会议由秘书长徐堪报告,增补了翁文灏理事提出的以章元善为战时经济委员会平市处处长的决议。①

经过这次改组,四联总处的最高领导层由理事会组成,财政部授权四联总处理事会主席在非常时期内对中央、中国、交通、中国农民四银行可为便宜之措施,并代行其职权。这样,四联总处就成为一个金融宏观决策性的机构,加上四联总处理事会主席由国民政府特任蒋介石兼任,这就使四联总处具有了最高的权威性,同时提高了中央银行在四行中的地位。各地四联分处均明令规定以当地中央银行经理为主任委员。

第二个变化就是,改组后的四联总处由研究指导四行业务进而成为战时经济与金融政策的执行机关。至此,四联总处成为一个事权高度集中的、具有权威性的战时金融总枢机构。改组后的四联总处,不仅参与了各项经济金融大计之筹划与决策,且负有督导国家行局予以贯彻执行之责。

由此可见,自1939年改组后的四联总处拥有至高的权力。蒋介石除军事委员会委员长、海陆空军大元帅之身份外,又兼任了四联总处理事会主席,而孔祥熙、宋子文分别以财政部长、行政院代院长、中央银行总裁的身份与中国银行董事长的身份出任理事会常务理事,另由国家行局、财政部、经济部、粮食部、交通部之负责人共同组成理事会。四联总处集政治、军事、经济各主要部门及金融界之首脑人物于一堂,自然拥有了强有力的资源,包括金钱、地位与权威,这为四联总处的活动提供了极大的便利。

在国家银行专业化方案实施后,中央银行的职能作用大见增强,各行循既定目标发展,四联总处则着重于业务的督导,职责发生了新的变化。1942年9月,四联总处按照国防最高委员会第85次会议通过的修正案《修正四联总处组织规程》,实行第二次改组。主要内容为:

(1) 为增强力量,中央信托局、邮政储金汇业局两局也加入四联总处,

---

① 重庆市档案馆等编:《四联总处史料》(上),北京:档案出版社,1993年,第69、74—75页。

但各行局一切事务，仍各自分别负责。

（2）理事会增设副主席一人，取消常务理事，增加交通、粮食两部部长担任理事。设常务理事，只设副主席一人，规定由行政院长兼任。第二次改组以前，蒋介石曾面谕四联总处秘书长："公忙不及兼理总处事务时，由孔常务理事代理。"① 于是改组后的四联总处理事会增设副主席一职，行政院长孔祥熙（图2-2）以原四联总处理事会常务理事"奉国府特派为理事会副主席"。② 至此之后，四联总处与蒋介石的"蜜月"便结束了，直至抗战结束，蒋介石都极少出席和主持理事会会议。1945年7月25日，国民政府正式批准孔祥熙辞去四联总处理事会副主席职务，同时特派宋子文为四联总处理事会副主席。③

图2-2　孔祥熙（1880—1967）

（3）将原设的金融、经济两委员会取消，所辖八处合并，加强秘书处职权，各项事务分科管理，对各行间之联系，则分设放款、汇兑等小组委员会办理之。

四联总处在实际的运作中，其已设机构的职能已发生了变化：原定平市处、经济部平价购销处及后筹设之物资局之职掌重复，原定物资处与财政部贸易委员会之职掌重复，而收兑金银事项已决定交由中央银行办理。汇兑处原掌外汇审核工作，后这一工作已移交外汇管理委员会主办，汇兑处现仅负责国内军政大宗汇款之审核与摊汇；特种储蓄处除推行各项储蓄业务外，并负计划推进吸收普通存款之责，且各处多系委员会性质，负审核或设计之责，其日常事务多由秘书处稽核科或指定之专员洽办。依据以上情况，国民政府决定对四联总处的组织机构做出调整：撤销平市处、物资处、收兑金银处，

---

① 重庆市档案馆等编：《四联总处史料》（上），北京：档案出版社，1993年，第86页。
② 重庆市档案馆等编：《四联总处史料》（上），北京：档案出版社，1993年，第92页。
③ 重庆市档案馆等编：《四联总处史料》（上），北京：档案出版社，1993年，第104页。

将汇兑处改称国内汇兑处，特种储蓄处改称储蓄处，其他如发行处、贴放处、特种投资处、农业金融处均仍旧。①

经过第二次改组，作为全国金融之总枢纽，四联总处的工作主要限制在金融领域。理事会成员增加了交通部与粮食部代表；理事会不设常务理事，改设副主席一人，由孔祥熙担任。第二次改组后，在督导国家行局、管理商业行庄和金融市场方面，四联总处仍然发挥了重要作用。1945年，四联总处理事会副主席改由宋子文担任。

四、四联总处在大后方分支机构的分布

1939年9月，改组后的四联总处开始作为一个重要的总枢决策机构，在国统区金融、经济领域内发挥作用，被蒋介石喻为"经济作战之大本营"。1939年9月—1942年9月四联总处实行第二次改组的三年时间，是四联总处历史的第二阶段，也是四联总处权势最重的"全盛时期"。

1940年，四联总处为调整并加强各地分支处之机构，经订定改组各地四联分支处办法，规定业务重要区域，设立分处；次要区域，改设支处，并将各地原有之贴放分会，归并于该地之分支处，以资统一，并限各区于1940年1月1日改组成立。依限陈报成立者：①分处计有重庆、成都、上海、香港、杭州、宜昌、福州、贵阳、桂林、长沙、西安、衡阳、南昌、昆明、兰州等15处。②支处计有内江、自流井、叙府、嘉定、泸州、万县、北碚、宁波、吉安、泉州、永安、梧州、零陵、常德、南郑、柳州、西宁等17处。2月增设韶关、天水直辖支处。嗣因适应各地事实需要，又增设宁夏、雅安2支处。各分、支处之下，原定设文书、业务、会计、调查四组，后为扩展本年度农贷暨积极推进储蓄业务，各分、支处斟酌实际需要，增设农贷、储蓄两组。②这样，到1940年2月，四联总处共设有分处15处，支处21处。

以上可见，在太平洋战争爆发前，四联总处的分支处的分布情况还是比较广泛的，不仅在西南、西北的大后方地区普遍设立，同时在东部地区的重要城市，如上海、香港、杭州、福州、南昌、宁波、吉安、泉州，以及中部地区的宜昌、长沙、衡阳、零陵、常德等地也有设立，其管辖的范围辐射到了东、中部尚未完全沦陷的地区。也正是通过这种分支处或分支行处的建设，四联总处得以将其触角延伸到国统区的各个角落，有效地加强了对国统区经

---

① 重庆市档案馆等编：《四联总处史料》（上），北京：档案出版社，1993年，第86—87页。
② 重庆市档案馆等编：《四联总处史料》（上），北京：档案出版社，1993年，第127页。

济、金融的掌控力度。

太平洋战争爆发之后，随着形势的发展，四联总处的控制范围逐渐缩小。经四联总处秘书处的统计，截至1942年4月，分支处共设立分处12处，直辖分处4处，支处28处（内含平凉、上饶、宝鸡、广元四支处，四支处正在筹设中）。其中杭州、南昌2分处因先后移驻永康、赣县，改称为浙江分处与江西分处；广州湾支处原属香港分处管辖，香港业已沦陷，该处已改为直辖支处。

四联总处驻重庆期间，于临近战区前方及西南、西北各省均设有分支机构。据1942年统计，四联总处在全国有44处分支机构，其中川、康占11处，分别为：重庆分处及其所辖万县、宜宾、泸县、自流井、内江、北碚6个支处；成都分处及其所辖雅安、乐山、广元3个支处。分处设正、副主任各1人，支处设主任1人，主任一职多由当地中央银行经理兼任。①

四联总处从全面抗战爆发初期在上海建立的一个临时金融协调组织，到后来经过从上海到汉口再到重庆的不断迁徙过程，最终在重庆确定领导全国金融的地位，并将分支机构扩建到西南、西北为主体的整个国统区，成为全面抗战时期中国金融业的指挥中心，为抗战的军需和民用做出了重大贡献。

第二节　全面抗战时期银行业的大迁徙

银行是现代金融业的主力，全面抗战爆发之初，为了确保战争的正常进行，国民政府明确规定在战区以内，中央、中国、交通、中国农民四个银行及其分行，应随军队坚持到最后。特别是在战区司令部所在地，四行中应有一行分设支行，照常服务，以利战区金融。②因此，"八一三"战事爆发后，1937年8月16日，中央、中国、交通、中国农民四银行迁至法租界，继续营业，直到11月上海失守，国民政府随即迁往重庆。国内形势的突变，沿海滨江为敌占领，银行业不得不放弃了盘踞将近半世纪的口岸都市，在四联总处及中央、中国、交通、中国农民四银行的带领下，国家行局与商业银行开始了向内地的艰难迁移。

---

① 四川省地方志编纂委员会编著：《四川省志·金融志》，北京：四川辞书出版社，1996年，第21页。

② 孔祥熙：《第二次地方金融会议演讲词》，《财政评论》1939年第1卷第4期，第118页。

一、国家行局的迁徙

在全面抗战前,中央、中国、交通、中国农民四个国家银行,已经发展成为了全国的金融核心,但是其分支机构主要集中于东中部地区,在广大的西部地区十分弱小,中央银行与中国农民银行设立的分支机构主要集中在西南的四川、贵州与西北的陕西、甘肃四省,中国银行只在四川、陕西两省有分支机构,交通银行在西部地区的分支机构则更少,仅在陕西一省建有支行与办事处。这些机构在整个国家银行的分支机构中所占比重很小,比较而言,中国农民银行在西部四省的分支行处最多,有 34 个,占全国 121 个的 28.10%;其次是中央银行,在西部四省的分支行处有 8 个,占全国 45 个的 17.78%;中国银行在西部四川、陕西两省的分支行处为 16 个,占全国 208 个的 7.69%;交通银行最少,在陕西一省有分支处仅 4 个,占全国 117 个的 3.42%。四行在西部 8 省的分支行处共计 62 个,占四行在全国 491 个的 12.63%。①西南的云南、广西,西北的宁夏、青海四省,在全面抗战前都没有一家国家银行设立分支机构。

全面抗战爆发后,特别是淞沪会战失败之后,中央银行、中国银行、交通银行、中国农民银行的总行与分支机构开始了向西部大后方的迁移。最初,中央、中国、交通、中国农民四银行在南京及江苏、浙江、安徽、江西、湖北等省内的分支处机构,有的并入各自的总行,有的撤销。

1937 年 11 月 20 日,作为政府金融机构的中央、中国、交通、中国农民四银行开始西迁,上海的中央、中国、交通、中国农民四银行改称分行,办理汇兑买卖。其中,中央、中国、交通三银行总行奉令迁往汉口,后迁重庆。留沪三家分行收缩业务,不再担负交换存款的收解。中国银行沪行外汇等重要资财、帐册副本移港,成立沪驻港办事处,节制中行上海分行。②1939 年 8 月 22 日,国民政府财政部令中央、中国、交通、中国农民银行的总行在香港的机构迁渝办公(图 2-3、图 2-4、图 2-5)。③

随着战事的发展,中国沿海沿江东中部地区沦为战区,原有的金融网已经遭到破坏,中央、中国、交通、中国农民四大国家银行最初把总行移设在

---

① 中国银行经济研究室编:《全国银行年鉴》(1937 年),上海:汉文正楷印书局,1937 年,第 B2、7、15、21 页。
② 任建树主编:《现代上海大事记》,上海:上海辞书出版社,1996 年,第 676、691、698 页。
③ 田茂德、吴瑞雨整理:《抗日战争时期四川金融大事记(初稿)》,《西南金融》1985 年第 11 期,第 25 页。

图 2-3　抗战时期内迁到重庆的中央银行、中国农民银行与美丰银行的旧址

三银行都位于现重庆市渝中区新华路 74 号，现为中国银行重庆分行的办公场所

图 2-4　战时内迁重庆的交通银行

战时重庆交通银行旧址位于重庆市渝中区打铜街。全面抗日战争爆发后，交通银行总行迁至重庆，并购买了四川商业银行大楼，作为交通银行重庆分行的地址，直至抗日战争胜利。重庆交通银行建筑大楼为典型的欧式风格：富丽堂皇、豪华气派，现为中国建设银行的办公场所

图 2-5　战时内迁重庆的中国银行

战时内迁重庆的中国银行旧址，位于重庆市渝中区，建筑风格为西式，却又在屋顶边沿点缀传统建筑构件装饰。直到现在，它仍在正常使用，是这一代街区民国时期遗留下来的几幢建筑之一

南京，其后移设汉口，而当国民政府政治中心迁移到重庆后，国民政府不仅把四大国家银行的总行移设重庆，其分支行因战区之推移而先后内撤者更达

200 余处。①

随着国民政府西迁，西南、西北成为抗战建国，复兴民族的根据地。开发西南、西北产业，须集中金融力量为之先导，金融之活泼必导致分支机构之普遍设置，于是，国民政府便着手部署和实施在大后方建设金融网的计划。1938年、1939年国民政府分别在武汉和重庆召开了两次地方金融工作会议，提出"扶助经济建设""活泼地方金融""调剂地方金融"的任务。于是，国民政府1938年8月拟订《筹设西南、西北及邻近战区金融网二年计划》，1940年3月增订《第二第三期筹设西南西北金融计划》②，并具体提出四行应在西南、西北筹设金融网的任务：分为三期完成，限于1939年年底完成的为第一期，限于1940年年底完成的为第二期，限于1941年年底完成的为第三期。四行在三期中应行筹设行处地点：第一期：四川62处、云南30处、广西27处、贵州32处、陕西16处、甘肃12处、西康5处、青海4处、宁夏1处，共计189处；第二期：甘肃4处、陕西3处、四川2处、广西1处、西康1处，共计11处；第三期：四川2处、甘肃1处、广西1处，共4处。③

在大后方金融网的建设中，第一期是关键，要求设立的行处最多，也是最为艰难的时期。为了完成任务，国民政府财政部与四联总处决定，由中央、中国、交通、中国农民四银行在西南、西北各省重要地点设立行处。为此，1939年10月，国民政府制定《中央、中国、交通、农民四银行联合办事总处组织章程》，明确规定四联总处职权任务的第一项就是"全国金融网之设计分布事项"④，其目的在于以西南、西北地区为抗战建国、民族复兴的根据地，开发大后方的产业，疏通金融脉络，增强抗战建国的基石，并拟定分期推进办法，以三个月为一期，每期应遵照规定设立若干行，且指定四行中某一行应设立之地点，自1939年1月起至12月底止，共分四期，分饬四行积极筹备，统限于1939年12月底以前一律完成西南、西北金融网。⑤

然而，到1939年底，西南、西北金融网建设的第一期到期时，四大国家银行分支行处的铺设并没有如期完成。据统计，1938年中央银行先后在广西的梧州、桂林，贵州的盘云，甘肃的天水，各设分行1处，共计4处。1939年，中央银行又先后在自流井、宜宾、南部、嘉定、广元、江津、绵阳、内

---

① 重庆市档案馆等编：《四联总处史料》（上卷），北京：档案出版社，1993年，第194页。
② 重庆市档案馆等编：《四联总处史料》（上卷），北京：档案出版社，1993年，第194页。
③ 贵州金融学会等编：《贵州金融货币史论丛》，1989年3月（内部资料），第20页。
④ 重庆市档案馆等编：《四联总处史料》（上卷），北京：档案出版社，1993年，第70页。
⑤ 财政部钱币司编：《十年来之金融》，重庆：中央信托局，1943年印，第11页。

江、重庆新丰区、泸县、北碚、南泉、灌县等地设分行13处,在云南蒙自、下关设分行2处,贵州的都匀设分行1处,广西的宜山设分行1处,陕西的宁羌、安康、邠县设分行3处,甘肃的武威、酒泉设分行2处,西康的雅安设分行1处,1938—1939年,中央银行在西南、西北总计设立分处27。① 中央银行"完成金融网案内分担增设行处之数并未按期达到",其未能如期设立之原因,"或因事实上困难,或因实际上无此需要"。② 全面抗战爆发之后,中国银行在西南、西北新设的分支行处,主要有:四川15处,云南15处,贵州10处,广西11处,甘肃6处,宁夏1处,陕西3处,共计61处。③ "完成金融网案内所分担及自行增设之行处,……为各行之冠。"④1940年3月30日,四联总处在其工作报告中对四行金融网的铺设情况做了总结:截止到1940年3月20日,四行在西南、西北各地依照原定计划所成立之行已达171处,计中央银行37处,中国银行60处,交通银行36处,中国农民银行38处。⑤ 而这171处,按照地域来分,则是四川省60处,云南省25处,贵州省21处,广西省22处,广东省4处,湖南省5处,陕西省15处,甘肃省11处,青海省2处,宁夏省1处,西康省5处。⑥

从以上统计可见,四川是设立分支行处最多的地方,但也没有完成计划。有鉴于此,从1939年下半年开始,四联总处不断总结金融网建设中遭遇的困难,1939年12月5日,《理事会关于四行筹设金融网遭遇困难的决议》认为:"所遭遇之困难其最显著者,有下列数端:一为交通困难,二为人员缺乏,三为房屋难觅,四为治安问题。"⑦ 对此,四联总处提出了一系列完善金融网案建设的办法与方案,如《理事会关于加速完成西北西南金融网的决议》(1939年10月5日),《完成西南西北金融网方案》(1940年3月30日),《四联总处关于完成西南西北金融网案的审查意见》(1940年4月9日),《四联总处关于完成西南西北金融网的报告》(1940年)等。此后,中央、中国、交通、

---

① 中国第二历史档案馆编:《中华民国史档案资料汇编》第五辑第二编(财政经济)(三),南京:江苏古籍出版社,1997年,第278—280页。
② 中国银行总行、中国第二历史档案馆主编:《中国银行行史资料汇编(1912—1949)》(上编),北京:档案出版社,1991年,第747,749页。
③ 中国第二历史档案馆编:《中华民国史档案资料汇编》第五辑第二编(财政经济)(三),南京:江苏古籍出版社,1997年,第481页。
④ 中国银行总行、中国第二历史档案馆主编:《中国银行行史资料汇编(1912—1949)》(上编),北京:档案出版社,1991年,第748页。
⑤ 四联总处秘书处编:《四联总处工作报告撮要》1940年3月,第1—2页。
⑥ 重庆市档案馆等编:《四联总处史料》(上),北京:档案出版社,1993年,第191页。
⑦ 重庆市档案馆等编:《四联总处史料》(上),北京:档案出版社,1993年,第195页。

中国农民四银行于西南、西北各省增设行处,不仅能按上述计划如期完成,有的甚至还大大超越了计划。

在西南地区,全面抗战前四行的机构仅37家,但全面抗战后则迅猛发展,为执行西南金融网方案,四行在西南各省积极筹设分支机构,截至1940年3月20日止,按照第一期计划西南地区所成立四行之分行处计有:四川省60处,云南省25处,贵州省21处,广西省22处,西康省5处,共计133处。① 在西北地区,全面抗战前,国家银行仅限于陕西、甘肃二省,宁夏、青海、新疆均没有;全面抗战爆发后,四行在西北进一步发展,陕、甘、宁、青四省已经有了四行的分支行处,但四行分支行处尚未推及新疆;到1941年年底,四行发展情况见表2-1。

表2-1　1941年12月国家银行在西南西北设立行处统计表（单位:个）

省份 行名	合计	四川	西康	云南	贵州	广西	陕西	甘肃	宁夏	青海
中央银行	63	28	2	6	4	8	7	6	1	1
中国银行	94	29	1	14	8	12	19	9	1	1
交通银行	45	13	2	1		11	8	4		
中国农民银行	70	38	3	5	6	7	5	4	1	1
总计	272	108	8	26	24	38	39	23	3	3

资料来源:根据重庆市档案馆等编:《四联总处史料》(上),北京:档案出版社,1993年,第197—198页

由表2-1可见,到1941年年底,从总体上说,四行在各省的分支行处铺设了272处,是全面抗战前60处的4.5倍,已经超过了计划(204家)共68处,不过,这种发展是极为不平衡的,中央、中国、交通、中国农民四银行之分行处,在四川省108处,云南省26处,贵州省24处,广西省38处,西康省8处,西南五省分支行处共计204处,比1940年增约150%,占全国分支行处的75%;而西北四省则一共只有68处,占全国分支行处的25%。四行在西南、西北的城市分布情况,从表2-2可以得到集中体现。

由表2-2可见,1941年上半年,西南、西北九省(重庆市除外),中央、中国、交通、中国农民四银行之分支行处共202所,分布于104个地区,其中设四行者14地,设三行者13地,设两行者24地,只设一行者54地。还有两地仅列地名而未标注银行。一地有四行与三行设分支行处之29地,共有分支103所,几占中央、中国、交通、中国农民四银行处总数之半,其地

---

① 重庆市档案馆等编:《四联总处史料》(上),北京:档案出版社,1993年,第191页。

表 2-2　中央、中国、交通、中国农民四银行在西南、西北的城市分布情形表
（截至 1941 年上半年）

省份	四行分布的地点及其名称
四川省（40）	成都（央，中，交，农）泸县（央，中，交，农）乐山（央，中，交，农）自贡市（央，中，交，农）万县（央，中，交，农）内江（央，中，交，农）宜宾（央，中，交，农）合川（中）绵阳（央，交）涪陵（央，中）江津（央，中）南充（央，中，农）荣昌（中）五通桥（中，交）资中（中，农）合江（中，农）广元（央，农）三台（中）泸县（央）白沙（央）中坝（央）阆中（农）松潘（央）南部（央）宣汉（农）秀山（农）隆昌（中）永川（农）云阳（央）石桥（中）资阳（中）奉节（中）黔江（交）眉山（央）梁山（央）广汉（央）渠县、牛佛渡（中）巴东（农）
广西省（13）	桂林（央，中，交，农）柳州（央，中，交，农）宜山（央，中，交）梧州（央，中，交）田东（央，中）百色（交）南宁（央，交）河池（央）全县（央）靖西（中）贵县（交）凭祥（交，农）龙州（中）
云南省（17）	昆明（央，中，交，农）下关（央，中）个旧（中）蒙自（央，农）保山（中）曲靖（中，农）芒市（中，交）祥云（中，交）龙陵（央）垒允（中）开远（中）楚雄（中）宣威（中）畹町（央）澂江（农）平彝（中）禄丰（中）
贵州省（12）	贵阳（央，中，交，农）遵义（中，交，农）都匀（央，中，交）安顺（中，交，农）盘县（央，中）毕节（央，农）镇远（中，农）独山（央，交）黔西（中）铜仁（农）赤水（交）三合（央）
西康省（3）	康定（央）雅安（央，中，交，农）西昌
陕西省（12）	西安（央，中，交，农）南郑（央，中，交，农）宝鸡（央，中，交）安康（央，中，农）渭南（中，交）咸阳（交）泾阳（交）白河（央，农）宁芜（央）邠县（央）三原（中）同官（交）
甘肃省（7）	兰州（央，中，交，农）天水（央，中，交）武威（央，中，交）酒泉（央，中）平凉（央）岷县（央，中）张掖（中）
青海省（1）	西宁（央，中，农）
宁夏省（1）	宁夏（央，中，农）

资料来源：郭荣生：《四年来西南西北金融网之建立》，《财政评论》第 6 卷第 4 期（1941 年 10 月），第 92—94 页
注：上表中，"央"代表中央银行，"中"代表中国银行，"交"代表交通银行，"农"代表中国农民银行

一地有二行与一行设行之 75 地，仅有分支行 99 所。由此观之，中央、中国、交通、中国农民四银行分支行之分布是不平衡的，四行多集中设行于各省省会及经济、交通较重要之城市，如在西南西北九省中，成都、桂林、昆明、贵阳、西安、兰州等 6 省会城市均为四行设立之地；青海、宁夏两省在全面抗战后才开始出现国家银行，但也很快有中央、中国、中国农民三银行的分行；只有西康一省的省会康定只出现中央银行一行，不过在西康的雅安四行都有，这些城市多系大后方各省之金融枢纽。就各省情形而言，西南、西北 9 省中，四川物产最为丰富，也是四行设立分支处最多的地方，主要集中于成都、万县、内江、宜宾、乐山、泸县、合川、自贡市等 8 地。成都、泸县

是金融市场活跃之区,乐山、自贡、万县等则是工商业发达之县市或商埠。其次是云南、广西、陕西,除省会城市之外,交通与经济较为发达的地方都有四行的分支行处。西康省集中在康定、雅安、西昌3地。只有青海、宁夏两省最差,仅集中于省会城市。各省与四川相比较,其相差程度实太悬殊。由此可见,四行在大后方各省的分布既不普遍,也欠合理,但是,国家银行作为全国金融的最高机关,处于统制、调剂全国金融之重要地位,执行国民政府有关战时金融政策之各种业务,其分布点多系金融枢纽,也是可以理解的。国家银行占据了大后方各省的政治经济中心,为国家金融资本对大后方的垄断和控制奠定了基础。

太平洋战争爆发之后,受环境形势的影响,西南国际运输线中断,此后,西北的对外交通益形重要,且西北资源亟待开发,为使金融力量与政府政策配合进行,1942年9月5日,四联总处第140次理事会议通过"筹设西北金融网原则",规定:兰州为建设西北的出发点,四行应逐渐加强和充实兰州原有机构人员;依经济、军事、交通等需要,四行对陕西、甘肃、宁夏、青海及新疆五省实行实地调查,斟酌筹设行处;各行局新设行处须增添人员时,应就滇、浙、闽、赣等省撤退行处人员尽先调用。[①] 1942年后,四行在西北地区筹设分支行处的扩展工作进一步增强,同时,四行在西南五省的发展也不示弱,同样得到急剧扩充,表2-3即集中反映出到1945年抗战胜利前夕四行在西南、西北的发展情况。

表2-3 战时(截至抗战胜利前夕)国家银行在西南、西北设立行处数目表

(单位:个)

省份 行名	合计	四川	重庆	西康	贵州	云南	广西	陕西	甘肃	宁夏	青海
中央银行	61	24	4	2	4	4	8	7	6	1	1
中国银行	122	41	6	3	11	20	16	14	9	1	1
交通银行	65	16	7	2	7	3	11	9	9	1	0
中国农民银行	92	37	10	5	9	7	10	7	5	1	1
总计	340	118	27	12	31	34	45	37	29	4	3

资料来源:沈雷春主编:《中国金融年鉴》(1947),上海:黎明书局,1947年,第A113—114页
注:此表并未剔除已裁撤之分支行处,总行不计在内

由表2-3可见,到抗战即将结束的1945年,中央、中国、交通、中国农

---

① 四联总处秘书处编:《四联总处重要文献汇编》(影印本),台北:学海出版社,1970年,第361—362页。

民四银行在西南、西北所设立分支行处，共 340 处，比 1941 年年底的 272 处，又增加了 68 处。在四行中，以中国银行设立支行处最多，计 122 处；其次为中国农民银行，其设立行处 92 处；交通银行则设立行处 65 处；中央银行设立 61 处。以分布之地域言，中央、中国、中国农民三银行实现了西南、西北九省一市的全覆盖，而交通银行直到抗战结束都未到青海设立行处。西南与西北比较，1945 年底西南增设支行处远较西北为多，西南地区为 267 处，比 1941 年年底的 204 处，增加了 63 处，占 78.53%；西北地区为 73 处，比 1941 年年底的 68 处，仅仅增加了 5 处，占 21.47%。

除中央、中国、交通、中国农民四银行外，战时的中央信托局与邮政储金汇业局等二局也从上海迁往重庆。全面抗战爆发后，邮政储金业务遭受挫折，1937 年 12 月上海沦陷后，邮政储金汇业局部分搬迁至香港办公，1940 年 4 月 1 日正式迁渝办公，并在重庆、贵阳、昆明、桂林、西安、兰州、成都、韶关、衡阳、福州、永安、天水、宝鸡等地设立分局约 30 处，在其下设立办事处 40 余处，专办储汇业务。在此期间，邮政储金汇业局虽因战事几经变迁，但截至 1945 年 8 月，国统区办理邮政储金的邮局及邮汇局已有 2000 余处，几乎是战前全国储金机构的 3 倍以上，而各区局经办人手的充实，也远非战前可比拟。[①]

虽然四行在西南、西北的金融网点建设有着差距，但中央、中国、交通、中国农民四银行通过从东部向西部的迁徙与金融网点的建设，使西南、西北地区的国家银行从无到有，并以重庆为中心，通过各省会中心城市向主要交通要道和重要经济、军事重镇辐射，进而覆盖了整个大后方，为促进西部金融业的现代化做出了重要贡献。

二、省地方银行的内迁

全面抗战爆发之后，因受战事影响，东部省银行发生种种变迁。在各省地方银行中，遭受战事影响最剧之银行，首先是河北省银行。该行虽能继续营业，但已为敌伪所劫持利用，1937 年 11 月 13 日，河北省银行并入伪察南银行（察南银行于 1940 年 9 月 21 日改组为伪蒙疆银行）。[②]

随着战事的发展，战区内的各省银行纷纷陷于停滞状态。总行设于上海

[①] 徐琳：《试论抗战时期的邮政储金汇业局》，《社科纵横》2007 年第 11 期，第 129 页。
[②] 郭荣生：《中国省银行史略》，沈云龙主编：《近代中国史料丛刊续编》第 19 辑，台北：文海出版社，1975 年，第 26 页。

的江苏银行，其抗战前设在江苏省境内的分支机构有 34 处，均被所在地的敌伪所掠夺。江苏省农民银行亦受严重损失，先后停业之分支机构有分行 18 处，支行 7 处，办事处 50 处，后于香港设保管处，以便集中账册，予以整理。山东民生银行因受战事影响，1937 年 11 月，将总行及办事处共 8 处同时停业，随军撤退。1937 年 10 月 8 日太原失陷后，山西省银行总行迁移至晋南的运城、临汾两地，1938 年春，晋南吃紧，总行迁移到西安，山西省内各分支机构一律停业。① 江苏农民银行在抗战爆发之后损失惨重，所有各种放款共计 1800 余万元，均无法收回。②

当东部各省沦陷后，沦陷区各省银行不仅积极进行恢复自救，同时还配合国民政府的金融政策，致力于同敌伪展开金融战，甚至把总分行迁入大后方，支持大后方的经济建设。1940 年春，国民政府为加强货币战争，保护法币，不让敌伪收集法币套购外汇，颁布《管理各省省银行或地方银行发行一元券及辅币券办法》，准许各省银行发行地方券，以节省法币外流。东部各省即成为了货币战之前哨，但原有地方金融机构已遭到毁坏，于是国民政府财政部试图恢复战区各省银行以加强斗争。

首先，国民政府财政部与河北省政府筹设河北省银行，以抵制日伪侵略，决定河北省银行资本总额为 100 万元。1939 年 8 月，河北省银行奉财政部核准设立，1940 年 4 月 18 日正式成立，成立之日，河北省政府先拨资金 50 万元，采取总管理处制，总处始设于重庆，后改迁洛阳，于西安、重庆设办事处。③ 至 1944 年中原战役，河北省银行复在洛阳遭受重大损失，迁至西安。④

1939 年 8 月，河北省政府奉财政部令，筹设河北省银行（第二），核定资本总额 100 万元；先拨半数，计 50 万元，首先成立重庆分行，派武绍望负责。经多月筹备，河北省银行重庆分行于 1940 年 4 月 11 日开幕，采总管理处制，总处业务，由重庆分行代理。1941 年 4—5 月间河北省政府筹设洛阳、西安两个办事处，办事处于 7 月 1 日开幕，由河北省政府议决增拨资本 30 万。1942 年 4 月，总管理处移设洛阳，组织陆续扩大，设有总务、会计、出纳、稽核四课及金库。1942 年冬，总管理处奉财政部核准，设物资购销部。重庆分行

---

① 郭荣生：《中国省银行史略》，沈云龙主编：《近代中国史料丛刊续编》第 19 辑，台北：文海出版社，1975 年，第 30—32、104 页。
② 中国第二历史档案馆编：《四联总处会议录》（一），桂林：广西师范大学出版社，2003 年，第 189—190 页。
③ 郭荣生：《中国省银行史略》，沈云龙主编：《近代中国史料丛刊续编》第 19 辑，台北：文海出版社，1975 年，第 28 页。
④ 《河北省银行致财政部电》，台北国史馆藏财政部未刊档案，1945 年，档号：018—273—2301。

亦奉财政部令改为办事处。1942年年底该行资本100万元中，除由省库拨下50万元，其余50万元由省库于半年内陆续拨足。该行为执行对敌伪货币战任务，发行有五角辅币券一种，1942年8月，发行额为300 000元，流通额为240 000元，库存券600 000元。现金准备与保证准备，依财政部规定全数缴足。1945年抗战胜利，该行移设河北。①

绥远平市官钱局在包头以东各局为敌伪攫取后，仅剩五原与临河两分局在万难中艰苦支撑，1939年绥省政府转进河西，复奉国民政府令于陕坝成立总局，恢复办公，几经整顿，始具规模。为适应抗战建国需要，1940年7月，绥远平市官钱局改组为绥远省银行，1941年1月1日，正式成立于绥远陕坝，设办事处于兰州、宁夏。该行资本总额100万元，实收50万元，由省府出资。到1942年6月，该行已发行有元辅币券50万元，流通绥西各县。②

江苏银行为恢复营业，与国民政府财政部筹商复业计划，1940年7月，国民政府财政部与江苏省政府决定各自筹集资金300万元，以为复业之用，双方资金先后拨足。因江苏省战事关系，业务无法开展。1941年11月1日，江苏银行设重庆办事处，原在渝聚兴村设立之总行办事处即予以取消；太平洋战事发生后，即以重庆为总行；1941年12月底，其总、分支机构仅重庆与上海两个办事处；后上海公共租界被日军侵占，沪行环境恶劣，应付困难，业务无形停顿。③

江苏省农民银行镇江总行对外停止营业后，对内主要在重庆黄桷垭设总经理办公处，指挥行务。1942年2月，开业之办事处已达9处，计为驻渝办事处，驻歙办事处，驻饶办事处（江西上饶，1940年6月设），驻金办事处（浙江金华，1941年4月15日设），驻屯办事处（安徽屯溪，1942年2月设），驻江南办事处，溧阳收购丝茧办事处，金华合作社农产运销处及苏北分行筹备处（淮安泾口镇，1942年1月2日设）。除各办事处外，还开办有江南分行一处。从上述情形可见，该行在困难情形下，其业务仍在努力推动。④

1938年冬，山东民生银行总行及各办事处的账册退集重庆，加以整理。

---

① 郭荣生：《中国省银行史略》，沈云龙主编：《近代中国史料丛刊续编》第19辑，台北：文海出版社，1975年，第96页。
② 郭荣生：《中国省银行史略》，沈云龙主编：《近代中国史料丛刊续编》第19辑，台北：文海出版社，1975年，第29页。
③ 郭荣生：《中国省银行史略》，沈云龙主编：《近代中国史料丛刊续编》第19辑，台北：文海出版社，1975年，第30页。
④ 郭荣生：《中国省银行史略》，沈云龙主编：《近代中国史料丛刊续编》第19辑，台北：文海出版社，1975年，第31页。

山东民生银行整理委员会在重庆设立,拟予复业,以便协助战区金融。1938年春,在晋南吃紧后,山西省银行即将山西省内各办事处一律停业,将总行迁移至西安,与山西铁路银号合组办事处,并设分处于成都,后成都办事处裁撤,在陕西宜川设总行,西安设办事处,对外停止营业,主要任务在维持该行所发钞券之补找流通,及破烂钞票之收毁。1942年,山西省银行将总行移山西吉县克难坡,重新规划,以图扩大营业。1943年,山西省政府决议,将铁路银号与山西省旧设的绥西垦业银号并入,总行移设西安,恢复营业,并在晋西的大宁、石楼、方山、孝义、离石、吉县等各县及陕北之宜川等地设立办事处,恢复营业。①

由于省银行主要以调剂本省金融、扶助发展本省经济为职责,而其分支行处之设立,也是主要以本省境内为限,因此,在抗战时期,东部沿海地区的省级地方银行,在战争中虽然也遭受了重大损失,但并没有像国家银行与商业银行那样大规模迁往西部地区。在东部各省银行中,江苏银行、山东民生银行两家总行撤至重庆,河北省银行的总行迁移洛阳。与此同时,各沦陷省份之省地方银行,也奉国民政府之命先后在陪都重庆设立分行或办事处,而战时在渝设行者,计有江苏农民银行、江苏银行、安徽地方银行、湖南省银行、湖北省银行、河北省银行、河南农工银行等7家。此等省地方银行在渝设立办事处,主要在于加强各省与大后方国民政府的金融联系,除此之外,在渝办事处还办理与各行区内各县的通汇业务,并兼营一部分普通银行业务。② 因此,战时战区各省银行,以迁移本省非战区继续坚持艰难经营为主体,如浙江地方银行、江苏省农民银行、安徽地方银行、江西省银行、湖北省银行等,因其本省大部分地区沦陷,其分支处机构随之撤销,但其总行机构并未撤销,主要任务是随各省军政机关行动,经理省金库,办理其军政费用的收支。

三、商业银行的内迁

全面抗战爆发后,在国家银行的带动下,部分商业银行也开始内迁,各商业储蓄银行与钱庄纷纷向汉口、重庆等地添设分支行及办事处。到1938年4月初,东部各银行纷纷在重庆筹设分行,当时的重庆银行业,除新增的浙江

---

① 郭荣生:《中国省银行史略》,沈云龙主编:《近代中国史料丛刊续编》第19辑,台北:文海出版社,1975年,第30—32、105页。
② 张舆九:《抗战以来四川之金融》,《四川经济季刊》第1卷第1期(1943年12月15日),第68页。

兴业银行、上海商业储蓄银行已开始先后营业外，又有数家银行迁设重庆，积极选择行址，筹备开业，如中南银行经理孙伯森来到重庆，为该行迁渝与重庆金融界接洽，选定打铜街集义钱庄为行址，筹备开业；盐业银行自华北沦陷后，即派南京分行经理方振民来渝筹设分行，租得道门口天申永地址，准备开业；大陆银行租下陕西街某号为行址，后又改租第一模范市场筹备开业；四明银行、中国通商银行、中国实业银行、上海绸业银行，以及四行储蓄会等，也纷纷派员来渝寻觅行址，准备在渝筹设分行。[1] 表2-4 是截至1943年7月从东部迁往战时首都重庆的商业银行统计表：

表2-4 截至1943年7月内迁重庆的东部商业银行统计表

行名	注册时间	资本总额/万元	备注
新华信托储蓄银行	1932年1月	20 000	原设上海，1942年移渝
江海银行	1934年2月	10 000	原设上海，1938年移渝
中国国货银行	1929年11月	2000	设香港，1942年9月移渝
金城银行	1935年7月	1000	重庆管辖资本为600万元
中南银行	1935年7月	750	重庆支行营业基金为25万元
中国农工银行	1932年5月	10	重庆分行资金为70万元
上海商业储蓄银行	1936年4月	500	重庆分行资金为50万元
大陆银行	1929年5月	500	渝分行资金为25万元
中国通商银行	1937年4月	400	原设上海，1943年移渝
四明商业储蓄银行	1937年5月	400	上海总行撤销，在渝另设总行办事处
浙江兴业银行	1934年5月	400	渝支行资金为100万元
四行储蓄会	1931年8月	100	渝分会

资料来源：重庆市档案馆馆藏重庆银行公会未刊档案，档号：0086-1-11

由表2-4可知，到1943年7月，东部迁往重庆的商业银行共计12家，都是当时非常著名的商业银行，包括"北四行"中的金城银行、中南银行与大陆银行等三行，"南三行"中的浙江兴业银行与上海商业储蓄银行等二行，还有"小四行"中的中国通商银行、中国国货银行与四明商业储蓄银行等三行。在这些内迁的商业银行中，金城银行、中国通商银行、上海商业储蓄银行等都是内迁商业银行的典范。

金城银行是全面抗战时期内迁商业银行在西部建立分支机构最多的一家银行，成为大后方极具特色的商业银行之一（图2-6）。

---

[1]《各银行筹设重庆分行》，《金融周报》1938年第5卷第14期，第20—21页。

(a) 金城银行创始人——周作民　　(b) 金城银行总经理戴自牧公馆,公馆地址在重庆市沙坪坝区歌乐山镇桂花湾1号

图 2-6　战时金城银行的创始人及旧址

　　早在全面抗战爆发前,金城银行就已经在西部成立了办事处。1933—1936年间,金城银行为扩展中、西部一带业务,分别设长沙、西安、重庆等办事处。① 全面抗战爆发后,金城银行最初将苏州、南通、常熟各行处先后撤到上海。② 当上海战事结束后,随着金融中心的逐步西移,金城银行通过对西南各省金融、产业、交通、经济概况的调查,对以重庆为中心的西南、西北地区在战时的重要作用有了深刻认识,认为:"重庆地扼全省之锁钥,转运之枢纽,凡陕甘川康黔湘桂之商业胥以重庆为中心。"③ 于是,金城银行也逐渐将业务发展的重心转向大后方,并增设西部分支机构,先后设立成都办事处、昆明办事处、贵阳办事处。1938年武汉沦陷,原汉口分行重要部分撤退到重庆,汉行经理戴自牧呈沪总处在渝设立汉行驻渝办事处,办理汉行及所属各办事处与联行间的转账事宜,并负有指导业务之责,但不对外营业,而业务经营仍由"重庆储蓄、办事处"办理。1940年5月,金城银行又设"重庆信托分部",任命李祖芬为经理,专办附属及投资事业之行政事项。1941年4月8日,金城银行总经理周作民认为汉行与西南各地交通阻隔,环境各殊,事实上已无联系之必要,于是明令汉行与西南各行资产、负债划分,一方面取消汉渝处组织,汉行原有的2/3资产划归渝行,总计国币400万元。④ 另外一方面,

---

① 重庆档案馆馆藏金城银行重庆分行未刊档案,档号:0304—1—185。
② 任建树主编:《现代上海大事记》,上海:上海辞书出版社,1996年,第679页。
③ 上海市档案馆馆藏金城银行未刊档案,档号:Q264—1—790—1;重庆档案馆馆藏金城银行重庆分行未刊档案,档号:0304—1—185。
④ 重庆档案馆馆藏金城银行重庆分行未刊档案,档号:0304—1—460。

为适应环境需要，"调整本行西南各行处管辖系统，以期推展业务起见"①，金城银行特设立重庆管辖行以督导、管理内地各行处业务与人事，"使能配合国家经济政策，达成辅助生产裨益抗战之使命"②，并任戴自牧为经理，徐国懋、李祖芬、王恩东、刘知敏、张佑贤分任副经理，直隶总处管辖西南各分支行处及附属投资事业等。同时金城银行将"重庆储蓄、办事处"改组为"重庆分行"，下设"两路口办事分处"、"民权路办事分处"及"沙坪坝办事分处"三个分支机构。"重庆分行"隶属"重庆区管辖行"之下，而"重庆信托分部"亦隶属"重庆区管辖行"，与"重庆分行"为平行机构。随着重庆管辖行的成立，原设的成都办事处改为成都支行（简称蓉支行），邓君直改任蓉支行经理；贵阳办事处改为贵阳支行（简称黔支行），邵仲和改任黔行经理；昆明办事处改为昆明支行（简称滇支行），吴肖园改任滇行经理；原隶属郑行的陕西办事处改为西安支行（简称陕支行），刘纯中改任陕支行经理；原长沙办事处改为长沙支行，统一隶属重庆管辖行。③

然而，需要注意的是，在太平洋战争爆发前，金城银行虽然逐渐撤迁沿海机构，将其重点转向大后方，并在大后方成立重庆总经理处，但它的总行仍然在上海，上海总经理处也未迁至大后方，总经理周作民也并未来渝，而是仍然坐镇上海。周作民认为局势是"日军力量很强大，三年两年不会垮台"，"我必须设法在这种环境中维持和扩展已有基业"④，倘若他离开上海，金城银行就有被日本吞并的可能。

1941年12月初，周作民去香港办事，不久太平洋战争爆发，日军占领香港，拘留了当时在港办事的周作民。再加之沪、渝交通断绝，金城银行在大后方的分支行处，与沪总处及沦陷区域内各分支行处完全失去联络，总经理周作民派人带信到渝，并通电钱新之、范旭东等商议设"总经理处"于重庆，并委任戴自牧代行总经理职权。"总经理处"只办督导掌握工作，其行政管理仍由"重庆区管辖行"办理，管辖行经理仍由戴自牧兼任。1944年4月，金城银行在重庆正式成立总经理处，统辖大后方金城银行的各分支行处，与上海总经理处划分资金，实行独立核算，形成与上海对峙的局面。

大后方金城银行将原来的机构进行进一步的升级扩充，重庆区管辖行改

---

① 上海市档案馆馆藏金城银行未刊档案，档号：Q264—1—232—10。
② 重庆档案馆馆藏金城银行重庆分行未刊档案，档号：0304—1—185。
③ 中国人民银行上海市分行金融研究室编：《金城银行史料》，上海：上海人民出版社，1983年，第689页。
④ 罗瑞：《近代金融奇才周作民传》，石家庄：河北人民出版社，1995年，第248页。

组为西南区管辖行,仍在重庆区管辖行原址办事,管理四川、云南、贵州所在各行处,西南区管辖行经理、副经理仍由原重庆区管辖行经理副经理继任,同时增设东南及西北两区管辖行,"督导各分支行处,借收指臂之效"①。东南区管辖行管理广西、湖南及东南范围内各行处,办事地点暂设在桂林,管辖行经理由原重庆区管辖行秘书室主任南经庸调任;西北区管辖行管理陕西、甘肃及西北范围内各行处,管辖行暂设在西安,经理由原重庆区管辖行总经理处秘书陈国梁调任。至此,金城银行彻底从沪总处独立出来,在大后方形成了以戴自牧为首的渝总处,渝总处和以周作民为首的沪总处分庭抗礼、各据一方(表2-5)。

表2-5 1937年9月—1945年12月金城银行渝总处分支机构一览表

机构名称	设立日期	附注
西南区管辖行		
重庆分行	1936年5月28日	原为办事处,1941年4月8日改为分行
沙坪坝办事分处	1937年10月10日	
成都支行	1937年11月4日	原为办事处,1941年4月8日改为支行
昆明支行	1938年5月2日	原为办事处,1941年4月8日改为支行
西南联大办事分处	1938年5月2日	
贵阳支行	1938年10月14日	原为办事处,1941年4月8日改为支行
川大办事分处	1938年12月1日	1943年3月8日随川大迁眷,1943年3月20日正式营业,改称东门办事处
自流井办事处	1939年10月10日	
重庆信托分部	1940年5月1日	
威远季庄	1940年9月14日	
两路口办事处	1940年11月20日	
乐山办事处	1940年12月14日	
华西坝办事分处	1941年9月15日	
民权路办事分处	1942年9月	由原中央大学分处迁至都邮街分处,1943年5月5日因都邮街已改民权路而亦改称
泸县办事处	1943年1月25日	
西北区管辖行		
西安支行	1935年10月10日	原为办事处,1941年4月8日改为支行
汉中办事处	1939年11月1日	
宝鸡办事处	1942年9月1日	
平凉办事处	1944年3月6日	
天水办事处	1944年12月1日	

---

① 中国人民银行上海市分行金融研究室编:《金城银行史料》,上海:上海人民出版社,1983年,第694页。

续表

机构名称	设立日期	附注
东南区管辖行		
长沙支行	1933年12月11日	原为办事处，1938年11月11日撤至沅陵，于1941年6月1日改为支行，1944年5月10日迁回长沙，1944年5月29日再度撤出
常德办事处	1938年4月1日	1938年11月15日撤至沅陵，1939年4月30日归并为长沙办事处
衡阳办事处	1941年6月20日	1944年6月19日撤退
辰溪办事分处	1942年2月10日	由湘大储蓄分处改组成立
桂林支行	1942年3月25日	1944年9月12日撤退
柳州办事处	1942年10月7日	1944年9月12日撤退
梧州办事处	1943年8月9日	1944年9月15日撤退
沅陵办事处	1944年4月1日	因长沙支行由沅陵迁回长沙而另设

资料来源：中国人民银行上海市分行金融研究室编：《金城银行史料》，上海：上海人民出版社，1983年，第690页

由表2-5可见，金城银行在大后方各省增设分支机构的重点在西南，西北相对较弱，而且西北办事处设立的时间很晚。造成这种现象的主要原因在于，商业银行以营利为目的，其设立地点倾向于商务繁盛或交通便利之地。西北地处边陲，交通梗阻，农、工、商业落后，且人口稀少，社会贫乏，自然不是商业银行营业的理想区域，但是，太平洋战争爆发后，日军攻占了上海、香港，中国内地便失去了海、陆相通的供应线，而后日军又攻占越南和缅甸，切断了滇、缅交通，"西南国际运输线中断以后，西北的对外交通益形重要，而且又为我国国防资源的蕴藏所在"[1]。为开发西北资源，适应战时需要，国民政府加大了对西北金融网的敷设力度，金城银行也将业务扩大到西北。

中国通商银行是在太平洋战争爆发之后，才大规模向内地迁移的商业银行，且它将其业务重点放在西北地区。全面抗战爆发后，中国通商银行即遭受重大损失。自1937年上海"八一三"事变至1939年底，该行在上海、南京、苏州、无锡、杭州、汉口、厦门、宁波、定海等地的各行处所在地，或被日军侵占，或遭日机轰炸，或因郊外战事致受资产损失，中国通商银行遭受的损失共计直接损失3049万余元，间接损失1.7万余元。特别是太平洋战争爆发后，该行在沦陷区的各机构更是面临着被日伪政府改组的命运，这些在沦陷区的机构难以在东南立足，遂将总行迁往重庆。1942年5月12日，该行重庆分行被国民政府财政部指定为内地管辖行，在该行总行未迁入内地以

---

[1] 郭京生：《论西北金融网之建立》，《经济建设季刊》1944年第2卷第4期，第154页。

前,内地各行处受该管辖行的指导监督。1943年2月11日,该行董事长杜月笙向财政部呈请将该行总行内迁,被批准备案。该行总经理胡以庸因病不能至重庆任事,经财政部批准,杜月笙兼代总经理之职(图2-7)。1943年6月10日,中国通商银行总行正式在重庆成立,原上海总行机构及重庆内地管辖行被同时撤销,重庆方面一切业务,仍由中国通商银行重庆分行办理。从1942年3月2日重庆分行正式开业,中国通商银行便致力于在内地增设分支行处和拓展业务,中国通商银行先在四川扩增分支机构,1942年7月3日,中国通商银行又向财政部呈请在成都、内江、自流井筹设分支行。接着,为开发西北,中国通商银行积极在西北设立分支行处,将兰州作为打开西北业务局面的首选之地。1942年10月12日,获财政部允准,中国通商银行在兰州设立分行,1943年1月11日,兰州分行开业。此后,力图在西北、西南齐头并进,1943年1月20日,中国通商银行呈请设立西安分行及所辖宝鸡、洛阳两个办事处,1月30日,中国通商银行又呈请在贵阳、桂林、衡阳、曲江等地筹设分支行处,不过,其重点还是在西北地区发展。1943年6月29日,中国通商银行呈请设立平凉办事处,隶属兰州分行。界首、漯河、老河三地地处政府策动抢购沦陷区物资的要冲,1944年2月24日,中国通商银行呈请在这三个地方设立办事处,隶属西安分行,2月29日,中国通商银行又呈请在宁夏、青海、迪化、天水设立分支行,并在凉州、肃州、哈密分设机构。在1944年秋至1945年春的豫湘桂战役期间,洛阳办事处撤至宁夏复业,桂林和衡阳两分行撤至重庆联合办公,后来,该三行被撤销。1945年8月15日,中国通商银行

图2-7 中国通商银行内迁重庆,杜月笙(1888—1951)兼代总经理

宁夏办事处才得以开业，为抗战时期该行在内地设立的最后一个分支机构。①

上海商业储蓄银行是战时内迁商业银行的又一个典型代表。②其总行迁往重庆经历了不断的反复，最后到抗战即将结束的1944年才将总行迁到重庆。早在全面抗战爆发之初，上海商业储蓄银行总经理陈光甫即提议将总行迁移，经多次讨论，该行于1938年7月1日起，将总行管理部分暂迁香港办事，成立总经理处。总行管理部分迁至香港后，该行在上海总行原址内设立了总经理驻沪办事处，管辖范围为上海、无锡两个管辖行及其所属之行处、南通分行、镇江支行，以及扬州、东台、海门、清江浦四个办事处，总行原有营业部分则改为上海管辖行。太平洋战争爆发后，该行总经理处和香港分行很快发生挤提事件，1942年9月19日，该行裁撤总经理驻沪办事处，宣布将总行管理部分迁回上海。1943年，陈光甫拟将总行迁至重庆，乃令总经理伍克家入渝。1944年3月28日，伍克家到达重庆。5月14日，该行在重庆举行股东会，决议迁总行至重庆，并改选董事及监察人。5月17日，董事会互选陈光甫为董事长（图2-8），伍克家为办事董事兼总经理。6月1日，该行总行在重庆宣告成立，同时撤销总经理驻渝办事处，原由该处管辖之分支行处，一概归总经理处管辖。

图2-8　上海商业储蓄银行内迁重庆，陈光甫任董事长

陈光甫（1881—1976），原名辉祖，后易名辉德，字光甫，以字行世。江苏镇江人。1909年毕业于美国宾夕法尼亚大学，同年回国。民国时期知名的中国银行家

---

① 陈礼茂：《抗战时期中国通商银行的内迁和战后的复员》，《上海商学院学报》2011年第1期，第67—69页。

② 以下有关上海商业储蓄银行的内迁资料，均出自复旦大学中国金融史研究中心编：《中国金融制度变迁研究》，上海：复旦大学出版社，2008年，第81—89页。

上海商业储蓄银行分支行的迁徙从全面抗战爆发后即已展开。1937年"八一三"战事爆发,上海商业储蓄银行总行暂迁法租界办公,淞沪会战结束之后,该行沿京沪线一带的各分支行除少部分迁往上海外,大部分陆续迁往汉口。1937年11月中下旬,其苏州、无锡、常州、镇江等分支行均有部分职员撤至汉口办公,总经理驻宁办事处,南京分行及其所属支行、办事处亦于11月30日全部抵达汉口。12月,该行芜湖、溧阳、蚌埠、临淮、明光、安庆、合肥等行处部分职员亦相继撤至汉口。1938年3月,该行南通分行撤至上海,与此前撤至上海之海门办事处合组为通海两行联合办事处。

武汉会战期间,上海商业储蓄银行各分支行处继续内迁至重庆。1938年上半年,该行郑州、开封、板浦等分支行处亦撤至汉口。1938年6月27日,撤退至汉口的各分支行处组成了联合办事处。7月13日,该办事处撤退至重庆办公。不久,九江分行和牯岭办事处亦辗转撤至重庆,并入撤退行联合办事处。8月9日,总经理驻汉口办事处先行撤渝,改组为驻渝办事处。汉口分行近200名职员亦陆续内调,最后一批撤退者共计15人,于10月21日乘船赴渝。该分行在渝成立驻渝办事处,于11月5日在重庆开始办公。11月8日,长沙分行大部分职员携带账册前往沅陵。11月11日,该分行剩余职员亦启行赴沅陵。该行沙市支行和宜昌办事处先后于1939年2月和3月撤退至重庆。至1945年3月,上海商业储蓄银行在内地的机构共计17处,其中,四川省有11处,即总行1处,重庆分行1处,成都、宜宾等支行2处,乐山、五通桥、自流井、万县和华西坝等办事处5处,撤渝和桂、衡、梧撤驻綦江等联合办事处2处;云南省和陕西省各2处,即昆明和西安两个分行,下关和宝鸡两个办事处;贵州和湖南省各1处,即贵阳分行和长沙管辖行。

四明商业储蓄银行,最早成立于清光绪三十四年(1908年),系在沪的宁波人袁鎏、朱葆三、虞洽卿等筹集规银150万两兴办的私营商业银行,总行设于上海,是晚晴时期建立的三大华资商业银行之一。该行初名四明商业银行,后改名四明商业储蓄银行,简称四明银行。该行于1936年被南京国民政府改组,加入官股,遂成为官商合办银行,与中国通商、中国国货、中国实业等另三家官商合办银行并称为"小四行"。自宣统元年(1909年)到1937年,该行次第分设宁波、温州、汉口、南京分行,上海南市、西区、城区、南京路、霞飞路支行,苏州、杭州、绍兴支行,南京下关、宁波灵桥门、鼓楼、香港办事处。该行股本总额曾于1931年改为国币225万元整。1937年,该行召集临时股东会，修正章程，增改股本为国币400万元整。① 由此可见，全面抗战爆发前，四明银行的总分支行处主要集中在以上海为中心的江浙一带，最西边达到湖北一带，在汉口也设有分行。

全面抗战爆发后，四明银行开始考虑内迁，1940年冬总行迁到香港办公，1941年四明银行重庆分行建立，太平洋战争爆发之后，总行开始考虑迁往重庆，1942年在重庆设立总行办事处，同时，上海分行则被敌伪所劫持，进行非法改组。此后，该行在西部地区设立了西安、成都分行，洛阳、兰州支行，宝鸡、平凉和天水办事处，1945年抗战胜利后，总行即于同年10月迁回上海。②

上述可见，全面抗战期间，上海的商业银行也积极响应国民政府的号召，进行了内迁，并在大后方地区广布分支行处，融入大后方的抗战事业中。与国家银行内迁有所不同的是，商业银行的内迁虽有国家银行的示范影响，但其内迁的根本动机还是为了躲避战火及由此带来的损失，而并非如国家银行那样，首先是为了维护政府对金融的领导地位和控制力，进而坚持抗战的。其次，商业银行在内迁过程中，先行迁徙的是分支行处，总行则大多有一个滞留上海的时期，太平洋战争爆发后，总行才由上海迁往重庆，而并非如国家银行那样，在太平洋战争爆发前，总行就已经离开上海迁往重庆了。

总之，战时商业银行的内迁，为落后的西部地区带来了现代化的金融理念，为促进西部地区经济的发展做出了贡献。

第三节 全面抗战时期保险业的大迁徙

近代中国的华资保险事业，发轫于清光绪年间轮船招商局附设的仁和保险公司与济和水火保险公司。此后，中国的华商保险业经过晚清、民国时期，不断发展壮大起来。但直到全面抗战爆发前，中国的华商保险业主要集中在以上海为中心的东中部地区，1934年西部地区都没有保险公司的总公司建立，仅陕西、四川两省有保险公司的代理机构，直到1935年，重庆才有了兴华保险公司一家总公司及四家分公司。

全面抗战爆发后，大后方保险业的状况便出现了根本性的变化，最明显的是保险机构有了急剧的增加。随着上海和武汉等地的一些保险机构陆续迁

---

① 《四明银行行史资料》，《档案与史学》2002年第6期，第14—15页。
② 王培培：《抗战时期四明商业储蓄银行内迁及发展研究》，上海师范大学硕士学位论文，2014年，第8页。

至重庆,其中一些大公司的领导机构也以重庆为中枢,先后在各地新建了分公司。无论保险机构、从业人员、资金力量还是分保关系,除上海外,均大量集中于重庆,于是,大后方保险业的发展便形成了以重庆为中心,并由此而辐射到整个大后方的保险市场。据中央银行所编《全国金融机构一览》的统计:截至1945年8月抗战胜利时,仅川、云、贵、陕、甘五省就有保险总公司及分支公司134家,这个数量是全面抗战前的5倍,大后方保险业呈现出前所未有的发展势态。[1]

另据资料统计,到1945年年底止,西南、西北各省及湖南的沅陵、衡阳,湖北的襄樊、老河口等地,共有59家保险公司约200个营业机构。其地区分布情况:四川(含重庆)约135处、云南24处、贵州10处、陕西9处、甘肃6处,广西、西康、新疆、湖南、湖北等省也各有几处营业机构。就其投资性质而言,其中8家为中央政府所办保险公司,7家为地方政府所办保险公司,1家为中共地下党同企业合办的保险公司,其余均为民办保险公司。在业务发展方面,大部分公司均经营财产保险,并以火险及运输险为主,此外,还有5家经营人身保险(包括旅客意外险),1家经营责任保险和信用保险,1家经营再保险。[2]虽然当时业务种类不多,业务规模也不算很大,但在战时的特殊条件下,保险业的发展,也为安定社会经济生活起到了一定的积极作用。

在抗战时期的大后方,保险公司从战前的寥寥几家到战争期间的普遍存在,这确实是一个很大的发展。其中,重庆成为了西南、西北大后方保险业的中心,到1943年年底,国人在重庆经营的保险公司已有23家,其中为总公司者14家,分公司者8家,代理处1家。[3]截至1944年11月为止,重庆的保险机构,如雨后春笋般相继设立,已增达53家,计外商保险公司3家(此3家之业务均陷于停顿状态),华商保险公司50家。[4]兹将截至1944年11月的重庆已有保险公司之情况列于表2-6:

表2-6 1944年11月重庆保险业统计表

公司名称	负责人姓名	资本总额/万元	业务	成立时间	地址
中央信托局人寿保险处	罗北辰	1000	人寿保险	1941.3.1.	中正路240号
邮政储金汇业局保险处	汪一鹤	50	简易寿险	1935.12	上清寺储汇大楼

---

[1] 中国保险学会主编:《中国保险史》,北京:中国金融出版社,1998年,第132页。
[2] 中国保险学会主编:《中国保险史》,北京:中国金融出版社,1998年,第133页。
[3] 李荣廷:《中国保险业之回顾与前瞻》,《中央银行经济汇报》1944年第9卷第2期,第15页。
[4] 董幼娴:《重庆保险业概况》,《四川经济季刊》1945年第2卷第1期,第334页。

续表

公司名称	负责人姓名	资本总额/万元	业务	成立时间	地址
中国人寿保险股份有限公司	钱家泰	500	人寿保险	1933.7	中下路中国银行
长华保险股份有限公司	丁趾祥	1000	产物保险	1943.?	民权路52号
中国工业联合保险公司	章剑慧	2000	产物保险	1944.9.1	蓝家巷特5号
安宁保险股份有限公司	李肃然	500	产物保险		陕西路大夏银行内
恒昌保险股份有限公司	吕苍岩	500	产物保险	1943.9.24	大华楼巷17号
裕中产物保险股份有限公司	李叔言	500	产物保险		陕西路大夏银行
永中保险股份有限公司	汤壶桥	500	产物保险	1944.6	陕西路201号
华联产物保险股份有限公司	杨经才	1000	产物保险		陕西路196号
太安丰保险股份有限公司	戴自牧	200	产物保险	1943.11.1	第一模范市场11号
中华产物保险股份有限公司	黄厚贤	1000	产物保险	1944.5.7	中下路159号
中国人事保险特种股份有限公司	王晓籁	3000	人事保险	1944	保安路
全安保险股份有限公司	戴恩基	1000	产物保险	1944.4.13	中华路64号
中国工商联合保险公司	姜有为	1000	产物保险		民生路64号
怡太产物保险公司	杨管北	1000	产物保险	1944	林森路特27号附1号
太平人寿保险公司	李启宇	100	人寿保险	1938.12.10	第一模范市场11号
中央信托局产物保险处	项馨吾	500	产物保险	1935.12.1	中正路204号
中国天一保险股份有限公司	李启宇	100	产物保险	1934.7.1	第一模范市场11号
中国保险股份有限公司	钱家泰	500	产物保险	1931.11.1	中正路中国银行
中兴保险股份有限公司	杨经才	300	产物保险	1942.3.8	第一模范市场28号
太平保险股份有限公司	李启宇	500	产物保险	1930.3.11	第一模范市场11号
安平保险股份有限公司	李启宇	100	产物保险	1927.5.4	
裕国产物保险股份有限公司	谭备三	600	产物保险	1942.4	陕西路180号
华安水火保险股份有限公司	李启宇	60	产物保险	1938.4.16	第一模范市场11号
兴华保险股份有限公司	潘昌猷	100	产物保险	1935.1.25	兴华大楼
丰盛保险股份有限公司	李启宇	20	产物保险	1931.9.25	第一模范市场11号
宝丰保险公司	邵竞	50	产物保险	1940.11.1	林森路九号
川盐银行保险部	朱寿珊	20	盐载保险		中正路川盐银行
亚兴产物保险股份有限公司	翟温桥	100	产物保险	1941.6.1	林森路十六号
大东保险股份有限公司	唐有烈	100	产物保险	1942.4	新生路永大大厦
大南保险股份有限公司	张昌祈	100	产物保险	1942.6	新生路永大大厦

续表

公司名称	负责人姓名	资本总额/万元	业务	成立时间	地址
中国平安保险股份有限公司	汪荣熙	100	产物保险		邹容路六二号
永大保险股份有限公司	夏大栋	500	产物保险	1943.3.20	新生路五十四号
永兴产物保险股份有限公司	翟温桥	500	产物保险	1944.4	林森路工矿大楼
民安保险股份有限公司	杨经才	1000	产物保险	1943.11.11	民族路福钰银行
合种保险股份有限公司	沈铭盘	500	产物保险	1943.11.15	机房街宁邮
太平洋保险股份有限公司	钱新之	1000	产物保险	1943.12.8	五四路特十九号
中国农业特种保险股份有限公司	顾翊君	1000	特种保险	1944.3.15	民国路十七号
中国航运意外保险股份有限公司	邓华益	500	意外保险	1944.4.20	曹家巷十二号
新丰保险股份有限公司	张明昕	100	产物保险	1944.5.1	向意街 81 号
民生保险股份有限公司	周蔚柏	1000	产物保险	1944.4.1	尺坎 41 号
宁波保险股份有限公司	虞仲贤	1000	产物保险	1943.11.1	陕西街 225 号
华孚保险股份有限公司	沈楚贤	500	产物保险	1944.2.24	林森路
裕国保险公司	钱以诚				林森路永龄巷 2 号
富滇保险公司重庆经理处					道门口总汇银号
开罗产物保险股份有限公司					五四路特三号
联安保险股份有限公司					
泰安保险股份有限公司					
太古洋行保险部					
怡和洋行保险部					
美亚人寿保险公司					
中央、太平洋、中国、中农盐运保险联合管理处					

资料来源：董幼娴：《重庆保险业概况》，《四川经济季刊》第 2 卷第 1 期（1945 年 1 月 1 日），第 335—337 页

由表 2-6 可知，重庆的 53 家保险企业中，其中专营者 48 家，属于兼营性质者 5 家（中央信托局之人寿保险处，产物保险及邮政储金汇业局 3 家，系由中央信托局及邮政储金汇业局兼办，其余 2 家则为英商太古、怡和两个洋行兼营，自战事发生后，此 2 家洋行之业务已陷于停顿）。以资本额而论，在此 53 家保险企业中，除资本额不详者有 9 家外，其余 44 家，资本额最高者为 3000 万元，最低者仅为 20 万元，平均资本额则为 580 余万元。其中，资

本额为 3000 万元及 2000 万元者各 1 家，资本额为 1000 万元者 12 家，资本额为 500 万元者 13 家，600 万元、300 万元、200 万元、60 万元者，各 1 家，100 万元者 9 家，50 万元及 20 万元者各 2 家。可见，重庆各家保险企业，资本额以 500 万元者为最多，而以 1000 万元者（共 12 家）为最大，但平均资本额仅 580 余万元，这些资本额与当时物价上涨之高度相比较，当然过于薄弱。再就保险之类别而言，除不详者 9 家外，44 家保险企业中，属于人寿保险者仅有 4 家，而人事保险、意外保险、特种保险各只 1 家，其他 37 家全为产物保险。就重庆保险企业成立之时间而论，在 44 家保险企业中（除成立时间不详者 9 家外），全面抗战以前成立者有 9 家，而在全面抗战爆发以后成立者多达 35 家：1938 年成立者 2 家，1940 年、1941 年各成立 1 家，1942 年成立者 5 家，1943 年成立者 8 家，而迄至 1944 年 11 月底，重庆设立之保险企业共达 12 家。由此可知，重庆保险业的极度发达时间主要是自全面抗战发生以后，特别是集中于 1942—1944 年这三年。从其设立地址可见，这些保险公司主要集中在重庆金融业比较发达和集中的陕西街、第一模范市场与民权路等地方。

　　全面抗战时期，除了重庆之外，大后方各省的保险业都有了一定的发展，如贵州省的保险业在全面抗战前多由银行代理，1936 年才仅有中央信托局于贵阳中央银行内设立贵阳代理处，办理保险业务，1937 年 7 月，中央信托局派翟温桥到贵阳开办人寿保险业务，全面抗战爆发后，除中央信托局外，专营保险公司也出现了，1938 年 6 月，太平保险公司贵州分公司成立，这是贵州省设立保险专业机构的开始。[①] 太平保险公司资本 300 万元，总公司设于上海，黔省分公司经营业务为人寿险、火险、运输险及邮包险等项，经理为张梦文，副经理为张次欧，地址在贵阳市大什字。1938 年 7 月，安平保险公司贵州分公司成立，该公司由六家华商银行组织，资本 50 万两，总公司设于上海，经营承保火险、人寿险、汽车险、运输险、邮包险及玻璃险等业务，地址也设在贵阳市大什字，经理亦为张梦文，营业主任为蔡森久。[②] 此后，贵州省陆续成立的保险公司有：贵阳中国银行代办的中国保险公司贵阳经理处，贵阳交通银行代办的太平洋保险公司经理处，贵阳中国农民银行信托股办理处，上海商业储蓄银行代办的宝丰保险公司，亚西银行代办的亚兴保险公司，

---

① 胡致祥：《贵州经济史探微》，贵阳：贵州省史学学会近现代史研究会，1996 年 10 月，第 238—239 页。
② 贵州省地方志编纂委员会编：《贵州省志·金融志》，北京：方志出版社，1998 年，第 8 页。

兴文银行代办的云信保险公司等，它们都设在贵阳。①其中，1944年4月，交通银行贵阳支行成立了"太平洋保险公司贵阳办事处"，办事处初属昆明分公司管辖，经理蔡仲镕兼任该办事处主任，仅有办事员1人，1945年改为贵阳支公司，由贵阳交通银行经理兼任该公司经理，业务方面仅有火险与汽车货物运输险两种，业务对象主要是交通银行的贷款户，他们以借款的抵押品投保，业务范围狭小。②整个全面抗战期间，贵州省开办保险的机构发展到11家，多属公私银行投资或代办，主要办理水陆运输保险、水火灾保险、人寿保险、战时兵险等。③

大后方的保险业虽然主要集中于重庆，但许多保险企业的分支机构还是遍及大后方许多省份的，如中国保险公司为便于各地经理处接洽及呼应周密起见，于1938年双十节成立了总驻港处，由董事长亲自驻港主持一切事务。因为川黔桂各省逐渐成为全国工商业重心，为谋公司未来业务进展，1938年12月，中国保险公司董事长在重庆市派驻襄理钱家泰为驻川黔桂专员，由他专事辅佐川黔桂三省各经理处业务之推进以及技术之咨询，并制定《中国保险股份有限公司总驻港处派驻川黔桂专员办法》，规定：中国保险股份有限公司总驻港处派驻川黔桂专员，秉承总驻港处之指挥，随时辅佐四川、贵州、广西三省各经理处业务之推进以及技术之咨询，办理缮发正式水火运输险保单及换发人寿险保单暨其他一切奉总驻港处委办事宜。④

国营保险业虽然发端于1935年成立的中央信托局保险部与邮政储金汇业局兴办的简易寿险，但其发展与兴盛则是在战时的大后方地区，主要集中体现于中央信托局与邮政储金汇业局经营的保险业务（图2-9）。大后方的国营保险公司，主要是由国民政府有关部门兴办的保险机构及其附属的保险部门，包括中央信托局产物保险处与人寿保险处、中国产物保险公司、中国人寿保险公司、太平洋产物保险公司、中国农业保险公司、邮政储金汇业局寿险处、资源委员会保险事务所等8家。⑤

地方官办保险公司，主要是指以地方政府和财政金融部门投资为主的保险公司。抗战以前，这类机构只有四川省的兴华保险公司和川盐银行保险部

---

① 胡致祥：《贵州经济史探微》，贵阳：贵州省史学学会近现代史研究会，1996年10月，第241页。
② 贵州金融学会等编：《贵州金融货币史论丛》，1989年3月（内部资料），第102—103页。
③ 贵州省地方志编纂委员会编：《贵州省志·金融志》，北京：方志出版社，1998年，第8页。
④ 贵州省档案馆馆藏中国银行贵州分行未刊档案，档号：M52—53。
⑤ 中国保险学会主编：《中国保险史》，北京：中国金融出版社，1998年，第134页。

图 2-9　抗战时期在日机轰炸下的重庆中央信托局保险部

两家。抗战期间，兴华保险公司总公司迁往重庆，并在省内外部分大城市设有分支机构和保险代理处，业务范围比较广泛。川盐银行保险部成立于 1932 年，1945 年根据《公司法》规定改组成立了川盐保险公司，专门办理川江盐运保险，业务范围遍及西南及川江沿岸各地，还附设有水上查证机构。除重庆外，云南尚有几家保险公司，即 1940 年 2 月在昆明成立的富滇保险公司、1942 年 8 月成立的云南省保险合作社，1944 年 2 月由云南省信托局保险部演化而来的云信保险公司及由侨民银行于 1945 年 4 月投资成立的安全保险公司。这四家保险公司主要办理云南省属企事业单位的财险、寿险等业务，其中云信、安全、侨民三家公司的董事长都是由云南省财政厅厅长兼任的。[①]

除了正规的保险公司，大后方农村保险合作组织还曾一度兴起，国民政府实业部（后改为经济部）成立农本局后，大后方普遍建立以办理农村猪牛保险业务为主的保险合作社，有的则通过各县农本局成立家畜保险经理处和区乡的家畜保险社具体办理。广西、江西两省在 1938 年就已开始组成家畜保险社，或耕牛保险合作社。后来，四川、贵州、云南等省也陆续成立了这类保险合作社，试办耕牛和猪仔保险业务，具体做法是：凡参加保险的农户，在缴纳少量的基金后即成为基本社员，所保耕牛、猪仔由乡评估委员会评定

---

① 王洪涛：《成长与迟滞：近代中国华商保险业发展历程的历史考察（1865—1945）》，厦门大学硕士学位论文，2006 年，第 29—30 页。

保险金额。保险费率，包括免费防疫医疗在内，一般为每年5%，合作社还以其承保保险金额的80%向县社或县保险经理处进行再保险，如遇牲畜死亡，即按承保评定价值的90%赔付，如当年收不抵支时，则由县社（经理处）予以垫借，于下年归还。有些省的农民银行还办理耕牛保险转抵押贷款的业务，额度为保额的80%，但每头水牛最高不超过150元，每头黄牛不超过80元。四川北碚三峡实验区家畜保险社自1939年成立，到1941年也承保了不少猪仔。保险业务对鼓励农民饲养家畜起到了一定的作用，直到1944年3月中国农业保险公司成立后，这些合作社保险组织便相继结束了。①

全面抗战时期，东部地区保险业向大后方迁移，改变了西部地区落后的现状，促使西部地区保险业迅速建立与发展起来，并形成了以重庆为中心、覆盖西南西北各省的保险市场，大后方保险市场成为了大后方社会经济的稳定器。

总之，全面抗战时期，东部地区银行、保险等金融机构内迁，带动了现代金融机构在西南西北地区的迅速发展，改变了全面抗日战争前中国现代化金融机构主要集中在沿海地区、内地较少的不平衡状态，对促进内地经济的发展与维持社会的稳定起着重要的作用。

---

① 中国保险学会主编：《中国保险史》，北京：中国金融出版社，1998年，第140—141页。

第三章 全面抗战时期中国现代金融体系的重构

现代化的金融体系也是经济现代化的一个显著标志,因为金融体系的发展水平能比较综合地反映一个国家的法律、社会与经济结构,能客观地区分传统社会与现代社会的差别,可以说,没有现代化的金融,就不可能有真正现代化的国家。

鸦片战争后,在中国金融市场上起支配作用的是外商银行与钱业,中国新式银行则处于弱势地位,其业务范围极其有限,且还要经受票号与官银钱号与其在业务上的竞争。民国以后,票号没落,官银钱号或倒闭、或改组为各省地方银行,这使得中国金融界形成了外商银行、钱业、华商银行三足鼎立之势,但在1928年以前,则是外商银行与钱业一直占据优势地位,此后,随着中央银行的建立,随着废两改元与法币改革的实施,钱业和外商银行受到冲击,以四行二局为中心的新式金融机构逐渐成为了中国金融的主体。

全面抗战爆发前,中国形成了以上海为中心、东南沿海城市为主体的中国现代化金融网。然而,全面抗战爆发后,随着日军的步步紧逼,上海、南京相继陷落,整个中国最为发达的地区被日本侵略者占领,国民政府被迫迁都重庆,在中国广大而落后的西部地区建立起大后方,支撑中国的持久抗战。随着以第二次国共合作为主体的抗日民族统一战线的建立,共产党以陕甘宁边区为主体,开始在敌后建立起众多的抗日根据地,无论是大后方还是抗日根据地,都是中国贫穷的地区,如何在这些缺乏产业基础的广大贫穷落后的地区开发资源,充实国家财力,加强长期作战的基础;如何筹措战费与补充资源,控制物价,莫不与金融息息相关,所以,金融是维系长期抗战的重要环节,国民政府和抗日根据地都急需重构金融体系,来支撑全面抗战的持久发展。本章将对战时中国金融体系在大后方与抗日根据地的重构展开研究。

第一节 全面抗战时期重庆大后方金融中心的建立

金融中心以巨量金融业务为基础,其基本特点是具有较强的辐射作用,它的标志可概括为:资金的相对集中,筹资融资功能强,各类金融市场兴旺发达,交易量大,与国内外金融联系及服务紧密而广泛。① 全面抗战爆发前,随着新式金融机构银行业和金融市场的发展,中国的金融中心经历了上海—北京与天津—上海的不同区域间的转换。19 世纪下半叶,随着上海的开埠,外资银行及华资银行在上海兴起,上海成为了全国性的金融中心,此后,北京政府时期又形成了一些地区性的金融中心,最主要的金融中心为北京、上海、天津和汉口,而且北京和天津由于得天独厚的政治条件成为了当时的全国金融中心。南京国民政府成立后,由于上海在地理位置上靠近当时的首都南京,获得了快速发展金融的大好机会。到全面抗战爆发前,上海已经成为了名副其实的全国性金融中心。②

全面抗战爆发后,国民政府最初曾试图维持上海的金融中心地位,然而,随着战事的演变,国民政府预计东中部地区难保,乃将经济、金融中心西移,并提出要在平汉、粤汉线以西的西部地区建立"抗战建国"大后方。中国金融中心西移的最显著的标志,便是原先汇集于上海的大银行中枢机构,迁往战时首都重庆。

重庆发展为战时大后方的金融中心,并非偶然。重庆是一个具有 3000 多年历史,位于长江与嘉陵江交汇处的内陆港口城市,1891 年重庆正式开埠后,随着重庆近代经济的繁荣,重庆相继建立了许多金融组织。票号、典当、钱庄等传统金融机构进一步发展,银行等新式金融机构相继出现。全面抗战爆发前,全国实存华资银行 164 家,西部地区的新式银行总行仅 25 家,西部银行占全国银行总数的 15.24%;西部地区的新式银行分支行 191 处,占全国分支行总数 1627 处的 11.74%。然而,就在这些力量极其微弱的新式银行中,重庆具有举足轻重的地位,重庆银行总行有 13 家(包括北碚、江津、荣昌、垫江的农村银行在内),占总行设在西南、西北地区 25 家银行的 52%;重庆分

---

① 洪葭管:《关于近代上海金融中心》,《档案与史学》2002 年第 5 期,第 48 页。
② 吴景平:《近代中国金融中心的区域变迁》,《中国社会科学》1994 年第 6 期,第 177 页。

支行 93 处，占西部地区分支行 191 处的 48.69%。①重庆银行业的业务范围遍及四川全省，有的银行与外省也有较多的业务往来。据统计，1935 年，重庆金融机构移入现款总额达 1140 余万元，移比达 2500 余万元，汇出入总额中一半以上是与包括上海在内的外埠之间进行的。这一现金融通规模不仅在西南各省中首屈一指，也超出了同期天津的水平。②重庆除了有相对较为完善的金融机构外，还有西部地区相对发达的金融市场，不仅原有的拆借市场、申汇市场有相当程度的发展，还正式形成了西部地区唯一的证券市场与票据交换市场。由此可见，抗战爆发前的重庆，已经具备了一定的金融聚集潜力，从金融规模看，重庆已成为了西部地区典型的商贸性金融中心，为全面抗战爆发后国民政府在重庆建立大后方金融中心作了铺垫。

1937 年 11 月 20 日，国民政府发表《国民政府移驻重庆办公宣言》，指出："国民政府兹为适应战况，统筹全局，长期抗战起见，本日移至重庆。此后将以最广大之规模，从事更持久之战斗；以中国人民之众，土地之广，人人抱必死之决心，以其热血与土地，凝结为一，任何暴力不能使之分离。外得国际之同情，内有民众之团结，继续抗战，必能达到维护国家民族生存独立之目的。"③11 月 26 日，国民政府主席林森率部乘船抵达重庆。于是，中国的金融中心也随着政府的西迁而开始了从上海向重庆的转移，尤其是太平洋战争之后，在上海，中央、中国、交通、中国农民四银行所有分支机构撤出，英美系银行停业清理，不少商业性金融中枢机构亦西撤，法币被彻底逐出上海，这就使得以往上海对其他地区的金融辐射作用不复存在，而重庆作为国民政府新的政治经济中心，逐渐发展成为了战时最大、最重要的金融中心。

一、战时重庆成为内迁各类金融机构的中心

金融中心的形成必须要有较为密集的金融机构，战时重庆金融中心的形成，其最显著的标志，便是原先汇集于上海及其他东中部城市的国家银行、地方银行、商业银行以及保险公司等金融机构纷纷内迁至重庆（图3-1）。

全面抗战前，中央、中国、中国农民三个银行均在重庆设有分支机构。1938 年 1 月，中国交通银行才在渝设立分行。同年，四联总处亦由汉迁渝。④1939

---

① 中国银行经济研究室编：《全国银行年鉴》（1937 年），上海：汉文正楷印书局，1937 年，第 A12—17 页。
② 吴景平：《近代中国金融中心的区域变迁》，《中国社会科学》1994 年第 6 期，第 185 页。
③ 蒋介石：《抗战到底》，上海：上海生活书店发行，1938 年，第 91 页。
④ 交通银行总管理处编：《金融市场论》，上海，1947 年，第 97 页。

图 3-1　全面抗战时期重庆打铜街、陕西街的银行、保险公司云集

年 8 月 22 日，国民政府财政部令中央、中国、交通、中国农民四银行总行在香港的机构迁渝办公。1939 年 10 月 1 日，四联总处在渝改组，由原先的研究指导四行业务进而成为战时经济与金融政策的执行机关。[①] 改组后的四联总处在重庆的办公地址设在重庆市化龙桥龙隐路 28 号。[②] 全面抗战以来，中央、中国、交通、中国农民四银行陆续在大后方各地增设分支机构，以期逐步完成大后方金融网建设之计划；截至 1843 年年底为止，重庆一地四行之分支行处即达 39 个单位之多。[③] 这样，四联总处便成为战时主宰全国金融的最高权力机关。[④] 整个全面抗战时期，四行二局与四联总处作为全国性金融首脑机关，它们集中于重庆，迅速成为了重庆金融业的主体；它们集聚了巨额的货币资本，是金银外汇的总汇，是货币发行的枢纽。直到 1945 年 9 月，中央、中国、交通、中国农民四银行及中央信托、邮政储金汇业两局才开始由渝迁沪。

除四行二局外，全面抗日战争爆发后，重庆还成为其他各类外地银行内迁的最大聚集地。对于上海和其他沦陷区金融机构而言，重庆不仅仅是国统区的政治中心，也是最大的经济中心和有利的投资场所，具有很大的吸引力。许多外地银行，如号称"北四行"的金城、盐业、中南、大陆银行，号称"南三行"的上海商业储蓄、浙江兴业银行，号称"小四行"的中国通商、四明

---

① 田茂德、吴瑞雨整理：《抗日战争时期四川金融大事记（初稿）》，《西南金融》1985 年第 11 期，第 25 页。
② 重庆市档案馆等编：《四联总处史料》（上），北京：档案出版社，1993 年，第 93 页。
③ 交通银行总管理处：《金融市场论》，上海：1947 年，第 97 页。
④ 田茂德、吴瑞雨整理：《抗日战争时期四川金融大事记（初稿）》，《西南金融》1986 年第 4 期，第 30 页。

储蓄、新华信托银行等，纷纷来渝开业。太平洋战争爆发之后，1942 年 4 月 1 日，凡总行或总管理处在沦陷区的，国民政府财政部令全国各商业银行必须移设后方，指定移设地重庆、昆明、桂林三地任各行选择。[①] 这更促进了沦陷区银行的内迁，据 1943 年 7 月重庆市各银行注册一览表的统计，已向国民政府注册的银行共计 70 家，其中属于内迁重庆的外地银行情况见表 3-1：

表 3-1　截至 1943 年 7 月外地银行在重庆注册情况的统计表

行名	注册时间	资本总额/万元	备注
新华信托储蓄银行	1932 年 1 月	20 000	原设上海，1942 年移渝
江海银行	1934 年 2 月	10 000	原设上海，1938 年移渝
山西裕华银行	1941 年 9 月	500	
华侨银行重庆分行	1943 年 3 月	100	
中国国货银行	1929 年 11 月	2000	设香港，1942 年 9 月移渝
云南兴文银行	1942 年 7 月	1600	重庆分行营业基金为 50 万元
金城银行	1935 年 7 月	1000	重庆管辖行资本为 600 万元
中南银行	1935 年 7 月	750	重庆支行营业基金为 25 万元
中国农工银行	1932 年 5 月	10	重庆分行资金为 70 万元
上海商业储蓄银行	1936 年 4 月	500	重庆分行资金为 50 万元
大陆银行	1929 年 5 月	500	渝分行资金为 25 万元
中国通商银行	1937 年 4 月	400	原设上海，1943 年移渝
四明商业储蓄银行	1937 年 5 月	400	上海总行撤销，在渝另设总行办事处
四川农工银行	1943 年 7 月	600	分行资金为 10 万元
复兴实业银行	1943 年 4 月	500	渝分行资金为 30 万元
成都商业银行	1940 年 10 月	100	渝支行资金为 25 万元
浙江兴业银行	1934 年 5 月	400	渝支行资金为 100 万元
四行储蓄会	1931 年 8 月	100	渝分会
广东省银行	1937 年 2 月	1000	重庆办事处基金为 10 万元
湖北省银行	1940 年 7 月	1000	渝支行资金为 3 万元
广西省银行	1939 年 9 月	1500	设有重庆办事处
江苏银行	1936 年 7 月	600	重庆设有分行，总行拟移渝

---

① 田茂德、吴瑞雨整理：《抗日战争时期四川金融大事记（初稿）》，《西南金融》1986 年第 1 期，第 29 页。

续表

行名	注册时间	资本总额/万元	备注
福建省银行	1936年2月	500	重庆办事处基金为3万元
陕西省银行			设有重庆办事处，注册手续正在办理中
江西裕民银行	1937年3月	500	设有重庆办事处
安徽地方银行	1942年5月	500	设有驻渝办事处
贵州银行	1941年12月	600	设有重庆办事处
湖南省银行		500	重庆办事处资金为5万元，注册手续正在办理中
甘肃省银行	1940年10月	500	重庆办事处资金为3万元
江苏农民银行	1932年10月	400	驻渝办事处资金为5万元
河南农工银行	1943年6月	300	设有重庆办事处
西康省银行	1941年9月	350	设有重庆办事处
河北省银行	1940年3月	100	重庆办事处资金为5万元

资料来源：重庆市档案馆馆藏重庆银行公会未刊档案，档号：0086—1—11

由表3-1可知，到1943年7月，迁往重庆的外省商业银行、外省地方银行共计33家，占当时在重庆注册银行70家的47.14%。

全面抗战前重庆保险公司，仅寥寥数家，且大都操纵于外商之手，如太古、怡和等洋行均设有保险部，其他如金星人寿保险公司、天一水火保险公司，则时起时歇，仅太平、宝丰等华商经营保险公司，艰难支撑。[①] 自全面抗战发生、国民政府迁都重庆以来，工商业及运输业，均较前发达，重庆即成为保险业的中心地（图3-2），据1943年的统计，国人经营的保险公司已有21家，在此21家之中，总公司占12家，分公司占8家，还有1家为代理处；其中人寿保险3家，简易寿险1家，人寿兼产物保险1家，盐㘴保险1家，产物保险15家。截至1944年年底止，保险公司相继设立，已增达53家，计外商保险公司3家（1944年年底，此3家之业务均陷于停顿状态），华商保险公司50家。[②] 至于战时在重庆建立的信托事业，仅有中央信托局与中华实业信托公司2家，而银行附设之信托部，则多达38家。[③]

---

① 罗君辅：《重庆保险业之展望》，《四川经济汇报》1948年第1卷第1期，第21页。
② 董幼娴：《重庆保险业概况》，《四川经济季刊》1945年第2卷第1期，第334页。
③ 交通银行总管理处：《金融市场论》，上海，1947年，第101页。

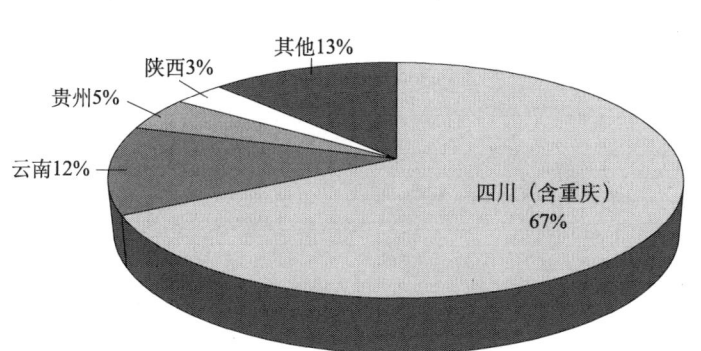

图 3-2　1945 年底抗战大后方保险市场分布图

二、战时重庆本地金融业的空前发展

战时重庆金融中心的形成，还体现在本地金融机构——银号、钱庄与银行的空前发展，尤其是本地银行的开办，这是重庆金融中心形成过程中最重要的事件。全面抗战前的重庆就已经是四川甚至是西部地区的金融中心。在四行二局等国家银行与大量沿江沿海商业银行的内迁带动下，重庆本地的各个大小银行也纷纷发育起来，据 1939 年 12 月 7 日《商务日报》刊载的消息，当时重庆共有大、小银行共 30 余家，加入银行同业公会有 23 家，可以说这时的重庆已经是整个西南地区的金融中心。到 1943 年 7 月，在重庆注册的银行已达 70 家，其中，37 家为本地银行，本地银行占 52.86%。[①] 在本地银行中，最为著名的有：聚兴诚银行、川盐银行、四川美丰银行、川康平民商业银行、和成银行等，它们是川帮银行的核心。其时，银号、钱庄、银行等金融机构主要集中在陕西路、打铜街和道门口等朝天门地区一带，因为朝天门港乃重庆转口贸易的核心，商业和金融业网点的密集程度在重庆市内居于领头地位（图 3-3）。

从战时重庆银钱业的整体发展来看，截至 1943 年年底，重庆市共有各级政府银行 19 家，其中国家银行总行 4 家，省银行总行 2 家，其余 13 家则为各省地方银行分设重庆之分行或办事处；而全面抗战前，重庆则仅有国家银行分行 3 家及省银行总行 1 家而已。就商业银行及钱庄而论，重庆市有商业银行 50 家，银号与钱庄 34 家，其中总行在渝之商业银行计 39 家，钱庄中则仅有 2 家系外埠分设重庆市之分庄。综计 84 家行庄中，全面抗战前设立者 19 家，全面抗战以后成立者 65 家，如计算并入总行在渝之各行分支行处，则更

---

① 重庆市档案馆馆藏重庆银行公会未刊档案，档号：0086—1—11。

（a）聚兴诚银行

（b）川盐银行旧址，现为重庆饭店地址，位于重庆市渝中区天门街道新华路 41-43 号

（c）川康平民商业银行旧址，位于重庆打铜街 16 号，现为中国邮政集团公司重庆市渝中区打铜街邮政支局地址

图 3-3　战时重庆本地银行的发展

足以显示全面抗战以来重庆市银钱业蓬勃发展之一般趋势,以下统计可清楚显现(表3-2):

表3-2　1937—1943年年底重庆市银钱行庄累计表　　(单位:个)

类别 时间	政府银行	商业银行	银号钱庄	合计
全面抗战前 (1937.1—1937.7)	8	18	14	40
1937年年底	8	19	14	41
1938年年底	12	25	16	53
1939年年底	19	33	18	70
1940年年底	26	41	29	96
1941年年底	43	51	53	147
1942年年底	49	57	46	156
1943年年底	59	75	34	169

资料来源:交通银行总管理处:《金融市场论》,上海,1947年,第94页

表3-2中的数字包括了分设于重庆市的各行分支行处在内,无论是国家银行、商业银行还是银号、钱庄,都呈现出逐年递增的趋势,到1943年年底,在59家政府银行中,计国家银行总行4家,支行2家,办事处18家,分理处8家,简易储蓄处7家,及省银行总行2家,办事处18家;1943年年底的75家(表中是75家)商业银行中,计总行39家,分行25家,外埠银行分设渝市之分行处11家;钱庄改组银行,1938年、1941年各1家,1942年3家,1943年11家。

总之,在全面抗战爆发前,重庆银行和钱庄合计不过20余家,至1945年8月底,重庆已有政府金融机构、省市县地方银行和商业银行共94家,另有银公司、银号、钱庄及信托公司等共24家,外商银行2家。[①] 而且,战时重庆金融业一般在外埠设有分支机构或代理机构。从整体上看,重庆金融业已具有了跨地区的影响,重庆是国统区资金融通与划拨的中心,是战时最大、最重要的金融中心。

三、战时重庆完善的金融市场的形成

金融中心的形成,还必须要有完善的金融市场。战时重庆金融市场的发

---

① 朱斯煌:《民国经济史》,上海:银行周报社,1948年,第34页。

育与完善,也是重庆金融中心形成的集中体现。全面抗战爆发后,重庆的金融市场发生了极大变化:原有的证券市场停业了,票据市场重新改组了,在新形势下,重庆的内汇市场有了进一步的发展,并形成了新的金融市场——外汇市场与黄金市场。

全面抗战前运行良好的重庆证券交易所,在"八一三"战事爆发后即奉令停市,此后,虽然国民政府在迁都重庆后,政府与经济、金融、社会各界对大后方证券交易所的重建不遗余力,并引发了一场是否建立以重庆为首的大后方证券市场的争论,但最终由于战时的特殊环境,这一愿望和目标因种种条件的限制而未能实现。[1]

重庆票据市场受战争因素影响,1937年10月,中国银行停止办理转账事宜,各行庄折款均不易还清,发生风潮。重庆市政府出面维持,准令差额行庄以财产担保,另组银钱业联合准备委员会,发行代现券作为差额之用,转账机关改由四川省银行及同生福钱庄担任,但代现券之担保品不易变现,其价格与法币发生贴水,代现券于1939年1月停止发行。票据交换工作因差额抵解困难,陷入停顿状态。[2]此后,虽然要求恢复票据交换的呼声不断,但票据交换仍未实行。直到太平洋战争爆发后,1941年12月24日,财政部函请中央银行筹备恢复重庆市票据交换制度:"重庆现已为后方金融重心,亟应提倡行使票据以期金融市场得以正当发展而逐渐取消比期存款之高昂利率,兹拟于三十一年(1942年)一月起开办票据交换所以实现上述之目标。……所有开办重庆市票据交换事项,应请贵行克期实行,……以利金融。"[3] 经过筹备,1942年6月1日,战时重庆票据市场在中央银行的主持下正式开始交易,参加交换之行庄,计有银行36家、钱庄33家,共69家;其后各行庄陆续加入,同年12月底,增为银行45家、钱庄43家,共88家;1943年12月底,银行增为58家,钱庄中因一部分已改组银行,减为32家,共计有交换行庄90家。[4] 1943年4月2日,国民政府财政部公布《非常时期票据承兑贴现办法》,指定在重庆、成都、贵阳、桂林、昆明、衡阳等19个地区实施,以推动票据承兑贴现业务的开展。[5]

---

[1] 刘志英:《关于抗战时期建立后方证券市场之论争》,《西南大学学报》2007年第4期,第163—167页。
[2] 杨承厚:《重庆市票据交换制度》,重庆,1944年,第7—8页。
[3] 杨承厚:《重庆市票据交换制度》,重庆,1944年,第17页。
[4] 交通银行总管理处:《金融市场论》,上海,1947年,第127页。
[5] 田茂德、吴瑞雨整理:《抗日战争时期四川金融大事记(初稿)》,《西南金融》1986年第2期,第35页。

重庆内汇市场在全面抗战时期也得到进一步扩展,由于国民政府金融中心的西迁,重庆发展成为大后方的汇兑中心。1943 年 5 月,重庆各行庄向国内城市如成都、昆明、内江、万县、衡阳、泸县、三斗坪、柳州、广东、贵阳、上海、江津、宜宾、西安、梧州等地汇函资金 4.81 亿元,同期由外地汇入重庆为 3.72 亿元,当月调动资金共计达到 8.53 亿元。①

战时的重庆外汇市场从无到有,"太平洋大战爆发,沪港相继沦陷,后方各大都市经济上金融上皆与沪港绝缘。渝市金融市场更因之而发生绝大之变化,此后申汇与港汇之行情不复存在,汇兑方面一以内汇为主,而平准会亦改在内地供给外汇,渝市金融市场将代沪港而为全国金融中心矣"②。可见,在太平洋战争爆发后,上海和香港的法币外汇市场均告结束,中英美平准基金委员会和国民政府财政部外汇管理委员会所在地重庆,成为大后方唯一进行外汇决策及操作的城市。

战时重庆虽无专设的黄金市场,但黄金交易却十分活跃,其活动中心,主要在重庆银行公会大厦的营业厅,每天上午 9 时到 10 时、下午 1 时到 2 时,是市场交易的集中时间。在重庆,从事黄金交易的,有银楼、行庄、字号、帮客、捐客等,帮客又有西安帮、昆明帮、汉口帮、江浙帮、本地帮的区别。尽管国民政府反复无常,对黄金买卖时开时闭,但黑市买卖终难禁止,只是交易地点时而场内,时而场外而已。③

此外,战时重庆还新增了金融服务机构,中央、中国、交通、中国农民四银行在重庆设立的联合征信所,为四川和大后方其他各地工商业提供了经济信息和咨询服务。

总之,全面抗战期间,随着国民政府政治、经济中心的西迁,重庆在原有本地银行的基础上,又迎来了大批内迁银行,极盛时期,重庆的金融机构达到 160 多家,不仅有国家银行、地方银行、商业银行以及钱庄、银号、保险公司,而且,外商银行的汇丰和麦加利也在重庆设立了办事处,它们共同促进了重庆金融业的蓬勃发展,并逐渐形成了一个门类众多、体系完备的金融市场,战时大后方重庆的金融中心地位由此形成。

---

① 刘方健:《近代重庆金融市场的特征与作用》,《财经科学》1995 年第 3 期,第 54 页。
② 洪葭管:《中央银行史料》(上),北京:中国金融出版社,2005 年,第 397 页。
③ 中国人民银行总行金融研究所金融历史研究室编:《近代中国的金融市场》,北京:中国金融出版社,1989 年,第 196—198 页。

四、战时重庆金融中心的作用

金融是经济的血脉,战时重庆金融中心的形成,对整个大后方社会经济发展的作用是广泛而深远的。

第一,战时中国金融中心的成功西移,重庆金融中心的形成,起到了吸引资金内移、凝聚抗战力量的巨大作用。

全面抗战爆发后,国民政府大力提倡和奖励西南投资,顺应了抗战的需要和形势发展的要求,颇得银行界及金融界之拥护。战时上海流入内地的游资虽无确切数字可考,但据估计,上海银行界及其顾客投往重庆及其他内地各处之投资总数,不下 15 亿元。1940 年上半年又有 6 亿元汇入自由区,内中大部分为私营商号及个人汇款,用以发展企业。① 同时,随着战事发展,当上海、武汉、广州的国民政府军队相继退守后,上述各地之资金现款,多集中于香港各中、外银行,在全盛时期,国人资金之集中于香港者,据非正式统计,曾达 5 亿港币,此项巨量不流动之资金存置于香港各银行,实达半年,到 1940 年年初,此项资金才开始向国内流动,而流返上海租界之资金所占数目至大,几达 2 亿元之谱,其余一部分则流入西南大后方,如昆明、贵阳、重庆,其中重庆占 30%,昆明占 25%。②

第二,重庆金融中心的形成,促成了以重庆为中心、辐射整个大后方的金融网的建立与发展。

全面抗战爆发以后,随着国民政府的西迁,大后方产业逐渐繁荣,银行业也重趋蓬勃,一时大后方新银行之设立,如雨后春笋。据统计,自 1937 年"七七"事变起,至 1942 年 8 月底止,大后方五年内新设银行即达 108 家之多,其中仍以商业银行为最多,占 62 家;次为省市县立银行,占 19 家;农工银行 15 家;专业银行 9 家。此后,战事虽屡有推移,银行增设仍方兴未艾。截至 1945 年 8 月抗战胜利前夕,全国除沦陷地区外,银行总行总数为 416 家,分支行总数为 2566 家,其中以西南五省为数最多,计总行 245 家,占总数58.9%;分行 1314 处,占总数 51.2%。西南五省中,又以四川(包括重庆在内)为数最多,计总行 215 家,分行 922 家。西北五省总行有 64 家,占总数 15%强;分行则较少,计 366 家,占总数 14.3%。华南及华中六省的分行较多,计 754 家,占总数 29.4%;总行亦有 53 家,占总数 12.7%。当时华北七省及江浙

---

① 《中外财政金融消息汇报·沪市游资大量内移》,《财政评论》1940 年第 4 卷第 4 期。
② 《中外财政金融消息汇报·巨量资金流返国内》,《财政评论》1940 年第 4 卷第 1 期。

两省，大部分陷于敌手，故银行较少。①

总之，全面抗战期间，随着战事的推移，金融业向大后方迅速发展，形成了由国家银行、省县市地方银行、商业银行、钱庄、保险等各类金融机构组成的完整的金融体系，这个体系以重庆为核心，以省会城市为支柱，以县、市乃至乡镇为基础，结成了分工明确、功能齐备、覆盖整个大后方的金融网。

第三，重庆金融中心的形成，促进了大后方金融制度的建立、完善与金融业的现代化。

对银行的监督管理进一步加强。1939年9月，国民政府颁布《巩固金融办法纲要》及《战时健全中央金融机构办法纲要》②，统一规范对银行的监督管理。1941年开始，财政部负责办理银行检查工作。1942年7月，国民政府加强管制全国银钱行庄业务，又进一步设置银行监理官分区，规定：重庆以外的各重要都市设置银行监理官，并向各省地方银行及重要商业银行派驻银行监理员，经常监理该区内银行钱庄业务，其监理费用则由财政部向各行庄征收，每年按照资本额的1%征收。国民政府还制定了《财政部银行监理官办公处组织规则》与《财政部派驻银行监理员规程》等规章制度，对银行监理官之职掌，驻行监理员之任务、职责以及处罚权限等均进行了制度规范。1943年3月，为了加强对新设银行的规范管理，财政部部长孔祥熙特发出训令，对于钱庄行号增资改设的银行进行了限制：除已有银行开设分支行处外，凡是由钱庄、银号等改组开业之各银行，必须规定合并3家以上，方准立案注册。③

经营管理的各项规范得到进一步完善。东部沿海地区的内迁银行，在大后方金融制度与金融业的近代化进程中，起到了积极带头的作用，它们不仅带来了新的经营理念，还带领大后方的银行业直接参与国民政府的金融制度建设，如1945年初，由浙江兴业银行重庆分行、重庆中南银行、中国农工银行重庆分行、中国实业银行总行、金城银行重庆分行、重庆新华信托储蓄银行、上海商业储蓄银行总行、中国通商银行重庆分行等8家银行领衔，从国民政府战时管制金融法令入手，对导引游资投放生产建设事业、简化放款手续、调整存款准备金等三个方面提出书面建议，请政府采纳修正。④ 1945年2

---

① 中国通商银行：《五十年来之中国经济》，上海：上海六联印刷股份有限公司印刷，1947年，第43、48页。
② 重庆市档案馆藏重庆市银行商业同业公会未刊档案，档号：0086—1—56。
③ 重庆市档案馆藏重庆市银行商业同业公会未刊档案，档号：0086—1—11。
④ 重庆市档案馆藏重庆市银行商业同业公会未刊档案，档号：0086—1—26。

月，财政部钱币司召集重庆金融业组织建立了金融法规研讨委员会，每星期开常会一次，主要研究讨论六个方面的问题：①关于银行资金运用法规；②关于各项放款法规；③关于票据法规；④关于管理汇兑法规；⑤利率问题；⑥存款准备金及农贷资金问题。这些研究工作于两个月内结束，其研讨结果由钱币司汇集整理，作为修正相关条文之根据。对此活动，重庆的各银行均积极参与，如泰丰银行、西亚银行、正和银行、川康平民商业银行等向重庆银行公会呈报了许多书面意见，历陈战时管制金融各行庄感受之困难，提供修改意见，以促进国民政府的金融和法制建设。①

金融市场的管理更加健全。为了活泼战时金融，扶植战时生产建设，逐渐建立健全规范的票据市场，1943年4月，国民政府行政院召开会议，修正通过《非常时期票据承兑贴现办法》18条，对合法商业行为签发之票据（商业承兑汇票、农业承兑汇票、银行承兑汇票）承兑贴现的时间、方法、贴现率以及违反处罚等均做了较为详细的规范，并决定由财政部首先在重庆、成都、内江、宜宾、自贡、南充、嘉定、万县、贵阳、桂林、衡阳、昆明、曲江、永安、吉安、屯溪、兰州、西安、洛阳等地公告施行。在这些票据中，由于银行承兑汇票易于流通，在票据市场中占据重要部分，因此，财政部对于银行办理承兑业务特别规定了管制办法。②

金融业的行业公会组织建设也得到了加强。为了灵活市面金融，扶助经济发展，在原有银行公会和钱业公会的基础上，1943年，国民政府又筹设银钱业公会组织联合准备委员会，7月颁布《银钱业公会组织联合准备委员会原则》11条，规定了该委员会的组织建制与职责等。1943年8月30日，重庆市银钱业公会组织联合准备委员会筹备委员会第一次会议，会议在银钱业公会会所正式召开，除各省地方银行之分支机构因未兼营存放业务可免参加外，其余行庄均须加入，陈德恕、康心如、蔡鹤年、李崇德、潘昌猷、席文光、卢澜康、孙荫浓、徐国懋、徐广迟、汤筱齐等11人当选为筹备委员，拟定公约草案15条，规定：凡本市各银行、银号、钱庄均须参加，为本委员会委员行庄。委员会设执行委员15人，常务委员5人，10月1日举行第一次执行委员会，互选龚农瞻、徐广迟、卢澜康、陈德恕、蔡鹤年等5人为常务委员，自即日起，假银行公会开始办公，当时参加该委员会的银行有51家，钱庄、银号有33家。银钱业公会组织联合准备委员会建立的目的有三：①集中银钱

---

① 重庆市档案馆馆藏重庆市银行商业同业公会未刊档案，档号：0086—1—26。
② 重庆市档案馆馆藏重庆市银行商业同业公会未刊档案，档号：0086—1—11。

业之实力,以增强其对于整个社会之信用,健全我国战时金融制度;②同业头子之调剂;③为中央银行充作调节之工具。委员会建立后,还组织了评价委员会,开始接受委员行庄缴存准备财产,并照章签发公库证。①

整顿了非法交易。取消银行比期放款后,1943年年初,重庆市面曾发生黑市贷款利率特高、妨害管制金融政策的情况。有鉴于此,国民政府经济部筹议取缔办法,切实查禁,并由财政部训令重庆市银行公会对所属各会员行庄放款利率严加管束,勿使逾越争执;对黑市贷款随时严查纠举,报部核办。②

第四,重庆金融中心的形成,促进了战时大后方经济的迅速发展,对大后方工商业与农村经济的发展起到了积极的推动与促进作用。

很显然,内迁的国家银行和其他大银行提供的巨额资金,是原有地方性金融机构无力承办的,这也显示了金融中心西迁对大后方地区战时经济最显著的促进作用。

据统计,1939年,重庆16家银行、钱庄放款2488余万元,这其中商业放款占89.14%;投资2110余万元,这其中债券占73.51%。1940年,重庆26家银行、钱庄放款余额4172万元,这其中商业放款占96.85%,工矿放款占0.64%;投资1545万元,这其中债券占59.28%,工矿占3.85%。③据统计,1944年,四川省银行投资了16个行业,计35家,总金额为8 465 963元。④

1939年2月15日,国民政府公布《修正经济部小工业贷款暂行办法》17条(后于1942年9月11日再次修正公布),对于经营10万元以下1万元以上,其实收额已达10%以上的纺织、制革、造纸、金属冶炼、化学、陶瓷、农林产品制造及其他经济部认为有贷款必要之小工业,可申请贷款,贷款总额不得超过借款人实收资本额,并应按其事业进行实况分期摊付。小工业贷款之利率定为周息1分,贷款之偿还从开工出货之日算起,分年摊还,但至多不得超过5年。经济部对贷款未清偿之各小工业,无论其在设厂时或完成后,得派员实地考查、指导与监理。⑤

为便利生产建设事业单位向银行借款,国民政府财政部曾制定了"特种厂商借款原则四项""财政部各区食糖专卖局管理商人向银行借款实施办法"

---

① 重庆市档案馆藏重庆市银行商业同业公会未刊档案,档号:0086—1—11。
② 重庆市档案馆藏重庆市银行商业同业公会未刊档案,档号:0086—1—11。
③ 田茂德、吴瑞雨整理:《抗日战争时期四川金融大事记(初稿)》,《西南金融》1985年第11期,第18、26页。
④ 田茂德、吴瑞雨整理:《抗日战争时期四川金融大事记(初稿)》,《西南金融》1986年第3期,第42页。
⑤ 重庆市档案馆藏重庆市银行商业同业公会未刊档案,档号:0086—1—90。

"管理经营盐业商人向银钱业借款实施办法"三种。除此之外,1943年6月,财政部颁布施行了《各地经济事业向银行为超额借款审核证明办法》13条。[①] 在国民政府的提倡和促进下,在金融机构的支持下,大后方的工商业得到了迅猛发展。据统计,从1937—1944年,大后方新增工厂数达4810个,其中民营工厂为4319个,占89.79%。由于国民政府比较重视工业区的规划和建设,到1941年,西部诸省已初步形成了以重庆为核心,包括重庆、川东、川中、广元、宁(西昌)雅(安)、沅(陵)辰(溪)、桂林、昆明、贵阳、西安宝鸡、甘青等的11个工业中心区,行业覆盖机器、冶炼、电器、化学、纺织等主要工业部门,大体上能保障自给的工业体系初具规模。[②]

四联总处及中国农民银行的农贷,大后方各地省、县合作金库等,也促进了战时大后方广大农村地区的经济发展。据统计,到1943年,西南地区农贷总额为5.12亿元,西北地区为3.41亿元,西南地区农贷集中在四川省,四川省农贷总额达3.17亿元,占西南农贷总额的61.9%。[③] 这些农贷有利于促进农业的发展,也为抗战的胜利提供了充实的物质基础。

不过,战时重庆金融中心具有鲜明的财政性,与全面抗战前集商贸性与财政性于一身的金融中心上海具有完全不同的特点。它是政府推进模式下形成的金融中心,其金融体系并非纯粹依靠经济自身发展而形成,而是主要在特殊的历史背景与条件下,通过国民政府的人为设计、强力支持而产生的,具有明显的超前性。正是这种超前性刺激了经济的发展,对经济发展发挥了先导作用,经济的发展又引发了对资金的需求,从而带动了金融业的扩张。可见,在政府推进模式下,金融中心形成的根本动力在于以政策促进金融资源的聚合。

综上所述,一个金融中心的形成,是基于自然与人文、历史与现实、经济与政治等复杂而多样化的因素综合作用下的产物。战时重庆之所以迅速成为大后方的金融中心,也是种种复杂因素综合作用下的结果。当然,全面抗战中以重庆作为抗战大后方的核心和战时之首都,无疑是其中最重要的因素。但是,也正是因为这样,战后重庆这一抗战大后方金融中心的地位的迅速失去,也是必然的和毫不奇怪的了。如果说,作为战时金融中心的重庆,其对全国的影响与作用是显著而短暂的,那么它对本地区乃至抗战大后方的影响和作用则是重大而深远的了,其中最重大的影响和作用莫过于,大大促进了

---

① 重庆市档案馆馆藏重庆市银行商业同业公会未刊档案,档号:0086—1—11。
② 侯德初:《抗战时期大后方工业的开发与衰落》,《四川师范大学学报》1994年第4期,第104—105页。
③ 易绵阳:《抗战时期四联总处农贷研究》,《中国农史》2010年第4期,第83页。

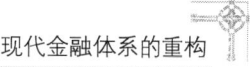

西部地区金融制度的建立、完善与金融业的现代化,促进了西部地区经济现代化的迅速发展。因此,抗战大后方重庆金融中心的形成,对于近代以来一直是中国最落后的西部地区,的确是一个千载难逢的历史发展机遇。

第二节 西南西北金融网的构建促成了大后方的金融现代化

随着全面抗战的爆发,国民政府越加清楚地看到,"金融之机构,如血液之于脉络,血液运转必赖脉络,金融流通,必赖机构,无健全之金融机构,以司主管运筹之枢纽,仍不能视为完善金融制度"①。随着国民政府西迁,以上海为中心的东部金融网丧失,国民政府便开始着手部署和实施以重庆为中心的大后方金融网的构建。1938年6月,全国第一次地方金融会议召开,财政部正式提出要敷设内地金融网;1938年8月,财政部拟订《筹设西南、西北及邻近战区金融网二年计划》,其要点如下:①凡后方与政治交通及货物集散有关之城镇乡市,倘无四行之分支处者,责成四联总处,至少指定一行前往设立机构;②其地点稍偏僻者,四行在短期之内,容或不能普及,则责成该省省银行,务必前往设立分支行处,以一地至少有一行为原则;③在各乡市城镇筹设分支行处的过程中,以合作金库及邮政储金汇业局,辅助该地之金融周转及汇兑流通;④邻近战区地方,亦同此设立分支行处。②此项西南西北金融网之建设计划,分两年进行,于1939年12月底以前完成。1939年9月8日,国民政府颁发的《巩固金融办法纲要》中明确提出:"扩充西南西北金融网,期于每县区设一银行,以活泼地方金融,发展生产实业。"而在同日公布的《战时健全中央金融机构办法纲要》中,国民政府则强调了四行建立金融网的领导地位,要求:"中央、中国、交通、中国农民四行总行之未移设于国民政府所在地者,应由联合总处理事会规定日期,在最近期内实行移设"。③ 1940年3月,国民政府增订《第二第三期筹设西南西北金融计划》,积极在大后方筹设银行分支行处,"凡与军事、政治、交通及货物集散有关,以及人口众多之地至少应筹设一行,以应需要"④。在此国民政府具体

---

① 中国国民党中央执行委员会宣传部编:《抗战六年来之财政金融》,南平:国民图书出版社,1943年,第5—6页。
② 郭荣生:《战时西南西北金融网建设》,《财政学报》1943年第1卷第3期,第46页。
③ 中国第二历史档案馆编:《中华民国史档案资料汇编》第五辑第二编(财政经济)(三),南京:江苏古籍出版社,1997年,第9、10页。
④ 重庆市档案馆编:《四联总处史料》(上),北京:档案出版社,1993年,第194页。

提出了四行筹设西南、西北金融网的任务：设立金融机构 204 处，分三期进行，限于 1941 年年底全部完成。

中央、中国、交通、中国农民四银行在西南、西北各省增设行处，大抵均能按上述计划如期完成。自西南国际运输线中断后，西北对外交通更加重要，且西北资源亟待开发，为使金融力量与政府政策配合进行，四联总处于 1942 年 9 月 3 日又通过"扩展西北金融网筹设原则"，规定四行应逐渐充实兰州原有机构人员；对陕、甘、宁、青、新五省实行实地调查，斟酌筹设；各行局新设行处须增添人员时，应就滇、浙、闽、赣等省撤退行处人员尽先调用。[①]

在国民政府有计划有目的的推动下，以川、滇、黔、桂、康、陕、甘、宁、青、新为主要区域的大后方金融网建设便快速实施起来，其具体载体则是以国家银行为骨干，以地方银行为基础，以商业银行相呼应，以其他金融机构为补充，层层推进、全面发展。

一、国家银行成为金融网络的骨干

全面抗战开始前，四行在西南西北的机构较少，但从 1938 年起，在国家银行的带动下，大后方地区的金融业进入了大发展阶段。筹设西南、西北金融网的计划推行，颇见成效，形成了以国家银行为核心的金融网，其中，四行在四川省的分支机构在战前与战后的显著变化就是一个缩影（表 3-3）。

表 3-3　四银行全面抗战前后在四川省内分支行处数量比较表（截至 1942 年）

（单位：个）

银行	中央银行		中国银行		交通银行		中国农民银行	
项目	战前	战后	战前	战后	战前	战后	战前	战后
四川（除重庆）	3	21	11	30		16	16	24
重庆	2	4	3	5		7	2	9
总计	5	25	14	35		23	18	33
全川现有	30		49		23		51	

资料来源：张与九：《抗战以来四川之金融》，《四川经济季刊》1943 年第 1 卷第 1 期，第 66 页

由表 3-3 可见，全面抗战前四行在四川省（含重庆）设分支处 37 家，而 1942 年达 153 家；重庆一地，战前四行设分支行处为 7 家，而 1942 年发展到 32 家，分别是全面抗战前的 422%，457%。

西南地区，全面抗战前四行的分支机构仅 37 家，全面抗战后则迅猛发展。

---

① 贵州金融学会、贵州钱币学会、中国人民银行贵州省分行金融研究所编：《贵州金融货币史论丛》，1989 年（内部资料），第 20 页。

为执行西南金融网方案，四行在西南各省积极筹设分支机构，1939年，贵州省年内增设的国家银行机构有：中国银行遵义、安顺、都匀、独山、毕节、黔西等6个办事处；交通银行都匀办事处；中国农民银行毕节、铜仁等2个办事处。[①] 截至1940年3月20日，按照第一期计划在西南地区所成立的四行之分支行处计有：四川省60处，云南省25处，贵州省21处，广西省22处，西康省5处，共计133处。[②] 1941年12月底统计，中央、中国、交通、中国农民四行之分支行处计有：四川省108处，云南省26处，贵州省24处，广西省38处，西康省8处，西南五省实设分支行处达到204处，比1940年增约150%。1942—1943年，大后方四行的分支行处更是急剧扩充，尤其是四川省最多，分别达到198处、211处，而西南五省总计则达到了411处、434处，分别较上年增长了202%、105%。在西北地区，全面抗战前，国家银行仅限于陕西、甘肃二省，共计22家，全面抗战后截至1942年，四行在西北（尚未推及新疆）已增设行处56家，较之全面抗战前增加255%，若与全面抗战前的合计则为78家，具体如下面表3-4、表3-5所示：

表3-4 1937—1942年四银行在西南、西北各省增设分支机构表（单位：个）

省（市）	全面抗战前已设	其中				全面抗战后增设	其中			
		中央银行	中国银行	交通银行	中国农民银行		中央银行	中国银行	交通银行	中国农民银行
四川	30	3	12		15	91	21	30	16	24
重庆	8	2		3	3	25	4	5	7	9
西康	1				1	11	2	3	2	4
贵州	4	1			3	27	3	11	7	6
云南	0					34	4	20	3	7
广西	0					45	8	16	11	10
陕西	18	2	4	6	6	24	5	10	5	4
甘肃	4	1			3	25	5		5	6
宁夏	0					4	1	1	1	1
青海	0					3	1	1		1
合计	65	9	16	9	31	289	54	106	57	72

资料来源：李飞等主编：《中国金融通史》第四卷，北京：中国金融出版社，2008年，第406页

---

① 胡致祥：《贵州经济史探微》，贵州省史学学会近现代史研究会，1996年（内部资料），第245页。
② 重庆市档案馆等编：《四联总处史料》（上），北京：档案出版社，1993年，第191页。

表 3-5 1942—1943 年西南区域中央、中国、交通、中国农民四行分支机构分布表

(单位:个)

省别	中央银行		中国银行		交通银行		中国农民银行		合计	
年份	1942年	1943年	1942年	1943年	1942年	1943年	1942年	1943年	1942年	1943年
四川(含重庆)	41	44	51	49	26	31	85	87	203	211
西康	2	2	3	3	2	2	6	9	13	16
云南	9	7	17	13	6	7	10	13	47	40
贵州	4	3	13	16	9	12	36	41	62	72
广西	10	10	25	17	14	16	42	52	91	95
总计	66	66	109	98	57	68	179	202	416	434

资料来源:重庆市档案馆编:《四联总处史料》(上),北京:档案出版社,1993年,第202、208页表编制

由表 3-4 及表 3-5 可知,到 1943 年,四行仅在西南五省的机构就达到了 434 处,是原计划西南西北三期总计 279 处的 156%。就陕西、甘肃、青海、宁夏、西康、贵州、云南、广西、四川(重庆除外)等九省及重庆市而论,其各类银行之分支行总数在战前为 285 家。

截至 1943 年,全面抗战前已设立的四行分支机构裁并 59 家,仅存 226 家,战后增设 912 家,总数为 1138 家,较战前增加四倍。此 1144 家统属于 162 家银行,其中由中央、中国、交通、中国农民四行设立者有 340 家,约占行处总数的 30%。① 就四行增设的多寡比较,中国银行居首位,中国农民银行、中央银行、交通银行依次居于中国银行之后。

二、地方银行形成金融网络的基层银行

省、县银行为我国银行体系之一环,居金融组织之基层,与地方经济之发展与地方自治之推行关系密切。1938 年 6 月,第一次地方金融会议在汉口召开,提出"增设内地金融机关,以完成金融网"。1939 年 3 月,重庆召开的第二次地方金融会议,更是强调"将中央所定财政金融方案,藉地方金融机构,广为传导"②。因此,从全面抗战开始后,省、县地方银行便被纳入了大后方金融网体系的基层银行中,地方银行的建设在西南西北大后方迎来了快速发展。

---

① 中国通商银行编:《五十年来之中国经济》,上海:上海六联印刷股份有限公司印刷,1947 年,第 46 页。
② 沈雷春主编:《中国金融年鉴》(1947 年),上海:黎明书局,1947 年,第 A53 页。

首先，各沦陷区及其他省份之省地方银行，先后在战时首都重庆和大后方设立了办事处，以谋该省与大后方之金融联系。大后方先后有江苏农民银行、江苏银行、安徽地方银行、湖南省银行、湖北省银行、河北省银行、河南农工银行、陕西省银行、甘肃省银行、广东省银行、广西省银行、福建省银行、云南省银行、西康省银行等14家银行迁入，并在重庆设立分支行或办事处。① 另外，在云南，广东省银行、西康省银行来滇设立了分支机构；在贵州，湖南省银行、广东省银行在黔设立了分支机构。② 在陕西，山西省银行、湖北省银行、河北省银行、河南农工银行、河北省银行、甘肃省银行、绥远省银行来陕设立了分支机构。③ 在宁夏、青海，绥远省银行设立了分支机构。④

其次，大后方区域，各省地方银行也纷纷增设机构。根据财政部召开的第二次全国地方金融会议，确认省银行的地位为推动地方金融的枢纽，西南、西北各省银行迅速在本省各市、县普遍设立分支行处。1937年全面抗战爆发前，四川省银行仅有总行1家、分行2家、办事处13家、汇兑所3家。全面抗战爆发后，四川省银行积极构建全川金融网，并将它在1940年前代理省库设立的内江办事处改为内江分行，富顺、太和镇、三台汇兑所改为办事处，1939年四川省银行分支行处达42家，1940年又增设19家。⑤ 1943年，四川省有总行1家（设重庆）、分行3家（设成都、内江、万县）、支行6家（设合川、遂宁、南充、达县、泸县、自流井）、办事处80家，遍及全川各地，分支行处总共89家，连同总行共达90家。四川省银行在省内所设总行、分行和支行分布于85个县市，设行数目约占全省135个县市数的2/3，其努力建设本省金融网，在西南西北各省地方银行中，首屈一指，所设分支行处数目，亦为西南西北各省之冠。⑥ 在云南，全面抗战前有富滇新银行（省立银行）、兴文官银号（隶属省财政厅）、劝业银行（隶属省财政厅）三家地方银行，富滇银行在抗战前就成立了个旧、下关、昭通、上海4个分行，7个办事处；抗

---

① 张与九：《抗战以来四川之金融》，《四川经济季刊》1943年第1卷第1期，第68页。
② 中国人民政治协商会议西南地区文史资料协作会议编：《抗战时期西南的金融》，重庆：西南师范大学出版社，1994年，第17—18、37—38页。
③ 陕西省政府统计室编：《陕西省统计资料汇刊》（1942年），第93页。
④ 重庆市档案馆编：《抗战时期大后方经济开发文献资料选编》（内部刊物），2005年，第349页。
⑤ 中国人民政治协商会议西南地区文史资料协作会议编：《抗战时期西南的金融》，重庆：西南师范大学出版社，1994年，第4页。
⑥ 张与九：《抗战以来四川之金融》，《四川经济季刊》1943年第1卷第1期，第68页。

战中，该行分行有13处，另有办事处30余所。① 劝业银行在个旧1地设有分行；云南省战前地方银行共计有总行3个，分支行处12个。全面抗战爆发后，1939年5月1日，兴文官银号正式改组为兴文银行，总行设在昆明，在保山、下关、昭通、个旧4地设分行，又设办事处8个，代理处5个，共计17处分支机构；1940年9月，原隶属东川矿业公司的矿业银号，改组为地方银行——云南矿业银行，并先后在下关、保山、丽江、腾冲、顺宁、一平浪设立分行，又设立办事处16个，代理处2个，共计24处分支机构。劝业银行，1942年改组，除原来个旧分行外，先后在缅甸仰光、腊戍2地设办事处，在保山等6地设立支行，在开远、呈贡2地设立办事处，共计11处分支机构，至此，滇省地方银行已由战前的4个总行、12个分支行处，发展到4个总行、88个分支行处。② 在贵州，全面抗战前仅有为军阀操纵的时停时开的贵州银行算是省级地方银行，1940年，贵州银行重新开办（此时为该银行历史上第三次设立），其在重庆、安顺等地增设分支行处，总计28处。③ 广西银行，至1940年1月止，有梧州、柳州、桂林、龙州、八步、香港等6个分行，容县、百色等26个办事处，总计32处分支机构。④ 西康，1937年8月，西康省银行成立，随后该行相继于汉源、同县、雅安、成都、西昌、甘孜、理化、重庆、昆明等地设办事处9个。⑤ 兹将上述情况列表如表3-6：

表3-6 西南地区各省地方银行战前战后分支行处表　（单位：个）

省别	四川		云南		贵州		广西		西康		总计	
行别	前	后	前	后	前	后	前	后	前	后	前	后
四川省银行	18	89									18	89
富滇新银行			11	43							11	43
兴文银行				17								17
云南矿业银行				24								24

---

① 徐学禹、丘汉平编著：《地方银行概论》，福州：福建省经济建设计划委员会出版，1941年，第81页。

② 中国人民政治协商会议西南地区文史资料协作会议编：《抗战时期西南的金融》，重庆：西南师范大学出版社，1994年，第14—20页。

③ 中国人民政治协商会议西南地区文史资料协作会议编：《抗战时期西南的金融》，重庆：西南师范大学出版社，1994年，第38—39页。

④ 徐学禹、丘汉平：《地方银行概论》，福州：福建省经济建设计划委员会出版，1941年，第78页。

⑤ 徐学禹、丘汉平：《地方银行概论》，福州：福建省经济建设计划委员会出版，1941年，第87页。

续表

省别	四川		云南		贵州		广西		西康		总计	
行别	前	后	前	后	前	后	前	后	前	后	前	后
劝业银行			1	11							1	11
贵州银行						27						27
广西银行								32				32
西康省银行			2	1						6		9
总计	18	91	12	96		27		32		6	30	252

资料来源：本表根据徐学禹、丘汉平：《地方银行概论》，福州：福建省经济建设计划委员会，1941年，第78—80页，87页；郭荣生：《中国省地方银行概况》，北京：五十年代出版社，1945年，第101—104，123页；沈雷春主编：《中国金融年鉴》（1947），上海：黎明书局，1947年，第A113—114页，由作者整理而成

可见，西南地区省地方银行，总行由全面抗战前的7家，发展到全面抗战后的8家；分支行处则由30家，发展到252家，增加了8.4倍（由于兴文银行、云南矿业银行、劝业银行均隶属省财政厅，故笔者将其列入省地方银行）。

西北各省地方银行，在战前仅有陕北地方实业银行、陕西省银行和新疆省银行3家，战后宁夏、甘肃、青海也相继成立了省银行，并且分支机构亦不断增多。截至1943年上半年，陕西省银行设立行处为50个，陕北地方实业银行为7个，甘肃省银行为46个，宁夏省银行11个，新疆商业银行37个，总计151个（详见表3-7）。这样，到1945年抗战胜利时，西北除青海外，各省的省地方银行在各自地域范围内基本上都形成了自己的金融网络（表3-7）。

表3-7 全面抗战前后西北各省地方银行一览表　　（单位：个）

行名	成立时间	陕西		甘肃		宁夏		新疆		总计	
		前	后	前	后	前	后	前	后	前	后
陕北地方实业银行	1930年12月		7								7
陕西省银行	1931年2月	30	48		2					30	50
宁夏省银行	1938年6月				1	6	10			6	11
甘肃省银行	1939年6月		1		45						46
新疆省银行	1930年							8	37	8	37
总计		30	56		48	6	10	8	37	44	151

资料来源：重庆市档案馆编：《抗战时期大后方经济开发文献资料选编》（内部刊物），2005年，第341页；中国银行经济研究室编：《全国银行年鉴》（1937），上海：汉文正楷印书局，1937年，第A13页

由表 3-7 可知,西北地区的省地方银行,总行由全面抗战前的 3 家发展为 5 家,分支行处由战前的 44 家发展为 151 家,增长约 3 倍半。整个西南、西北地区省地方银行总行从 10 家发展为 14 家,分支行处由 74 家发展到 403 家,增长了 5.5 倍。

在国家银行和省银行迅猛发展之际,广大的小城市、县、乡、镇、路矿、工厂、学校等的集中区域,大宗特产的生产地、集散地及邻近战区地带的基层银行尚付阙如,"七七"事变爆发以前,据查全国省、县银行共 26 家,浙江省最多,共 13 家,占全数 1/2;其次为四川省,共 5 家;江苏省 3 家,陕西省、湖南省、广东省、福建省、北平市等各 1 家。[1] 西南西北地区县银行则十分稀少。因此,1939 年 9 月,国民政府公布《巩固金融办法纲要》,提出"扩充西南、西北金融网,期于每一县区设一银行,以活泼地方金融,发展生产"。可见,西南、西北各县银行的设立,是大后方金融网建设的产物,它们自下而上,与中央和省金融机构相衔接。1940 年 1 月,国民政府颁布《县银行法》,辅导督促设立县银行,调节各地资金。此后,大后方区域的县银行迅速发展起来。截至 1943 年 4 月,全国登记领照之县银行共有 86 家,未领照而开业者 79 家,筹备中为 58 家,总计 223 家,以省别言:四川第一,97 家;陕西第二,50 家;河南第三,46 家。[2] 到抗战胜利时,大后方的县银行从全面抗战前的 6 家,发展到 196 家,增长幅度达 32.67 倍(表 3-8)。

表 3-8　1940—1945 年大后方各省、县银行分布表　　(单位:个)

年份 省别	1945 年	1944 年	1943 年	1942 年	1941 年	1940 年	总计
四川	10	17	36	43	15	2	123
云南	2	2	1				5
贵州	2	2	1				5
广西		1					1
西康	3	1					4
陕西	11	26	16	4			57
甘肃			1				1
总计	28	49	56	47	15	2	197

资料来源:沈长泰著、胡次威主编:《省县银行》,上海:大东书局,1948 年,第 28 页

---

[1] 郭荣生:《县银行之前瞻及其现状》,《中央银行经济汇报》1942 年第 6 卷第 7 期,第 41—43 页。
[2] 中国通商银行编:《五十年来之中国经济》,上海:上海六联印刷股份有限公司印刷,1947 年,第 47 页。

由表 3-8 可见，到 1945 年抗战胜利时，西南、西北大后方县银行，西南地区远多于西北，西南地区县银行占了大后方地区县银行的 70.41%；在川、康、滇、黔、桂五省中，四川占五省的 89.13%，全面抗战时期西南各省所设县（市）银行共计 138 家，其中，四川 123 家、贵州 5 家、云南 5 家、西康 4 家、广西 1 家。西北地区的县银行仅在陕西、甘肃设立，其他省份没有设立，且主要集中在陕西一省。各地发展不均衡之原因，在于各地经济水平发展不一。

三、商业银行及钱庄银号等传统金融机构构成了金融网的重要部分

国家银行倡于前，私家银行继其后。全面抗战爆发后，首先不少省外商业银行纷纷迁入大后方各省，或将总行迁向内地，或在内地增设分支机构，其中重要的银行有：中国通商银行，四明银行，国华银行，国货银行，盐业银行，中南银行，金城银行，浙江兴业银行，大陆银行，新华信托储蓄银行，中国实业银行以及四行储蓄会等十数家较大的银行。① 在重庆，全面抗战一爆发，上海银行、浙江兴业银行、中南银行、江苏农民银行、盐业银行、大陆银行、四行储蓄会、中国通商银行、中国实业银行、四明银行等就来渝设立了分行。② 在云南，全面抗战爆发前，一家国家银行和外省商业银行都没有，然而，全面抗战爆发后，除"四行二局"均迁入滇省并设立分支机构外，省外商业银行也纷纷涌入，主要有金城银行、聚兴诚银行、上海商业储蓄银行、四川美丰银行、川康平民商业银行、浙江兴业银行、新华信托储蓄银行、上海信托股份有限公司、川盐银行、中国农工银行、济康银行、山西裕华银行、同心银行、大同银行、正和银行、中国工矿银行、光裕银行、亚西实业银行、华侨兴业银行等 19 家。③ 在贵州，全面抗战爆发前，除了 3 家国家银行和 1 家地方银行贵州银行外，没有一家商业银行，抗战爆发后，省外商业银行纷至沓来，有上海商业储蓄银行、金城银行、四川美丰银行、聚兴诚银行、亚西实业银行、云南兴文银行、和成银行、云南实业银行、复兴银行、大同银行、昆明商业银行、中国国货银行、利群银行等 13 家。④ 在陕西，到 1942 年，

---

① 寿进文：《战时中国的银行业》，1944 年，第 67 页。
② 《省外银行纷纷入川》，《四川经济月刊》1937 年第 8 卷第 5 期，第 17 页。
③ 中国人民政治协商会议西南地区文史资料协作会议编：《抗战时期西南的金融》，重庆：西南师范大学出版社，1994 年，第 18 页。
④ 中国人民政治协商会议西南地区文史资料协作会议编：《抗战时期西南的金融》，重庆：西南师范大学出版社，1994 年，第 37—40 页。

上海商业储蓄银行、金城银行、山西裕华银行、湖南农工银行、山西省铁路银行前来设立了分支行。在甘肃，长江实业银行、山西裕华银行、绥远银行前来设立了分支行。在宁夏，绥远银行前来设立了分支行，但在青海和新疆，仍看不到商业银行的足迹。①

除省外迁入大量商业银行外，大后方地区还成立了许多新的商业银行，战前，整个西南西北地区仅四川省有本土建立的商业银行，计总行9家，分支行96处，具体为四川美丰银行（分支行：15）、四川商业银行（分支行：5）、自流井裕商银行（分支行：15）、重庆平民银行（分支行：4）、重庆银行（分支行：18）、聚兴诚银行（分支行：21）、川康殖业银行（分支行：5）、川盐银行（分支行：11）、四川建设银行（分支行：2）②。"七七"事变后，大后方的本土商业银行却如雨后春笋般地建立起来，不过仍麇集于西南，具体情况如表3-9所示：

表3-9 截至1943年9月大后方本土新设商业银行统计表

行　名	成立日期	实收资本	总行所在地
云南兴文	1939年5月	1600万元	昆明
昆明商业	1940年7月	200万元	昆明
云南矿业	1930年9月	500万元	昆明
云南省信托局	1941年3月	500万元	昆明
益华	1942年1月	400万元	昆明
中国侨民	1942年7月	1500万元	昆明
昆明市银行	1943年9月	2500万元	昆明
成都商业	1938年7月	50万元	成都
福川	1942年7月	50万元	成都
复兴实业	1940年1月	50万元	衡阳
川康平民商业	1937年9月	1000万元	重庆
和成	1938年1月	500万元	重庆
通惠实业	1939年4月	300万元	重庆
大川	1940年9月	50万元	重庆
建国	1941年5月	133万元	重庆

---

① 重庆市档案馆编：《抗战时期大后方经济开发文献资料选编》（内部刊物），2005年，第341页。
② 中国银行经济研究室编：《全国银行年鉴》（1937），上海：汉文正楷印书局，1937年，第A13—17页。

续表

行　名	成立日期	实收资本	总行所在地
亚西实业	1941年1月	500万元	重庆
长江实业	1941年7月	1 495 000元	重庆
中国工矿	1941年9月	1000万元	重庆
开源	1941年10月	100万元	重庆
同心	1942年3月	500万元	重庆
光裕	1942年4月	500万元	重庆
復华	1943年1月		重庆
永利	1943年1月	1000万元	重庆
大夏	1943年5月		重庆
泰裕	1943年3月		重庆
大同	1943年7月		重庆
福钰			重庆
復礼	1943年8月		重庆
聚康	1941年8月		贵阳

资料来源：寿进文：《战时中国的银行业》，1944年，第65—67页；中国人民政治协商会议西南地区文史资料协作会议编：《抗战时期西南的金融》，重庆：西南师范大学出版社，1994年，第20—22页、39页。需要指出的是，云南兴文、云南矿业银行，寿进文是将其作为商业银行统计在内的，而笔者认为两个银行作为地方银行，似不应统计在商业银行内

　　表3-9中资料统计恐怕并不完全，但已清楚表明，全面抗战期间大后方本土商业银行发展十分迅猛，到1943年下半年，新成立29家商业银行中，重庆最多，有18家，竟集中了近62%，其次是昆明，有7家，此外，成都2家，衡阳1家，贵阳1家。这也从一个侧面反映了西南地区在大后方金融占有重要地位，战时重庆作为大后方金融中心具有重大影响。到1945年，西南、西北十省一市共有179家商业银行，设立分支行处483所，详见表3-10：

表3-10　抗战时期西南西北地区商业银行机构分布　（单位：个）

类别	1943年			1944年			1945年		
省别	总计	总行	分支行处	总计	总行	分支行处	总计	总行	分支行处
四川	455	153	302	484	167	317	404	95	309
重庆							108	61	47
西康	26	2	24	27	3	24	30	3	27
广西	28		28	33		33	32		32

续表

类别	1943 年			1944 年			1945 年		
省别	总计	总行	分支行处	总计	总行	分支行处	总计	总行	分支行处
云南	56	5	51	77	10	67	77	8	69
贵州	16	2	14	24	2	22	19	2	17
陕西	21	2	19	90	64	26	91	64	27
甘肃	9		9	22	7	15	29	7	22
青海									
宁夏							2		2
新疆									
合计	611	164	447	757	253	504	792	240	552

资料来源：重庆市档案馆等编：《四联总处史料》（下），北京：档案出版社，1993 年，第 490—492 页（原材料中 1943 年、1944 年重庆的数据未单独列出，似应包括在四川省的数据中，笔者注）

由表 3-10 可见，从 1943—1945 年这三年间，以总行论，西南、西北地区的商业银行分别为 164 家、253 家、240 家，加上分支行处，则分别为 611 家、757 家、792 家，其中四川省（含重庆）位居首位。

钱庄、银号为我国固有之传统金融组织，而其业务侧重于商业金融之普通存放，在我国未有银行组织之前，负调剂金融之重任。20 世纪 30 年代，因其经营不善，钱庄、银号渐趋衰落。全面抗战后，在银行业发展的同时，钱庄、银号等传统金融机构也乘机发展起来，成为大后方金融网的重要补充。从钱庄业来看，四川省最为发达，战前有钱庄 55 家，资本 318.1 万元，单个钱庄资本在 10 万元以上者有 15 家，其中重庆 23 家、资本 200.6 万元，成都 12 家、资本 76.8 万元，自流井 12 家、资本 14 万元，其他各地 8 家、资本 26.7 万（其中 1 家缺资本数额）。[①] 到 1941 年，重庆新设银号、钱庄 36 家，成都新设 22 家，内江新设 8 家，仅此三地新设钱庄数就已超过战前的 20%，资本少则 10 万元，多则数百万元不等。[②] 1943 年 10 月底止，重庆市钱庄、银号的总庄号和分庄号计 36 家。[③]

到 1945 年 8 月，除云南、青海、新疆、宁夏尚没有银号、钱庄外，四川、西康、贵州、陕西、甘肃 5 省的银号和钱庄总数已发展到 154 家，分号 27 所，其中四川省有 82 家总号和 26 所分号。不过，与银行业相比，无论是组织形

---

① 张肖梅：《四川经济参考资料》上海：中国国民经济研究所，1939 年，第 D46 页。
② 寿进文：《战时中国的银行业》，1944 年，第 69 页。
③ 康永仁：《重庆的银行》，《四川经济季刊》1944 年第 1 卷第 3 期，第 102 页。

式,还是规模和经营方式,战时银钱业都不能与银行业相比,战时银钱业的组织形式仍以合伙或独资为普遍;其资本少者10万元,多者数百万元;其业务亦不外以高利吸收存款,再以高利贷给有关商家或所经营的商号;至于其经营技术,仍注重信用,旧式账簿之沿用仍未改良。①总之,战时银号、钱庄的勃兴,并非说明其实质有何改善,只是战时游资以设立银号、钱庄为其出路之一的一种表现而已。因此,以银号、钱庄与银行业比较,前者仍是落后的金融组织,所以钱业稍有基础之后,均纷纷改组为银行,如重庆的同心、福钰、光裕、永利银号,永丰银行公司,益华银号、东川矿业银号等,都先后改组为银行。②

四、辅助金融机构成为金融网的有力补充

1938年8月,国民政府财政部拟订了《筹设西南西北及邻近战区金融网二年计划》,计划规定四行与各省省银行在各乡市城镇与邻近战区地方,筹设分支行处过程中,以合作金库及邮政储金汇业局等的方式扶助该地之金融周转及汇兑流通。在战时大后方金融网的构建中,合作金库、邮政储金汇业局及简易储蓄处,在大后方各省十分活跃,成为金融网建设的有力补充。

合作金库为四行所辅设,据统计,截至1942年底止,中国农民银行辅设有204库,中国银行辅设32库,交通银行辅设35库,省合作金库辅设52库,地方银行辅设4库,合作行政机关辅设3库,综计全国共设有330库。其中四川省有117库,包括四川省库1所,重庆市库1所,其余皆为县库,分布于四川各县区之间,它们虽地处穷乡僻壤,但亦有其业务活动。③

1940年4月,邮政储金汇业局纳入四联总处,由四联总处负责指导其业务,于是,邮政储金汇业局的分支机构也纳入到了金融网体系之中。据统计,到1942年底,邮政储金汇业局全国总计有分局14所,办理储蓄局700余处,通汇所2000余处,实为全国零星及小额汇款最普遍之机构。其中,四川全省有分局2所,储蓄局50余所,通汇所近300处,它们分布于各县市乡镇场区之间。④

简易储蓄处,1940年9月5日,四联总处为求金融机构普遍辅设,经理事会议通过《四行普设简易储蓄处办法》,要求在人口超过5万以上而无金融机构,人口众多的矿区、铁路及公路沿线,学校集中之文化区域等地,设立

---

① 寿进文:《战时中国的银行业》,1944年,第153、154页。
② 韩渝辉:《抗战时期重庆的经济》,重庆:重庆出版社,1995年,第211页。
③ 张舆九:《抗战以来四川之金融》,《四川经济季刊》1943年第1卷第1期,第69页。
④ 张舆九:《抗战以来四川之金融》,《四川经济季刊》1943年第1卷第1期,第69页。

简易储蓄处，可办理储蓄、小额汇兑、小额放款业务。截至1942年8月底止，各地所设简易储蓄处，计四川34处、贵州8处、广西21处、云南7处、陕西4处、甘肃4处。① 到1943年，四川设立邮政储蓄机构336个、陕西省109个、贵州省96个、云南省94个、广西省94个、甘肃省88个、新疆省5个，总计822个。②

在抗战的特定环境下，以银行为主体的各类金融机构，在西南、西北大后方地区有了快速的发展，大后方地区的金融业取得了长足的进展，各级各类金融机构逐步形成了一个以重庆为中心的遍布西南、西北大中城市和县区的金融网。大后方金融业的发展，改变了全面抗战前金融机构的不均衡分布给战时国民政府经济金融运行造成的不利影响，为将西南、西北各省打造成为抗战建国的根据地，支撑抗战的最后胜利奠定了基础。

第三节 全面抗战时期抗日根据地现代金融体系的建立

第二次国内革命战争时期，由于第三次"左"倾机会主义错误领导的统治，革命力量受到重大损失，共产党在全国10多个省300多个县的广大地区建立起来的10多个根据地和红色政权几乎全部丧失。到全面抗日战争前夕，红军总数只有约10万人，共产党员约4万人，根据地只剩下陕甘宁边区1个，辖23县，人口近200万，土地面积12.96万平方千米。全面抗战时期依靠抗日根据地保存和发展了革命力量，到1945年抗战结束时，共产党员发展到120万人，主力部队发展到127万人，民兵268万人；根据地由1个陕甘宁边区发展到19个，遍及华北、华中、华南广大地区；土地面积达95.69万平方千米；人口为9550万；县城285座。③

早在第一次国共合作的北伐战争时期，在中国共产党领导的农民运动中，湖南、湖北等省许多地区的农民协会，就建立了农民银行、平民银行和信用合作社，并发行了货币。土地革命战争时期，中国共产党独立地担负起领导中国革命的任务，在广阔的农村建立了许多革命根据地。农村革命根据地经济落后，处于国民党政权的包围之中，敌人的军事围攻和经济封锁，给根据地经济、红军的给养和人民群众的生活，造成了极大的困难。为了支援战争、

---

① 贵州金融学会等编：《贵州金融货币史论丛》，1989年3月（内部资料），第21页。
② 重庆市档案馆等编：《四联总处史料》（上），北京：档案出版社，1993年，第222—223页。
③ 陈廉编著：《抗日根据地发展史略》，北京：解放军出版社，1987年，第4—5页。

筹集资金、调剂金融、活跃市场、保存现金、打破封锁、发展生产和改善生活，根据地苏维埃政府在耒阳、井冈山、海陆丰、赣南、闽西、湘鄂西、鄂豫皖、闽浙赣、湘鄂赣、湘赣、川陕、陕甘等根据地，建立了 50 多个苏维埃银行，发行了 200 余种苏维埃货币。① 1931 年 11 月，中华苏维埃共和国临时中央政府成立后，1932 年初，中华苏维埃共和国国家银行也成立了（图3-4）。临时中央政府统一了各根据地银行，在各根据地建立了分行，共产党领导的人民银行在根据地建立起来了，同时，临时中央政府在各根据地还建立了信用合作社，作为苏维埃银行的助手。② 这些银行与合作社等金融机构，随着1934 年 10 月第五次反"围剿"的失败和红军长征的开始而结束。

（a）中华苏维埃共和国国家银行旧址及银行发行的钞票，银行地址在江西瑞金叶坪村谢家祠堂

（b）中华苏维埃共和国国家银行的钞票印刷机

图 3-4　中华苏维埃共和国国家银行

金融机关是经济建设的重要武器。抗日战争一开始，对日作战就分为两

---

① 姜宏业：《我国革命根据地早期银行事业概述》，《近代史研究》1982 年第 4 期，第 54 页。
② 田西如：《中国抗日根据地发展史》，北京：北京出版社，1995 年，第 591 页。

个战场,一个是国民党的正面战场,一个是共产党领导的敌后抗日根据地战场。在敌后战场,八路军、新四军和其他抗日武装力量,在华北、华中和华南人民群众的支持下,创建了敌后抗日根据地。战时由于敌人的分割和封锁,各根据地各自为政,自力更生,独立作战,相互之间没有什么经济联系,然而,在抗日根据地内,发展金融事业却是财政经济建设的一项重要内容。在这种情况下,中国共产党根据抗日战争形势的需要,制定了与抗日民族统一战线相适应的金融政策,各根据地建立了自己的银行和货币,并规定根据地的货币不能相互流通,甚至在一个大的根据地之内,各地区也有自己的货币,也不能互相流通。

中国共产党在陕甘宁、华北、华中、华南的19个抗日根据地先后建立了40家银行,从金融体制角度讲,抗战时期的各抗日根据地,初步形成了以抗战银行为主体、以农村信用社为辅助的全新的战时现代金融体系。这标志着新式银行业在各抗日根据地金融业中确立了主体和主导地位,这对抗日根据地现代金融业的发展无疑有着积极的影响,这在对敌经济斗争和根据地财政经济建设中发挥了重要作用。

一、陕甘宁抗日根据地银行体系的建立

陕甘宁边区是第二次国内革命战争时期,刘志丹、谢子长等共产党人领导下建立的一块革命根据地,它是中共在土地革命时期保留下来的唯一的根据地,成为南方各路红军长征的落脚点。1937年"七七"事变后,经过国共两党谈判,国民政府承认了陕甘宁边区,于是,1937年9月6日,中国共产党将中华苏维埃临时政府驻西北办事处正式更名改制为陕甘宁边区政府,辖陕西、甘肃、宁夏三省下面的23个县,政府主席为林伯渠,首府驻延安。[①] 陕甘宁边区政府的成立,是中国共产党为建立广泛的抗日民族统一战线,实现国共再次合作而努力的结果。在全面抗日战争时期,陕甘宁抗日根据地是中国共产党中央的所在地,是中国共产党各抗日根据地的总后方、大本营和指挥中心。陕甘宁边区位于陕西北部、甘肃东部、宁夏的东南部,北起长城沿线的府谷,跨越三边(三边:即定边、安边、靖边的简称),到达盐池;南迄淳化和旬邑;西至固原和预旺;东临黄河与山西相望。1937年,边区总面积为129 608平方千米,后因国民政府军队的侵占,至1944年,边区总面积

---

① 陕西省档案馆编:《陕甘宁边区政府大事记》,北京:档案出版社,1990年,第1页。

为 98 960 平方千米，人口 150 万，平均每平方千米 15.2 人，低于当时陕西全省平均每平方千米 60.5 人和全国平均每平方千米 39.5 人。①

陕甘宁边区在政治、军事、经济、文化建设等方面取得的辉煌成就，对其他根据地起到了先导和模范作用。战时陕甘宁边区银行的成长、金融体系的建立与边区金融事业的发展，为促进边区工农业生产和商业繁荣、帮助解决财政困难、保障战争供给等做出了重大贡献。

全面抗战爆发前，陕甘宁地区的金融业可分为两类：一个是旧式典当业和钱铺业，一个是新式银行业。全面抗战爆发前，陕北地区仅存榆林的广益当、大顺当等两家典当机构。除榆林外，佳县、神木、府谷等县，也曾设有当铺。钱铺（也称钱庄）多设在商业密集的城镇，如榆林开设的通源号、义盛源等，其业务初为兑换银钱，后来发展到存放银钱。新式银行业，以冯玉祥部队 1929 年驻陕时在榆林设立的西北银行办事处为最早。1930 年中原大战后，西北银行宣告停业。1930 年 10 月，井岳秀召集陕北 23 县绅商开会筹划设立陕北地方实业银行，银行于当年 12 月 1 日开业。陕北地方实业银行总行设于榆林，在延安、绥德都设有支行，米脂、清涧、洛川、延长、神木、府谷、镇川堡、瓦窑堡以及关中的蒲城、山西的汾阳等地设有办事处。因管理混乱，军队及地方豪绅胡支乱借，陕北地方实业银行的资金大量亏空，严重丧失社会信誉，至抗日战争时期，被陕西省银行所接管。陕西省银行于 1931 年在榆林设立办事处，次年 9 月，因故撤销，1936 年又重新复业。②

全面抗日战争时期，陕甘宁抗日根据地设立的陕甘宁边区银行，是在中华苏维埃人民共和国国家银行西北分行的基础上建立的。1935 年 10 月，中国工农红军到达陕北，11 月到瓦窑堡，胜利地完成了长征的任务。中华苏维埃共和国国家银行到达瓦窑堡时，与陕北省苏维埃政府所属的陕甘晋苏维埃银行同在一起办公。11 月下旬，中华苏维埃共和国国家银行奉命改称中华苏维埃共和国国家银行西北分行，同时，陕北省政府则决定撤销陕甘晋苏维埃银行。中央财政部部长林伯渠兼任西北分行行长，曹菊如任副行长。西北分行与陕甘晋银行合并后，开始收回陕甘晋银行的票子，印制与发行中华苏维埃共和国国家银行西北分行的纸币，但由于当时财政困难，西北分行所印的纸

---

① 中国人民银行陕西省分行等编：《陕甘宁边区金融史》，北京：中国金融出版社，1992 年，第 2 页。

② 中国人民银行陕西省分行等编：《陕甘宁边区金融史》，北京：中国金融出版社，1992 年，第 8—9 页。

币多作财政透支，用于机关经费开支。①

西安事变后至全面抗日战争爆发时，根据中共中央派的代表同国民党谈判所达成的协议和陕甘宁边区的建制决定，1937年10月1日，中华苏维埃共和国国家银行西北分行在延安改组成立陕甘宁边区银行，这是共产党在抗日战争时期建立的第一个抗日根据地的银行。陕甘宁边区政府有了自己经济生活的中心，国民经济体系的神经中枢——边区银行，它为抗日战争的胜利，起到了财政经济支柱的重要作用。

根据第二次国共合作协议，陕甘宁边区银行建立后，在最初的时间里，边区不成立银行，不发行货币，所以，当时边区银行对外不公开，但它实际是边区政府财政的支付机关。边区银行的经费来源是每月在西安领取的国民政府发给的军饷，边区银行收回中华苏维埃共和国国家银行发行的"苏票"，流通国民政府发行的法币。

光华商店，于1938年4月1日，由陕甘宁边区贸易局改组的合作社总社与陕甘宁边区银行经营的光华书店合并而成立，它是陕甘宁边区银行直属的商业部门。主要任务是：利用国民政府拨给的军饷，组织物资进口，保障边区商品供应，同时通过经营商业为边区银行积累资金，促进边区经济的恢复和发展。1938年6月到1942年2月，边区银行曾以光华商店的名义发行法币的辅币券——延安光华商店代价券。光华商店总店设在延安，在边区各地设分店和支店，至1941年光华商店已有分支机构22处。②

陕甘宁边区银行最初成立的分支行处并不多，1938年7月，设西安办事处和重庆办事处，但尚未公开挂牌，由八路军驻西安和重庆的办事处会计科代理，主要任务是办理汇兑，包括接收国民政府发给八路军的军饷，以及大后方来延安的学生的汇款等；同时，还办理日用必需品的采购、运输等工作。③1939年春，定边办事处成立，代理金库，1940年改为三边分行（三边：即定边、安边、靖边的简称），1940年春，绥德分行成立，绥德为山西货物入境的孔道及陕北东部货物的集散地，也是民营工业，特别是纺织业较为发达的地区，以光华商店名义办理银行业务。1940年8月，陇东分行成立。1941年仅有定边、绥德、陇东三处分行，直到1941年2月，靖边、甘泉两地才设代办

---

① 姜宏业：《我国革命根据地早期银行事业概述》，《近代史研究》1982年第4期，第59页。
② 姜宏业：《中国金融通史·（第五卷）新民主主义革命根据时期》，北京：中国金融出版社，2008年，第134—135页。
③ 姜宏业：《中国金融通史·（第五卷）新民主主义革命根据时期》，北京：中国金融出版社，2008年，第134页。

处，由光华商店代办。支行与办事处未能普遍成立，主要原因在于边区经济发展不平衡，有些地方确实不需要，再加上银行人力、财力的不足，所以支行与办事处未普遍设立。[①] 1941 年，陕甘宁边区银行大楼在延安新市场沟落成（图 3-5），成为当时市场沟最宏伟的建筑，结构别具风采：楼下是窑洞，楼上是礼堂，前看是楼，后看是房。到 1942 年，边区银行有三边、绥德、陇东、关中 4 个分行，有安塞等 18 个支行或办事处，还有直属的光华商店、光华印刷厂。[②] 这样，总行与分支机构的有机结合，由此形成了一个上下相通的有机金融组织体系及金融信息网络。

图 3-5　陕甘宁边区银行大楼

1941 年，陕甘宁边区银行大楼在延安落成，这是当年市场沟最宏伟的建筑

1943 年 2 月，在大生产运动中，陕甘宁边区开始试办信用合作社，作为银行的补充和辅助。当时比较典型的信用合作社是延安南区信用合作社，它从 8 万元的股金开始，吸收了存款 579 万元，老百姓如果借 1 万，允许入股 2000 元，以便继续扩大股金，且使老百姓有红可分，借钱的利息是 15%—20%，存款利息为 10%—15%。分红一般为 20%，这是民办公助的办法。经过这种形式，老百姓的游资被吸收进来，再发放出去。到 1944 年 3 月底，延安建立了 8 个信用合作社，共放款 3595 万元，其中 49.6%放在生产上，10%放在婚丧事务上，12%用于小商周转，老百姓零用占 26.9%。

---

① 陕甘宁边区财政经济编写组等编：《抗日战争时期陕甘宁边区财政经济史料摘编》（第五编金融），西安：陕西人民出版社，1981 年，第 70 页。
② 姜宏业：《中国金融通史·（第五卷）新民主主义革命根据时期》，北京：中国金融出版社，2008 年，第 134 页。

信用合作社将老百姓的游资吸收到合作社中来,银行则通过合作社将资本放到老百姓中去,信用合作社与银行的关系,只是一种互相合作与互相帮助的关系。信用社由县联社统一领导,银行和信用社只发生间接关系,发生直接关系的是银行和县联社。银行在资金上帮助信用社周转,信用社对银行也要讲信用,按期归还不能拖欠;银行要派人员帮助各个信用社建立会计账目,把西式会计和中式会计相结合,使账目清楚。而信用社是银行的辅助金融机构,协助银行展开业务,其业务主要集中在以下三个方面:①合作社帮助银行收边币,用边币流通边币;②信用社帮助银行兑换破票子,银行给合作社一些手续费,换回来的破票子,交到县联社换新票子;③信用社帮助银行放农贷,信用社是专门做这种事情的,而且比乡政府更为适合。[①]陕甘宁边区的信用合作社是从1943年以后发展起来的,到1944年年底,全边区有30多个信用合作社,这些信用合作社吸收存款总额达5亿余元,其中银元1万余元,银元宝10多锭,银手镯40副,这对活跃金融、发展经济,起到了一定的作用。[②]

1941年年底,陕甘宁边区银行开始酝酿挂牌设立货币交换所,1942年5月,边区银行开始争论是否控制法币黑市,挂不挂牌,1942年10月11日经过裕顺通,银行参加黑市,买卖法币。1943年3月到1944年2月,货币交换所挂2元1角的死牌子,物资局下设交易所照官价买卖,以货币交换所的限制兑换来实施管理贸易,管理外汇。到1944年7月,陕甘宁边区有货币兑换所40多个。[③]陕甘宁地区公开承认黑市,设立货币交换所,买卖法币,这合乎客观要求。

总之,全面抗战时期的陕甘宁边区,已基本形成了以陕甘宁边区银行及其分支机构为主要金融机构,同时辅以光华商店、区乡信用合作社、各地货币交换所,能基本覆盖整个边区的略具现代性的金融机构网。

二、华北抗日根据地银行体系的建立与发展

八路军开赴华北抗日前线后,随着晋察冀、晋冀鲁豫、晋绥和山东敌后抗日根据地的陆续建立,各根据地开始创办自己的银行。在新开辟的华北根

---

① 魏协武主编:《黄亚光文稿和日记摘编》,西安:陕西人民出版社,1998年,第25、20—21页。
② 姜宏业:《中国金融通史·(第五卷)新民主主义革命根据时期》,北京:中国金融出版社,2008年,第137页。
③ 魏协武主编:《黄亚光文稿和日记摘编》,西安:陕西人民出版社,1998年,第36、32、26页。

据地中，先后出现的新银行主要有：1938年3月20日，晋察冀边区建立的晋察冀边区银行；1938年8月，在晋东南抗日根据地，以山西省第三行政公署名义创办的上党银号；1938年8月，在山东根据地，由山东胶东北海行政督察专员公署成立的北海银行；1939年10月15日，在冀南抗日根据地，以冀南行政主任公署名义创办的冀南银行；1940年5月，在冀鲁豫抗日根据地，鲁西银行成立；在晋绥边区，全面抗战开始后兴县士绅刘少白创办了兴县农民银行；晋西北行政公署在1940年2月成立后，以兴县农民银行为基础，于1940年5月10日正式创办了西北农民银行等。

1. 晋察冀边区银行

1938年1月1日，晋察冀边区军政民代表大会在阜平县城第一完全小学隆重开幕，宣告边区政府的成立，这标志着晋察冀边区由一个游击区发展成为了一个巩固的抗日根据地。而晋察冀边区，是抗日战争时期中国共产党领导下的八路军创建的第一个敌后抗日根据地，它包括山西省的东北部，察哈尔省的西南部，热河省的南部和河北省的大部分地区。在初创时期，晋察冀地区面积40万平方千米，人口1000万，统辖着36个不完整的县。到抗日战争胜利时，边区政府已拥有包括2个省政府、3个行政公署、20个专区、8个市、163个县、27个旗在内的抗日民主政权，人口达2500多万。[1]

晋察冀三省沦陷时，金融很紊乱，货币极为复杂：既有国民政府发行的法币，又有日伪政权发行的伪币，此外，各地方银行、商号及投机者滥发的地方小票，也充斥着三省的市场。这种货币金融上的割据、混乱局面，严重影响了晋察冀边区的物资交流和贸易畅通。根据边区人民的迫切要求，晋察冀边区军政民第一次代表大会，通过了"边区为统制与建设经济得设立银行、发行钞票"的议案，1938年3月20日，在五台县石嘴村正式成立了"晋察冀边区银行"，经理关学文，副经理胡作宾，总行设有发行科、出纳科、会计科、营业科、秘书室、文书股、庶务股、运输队和警卫队。因为处在残酷的战争环境中，晋察冀边区银行成立后曾多次转移，被称为"游击银行"，它从石嘴村，途经龙泉关，转移到河北完县杨家台，从杨家台到阜平县的上庄，1940年初迁到麻棚，1941年初迁到灵寿县南枪杆村，以后搬到平山县王家湾，又到灵寿县，先后到过大湾村、东寺岭、南刁窝村、魏沟，随着战争形势的变化，又迁到阜平县双庙村，最后到闸北村。1944年3月，在闸北村，银行进行

---

[1] 河北省金融研究所编：《晋察冀边区银行》，北京：中国金融出版社，1988年，第7—9页。

了缩编,和财政合并,银行只剩几个人,边区银行经理关学文去了党校学习,副经理胡作宾参加了整风学习班,由当时的财政处处长张苏兼任银行经理。①

晋察冀边区银行(图3-6)是华北根据地建立的第一个银行。它成立时仅有一个总行,连下层机构都还没有,此后,晋察冀边区直属的北岳区设有6个办事处,1938年5月9日,河北省安平县城建了"晋察冀边区银行冀中分行",1939年2月,冀中分行在各专区先后成立了银行办事处,并在重点县设置了营业所。冀中分行存续时间为1938年5月到1942年5月(该行及其下属机构,在1942年日寇发动的"五一大扫荡"中,因环境恶劣而撤销,直到1945年夏季才恢复)。1941年,总行直属下的第六办事处改称冀察分行。为适应战争的需要,1942年5—8月,银行组织进行了缩编,到1943年3月29日扩大行务会议上,总行编制减为86人,营业所只剩下山代塂、忻定阳、广灵、涞源、龙华、徐定、满城、完县、曲阳、云彪、定唐、西大洋、平定、建屏、昌苑等15个。② 1945年,边区形势好转,银行机构组织迅速扩大,到抗战胜利时,晋察冀边区银行已有3个分行(冀西的阜平分行、冀中的河间分行、热河的承德分行)、15个办事处、50个营业所、36个兑换所、33个派出所和1个代办所,它们形成了一个完整的整体。③

图3-6 晋察冀边区银行旧址

晋察冀边区银行,于1938年3月20日在山西省五台县石嘴镇的普济寺内开始营业

---

① 河北省金融研究所编:《晋察冀边区银行》,北京:中国金融出版社,1988年,第14—15页。
② 河北省金融研究所编:《晋察冀边区银行》,北京:中国金融出版社,1988年,第26—28、87页。
③ 姜宏业:《中国金融通史·(第五卷)新民主主义革命根据时期》,北京:中国金融出版社,2008年,第139页。

2. 北海银行

1938年8月,山东根据地于掖县成立了北海银行,北海银行12月1日正式营业,下设蓬莱、黄县等分行,起初北海银行性质是公私合营有限公司,总资本25万元,民股占70%,公股占30%。① 其中,民股的募集,除一小部分由工商界认购外,其余均向农村募购,方式是通过区行政向村派购,而村又派到户,但认股书则是以村为单位发放的(未发正式股票),认股书以掖县为最多,黄县次之,蓬莱认股很少。因为当时根据地政权尚未巩固,群众把认股当作捐税,而认股书又不是按户发的,群众怕麻烦,认股书多数或被烧毁,或因保管不当而散失。1940年,山东战时工作推进委员会成立后,北海银行转归"战工会"领导,行长由省战工会委员兼财经处处长艾楚南兼任,洒海秋任副行长,北海银行归财经处管,二者合在一起办公。北海银行人员作了适当分工,成立了三个科:发行科由王志成、任志明负责;会计科由陈中负责;营业科开始由洒海秋负责,后由贾洪负责。此后,北海银行便在渤海、胶东、滨海、鲁中、鲁南等地相继建立了分行,并发还了民股,北海银行曾登载《大众报》声明,凡在蓬莱、黄县、掖县三县所收之民股,一律发还,并算给股息。但由于三县民股领者寥寥,后北海银行决定:自登报之日起,凡未发还之民股,皆按一本一利发还(即当初交股本10元者,一律发给股息10元,共20元),领款时须经政府开条证明,向所在县之银行领取即可。② 于是,北海银行成为了公营性质的银行。

北海银行胶东分行在1941年后打开了局面(图3-7),在东海、西海、北海、南海分别设立了支行,然后在重点县设立了办事处。4个支行中,南海支行建立最晚,1943年2月正式成立;东海支行领导6个县办事处:荣成、文登、文西、牟海、牟平、海阳;北海支行直接领导4个县办事处:蓬福(蓬莱、福山)、黄招(黄县、招远)、栖东、栖西;西海支行兼北掖办事处,直接领导4个县办事处:掖南、招远、平度、莱阳。没有银行机构的县,银行由县金库代理,再从金库分设出来,1942年建立各级农贷委员会、区农贷所,直到1944年才普遍设立县以下银行机构。③

---

① 财政部财政科学研究所编:《抗日根据地的财政经济》,北京:中国财政经济出版社,1987年,第43—44页。
② 中国人民银行金融研究所等编:《中国革命根据地北海银行史料》(第一册),济南:山东人民出版社,1986年,第31、61页。
③ 中国人民银行金融研究所等编:《中国革命根据地北海银行史料》(第一册),济南:山东人民出版社,1986年,第35—36、47页。

图 3-7　1944 年北海银行渤海分行印钞厂的劳动模范合影

3. 上党银号、冀南银行和鲁西银行

晋冀鲁豫边区是抗日战争时期中国共产党在华北建立的又一个重要的抗日根据地，是八路军前方总部和中共中央北方局以及边区政府的所在地，是华北敌后抗日游击战争的心脏和中枢。当时，朱德总司令、彭德怀副总司令、刘伯承师长、邓小平政委都驻在太行，直接领导、指挥边区军民与日寇进行坚决英勇的斗争。抗日战争胜利前夕，全边区总面积达 20 万平方千米，人口 2800 万。[①] 在抗战时期，晋冀鲁豫根据地，先后设有上党银号、冀南银行和鲁西银行三个金融机构。

上党银号是晋东南根据地设立的银号（图 3-8）。1938 年 4 月初，日寇用重兵九路围攻上党，4 月上党反围攻告捷后，为支持抗战、兴活金融、发展生产、保证军队供给、巩固根据地，在决死队、"牺盟会"及三、五专署的支持下，第三专署的秘书处和财粮科负责筹备设立了上党银号，1938 年 8 月，上党银号成立于沁县南沟村。上党银号内部设会计、发行、总务三个股，经理由太岳军区政委兼任，副经理由"牺盟会"上党中心区主任侯振亚兼任。1938 年冬，上党银号增设长治、辽县（今左权县）、沁县 3 个分号，全银号仅 30 余人，这些人穿军装，享有部队供给制待遇。1940 年，日军发动"秋季大扫荡"，沁县分号被迫停顿，人员及业务并入冀南银行。[②]

[①] 武博山主编：《回忆冀南银行九年（1939—1948）》，北京：中国金融出版社，1993 年，第 1—2 页。
[②] 姜宏业：《中国金融通史·（第五卷）新民主主义革命根据地时期》，北京：中国金融出版社，2008 年，第 140 页。

图 3-8　上党银号

上党银号于 1938 年 8 月在沁县成立。银号设在郭村刘生旺院内北楼，上下共两层十间房

1939 年 9 月 16 日，冀南行政主任公署通令宣告成立冀南银行，1939 年 10 月 15 日，冀南银行正式成立，这是抗战时期共产党在抗日根据地建立的最大的一个银行（图 3-9）。冀南银行总行设在太行黎城县小寨村，同时宣告成立的还有路东分行，路东分行设在冀南区南宫县。冀南银行总行首任行长为高捷成，熊光炳任政委，陈希愈任政治处主任；冀南银行路东分行经理由当时冀南军区后勤部部长赖勤兼任，胡景沄任副经理。冀南银行太行总行最早设立的业务机构是晋东南办事处，杨介人为主任，地址在辽县芹泉村，办事处下辖冀西、漳西、漳北三个分处。1940 年 3 月，冀鲁豫抗日民主政府在冀鲁豫区山东聊城东平湖筹建了鲁西银行，5 月，发行鲁西钞。1940 年 6 月，冀南银行在豫、鲁交界的内黄县设冀鲁豫办事处，1941 年 7 月，鲁西银行和冀鲁豫办事处两个机构一度合并。1941 年 3 月 5 日，冀南银行太岳办事处在太岳行署所在地设立。1942 年起，边区政府加强对财经工作的统一领导，建立了统一的边区财经领导机构，制定了一系列措施，实施了一系列重大决定。根据边区统一部署，银行建立了太行、太岳、冀南三个区行，各区行下辖分行。1943 年 5 月 14 日，高捷成行长在河北省内丘县白鹿角村遭敌袭击，壮烈牺牲，这是冀南银行建设过程中的重大损失。冀南军区后勤部长赖勤后接任了冀南银行第二任行长，胡景沄、陈希渝为副行长。1944 年 10 月 15 日，冀南银行太行区行与工商管理总局合署办公，双方负责人相互兼职，王兴让任总局局长兼区行行长，赖勤任总局、区行监委，胡景沄兼任总局副局长、区行副行长。1945 年 1 月，太岳行政主任公署所属工商、银行等部门合并成立

了太岳经济局，聂真任局长、行长，张茂甫同志任副局长、李绍禹同志任副行长。第二任行长赖勤在敌后的艰苦环境下，积劳成疾，由于得不到更好的治疗，于1945年6月9日逝世，这使银行再次蒙受重大损失。赖勤行长逝世后，冀南银行行长由胡景沄接任。①

图3-9 冀南银行旧址

1939年9月16日，冀南行政公署以财字17号令，宣布成立冀南银行，10月15日，冀南银行在黎城县小寨村正式成立

鲁西银行是由中共鲁西区党委与八路军一一五师及一二九师共同创建的。1940年初鲁西银行在山东省东平县土山村开始筹建，初期归八路军一一五师江东部（供给部）领导。1940年4月，鲁西行政公署成立，地址在东平湖一带，鲁西银行成为鲁西行政公署的地方银行。②鲁西银行经理由一一五师供给部部长吕麟兼任，这时的鲁西银行为鲁西根据地的银行。1941年7月，鲁西区与冀鲁豫区合并，冀南银行冀鲁豫办事处并入，此时的鲁西银行成为冀鲁豫根据地的银行，经理由张廉方担任。全面抗战后期，冀鲁豫区与冀南区一度合并，两区银行机构也随之合并，合并后的鲁西银行，由冀鲁豫工商管理局局长林海云任经理。③

4. 西北农民银行

晋绥边区，包括山西西北部和绥远（今并入内蒙古自治区）东南部广大

---

① 武博山主编：《回忆冀南银行九年（1939—1948）》，北京：中国金融出版社，1993年，第4—9页。
② 财政部财政科学研究所编：《抗日根据地的财政经济》，北京：中国财政经济出版社，1987年，第360页。
③ 姜宏业：《中国金融通史·（第五卷）新民主主义革命根据地时期》，北京：中国金融出版社，2008年，第143页。

地区，全区面积为 33.1 万平方米，人口约 320 余万。①全面抗战开始后，1937年 9 月，根据中国共产党党中央的指示，兴县知名人士（地下共产党员）刘少白创办了兴县农民银行，地点设在山西省兴县城内，11 月，兴县农民银行正式开业，这是山西省革命根据地最早设立的银行。1940 年，晋绥边区的最高领导机关晋西北行政公署成立，为解决异常困难的军政经费，晋西北行政公署曾开展了全区性的献钱、献粮、献物和扩兵"四大动员"工作。尽管晋西北民众热情捐助，但对于八路军所需的庞大军费而言，这些捐助只是杯水车薪，难以从根本上解决问题。再加之晋西北金融市场极其混乱，主要流通的货币有法币、省钞、白洋、伪币以及各式各样的土杂币，不仅市场上流通的货币非常复杂，而且交易中作为计算价值的标准货币也因人因地而异。这些都引起了根据地金融动荡，造成了根据地经济严重萧条，发行根据地本位币已是形势所迫。于是，晋西北行政公署决定以民众献交政府的 300 万元法币充当银行基金，在兴县农民银行的基础上建立西北农民银行（图3-10），发行本位币，巩固和发展根据地。②1940 年 5 月 10 日，西北农民银行在兴县正式成立，刘少白任经理，兴县农民银行随即结束。1941 年 2—3 月，西北农民银行在各专区设立了 6 个分行，在各县共设立了 1 个支行、4 个办事处、11 个代办所。1942 年，晋绥边区实行精兵简政，决定将西北农民银行与西北贸易总局合并，由晋西北行政公署副主任牛荫冠兼任银行经理和贸易总局局长，直到 1945 年抗战胜利。③

（a）兴县农民银行旧址——兴县城内　　（b）西北农民银行大门——兴县城内孙府前一个院子

图 3-10　西北农民银行

---

① 郝建贵、郝品：《抗战时期的西北农民银行》，《山西文史资料》1999 年第 1 期，第 162 页。
② 光梅红：《西北农民银行成立原因探析》，《山西档案》2008 年第 2 期，第 53—55 页。
③ 姜宏业：《中国金融通史·（第五卷）新民主主义革命根据地时期》，北京：中国金融出版社，2008 年，第 145—146 页。

三、华中抗日根据地银行体系的建立与发展

在华中，新四军不仅在我国最富饶的中部地区陆续建立了苏北、苏中、苏南、淮北、淮南、皖中、鄂豫皖、浙东等抗日根据地，在江淮河汊间的广大地区开展了艰苦卓绝、机动灵活的游击战，而且，从1940年起，新四军先后成立了苏北淮海区的淮海地方银行和盐阜区的盐阜银行、苏中区的江淮银行、淮北区的淮北地方银号、淮南区的淮南银行、皖中区的大江银行、鄂豫皖区的豫鄂边区建设银行，以及苏南区的江南银行和浙东区的浙东银行。1945年8月，华中区各个根据地连成了一片，以上银行合并成立了华中银行，并在华中8个行政区内成立了分行，在各县市设立了支行或办事处，在较大集镇设立了分理处，从而建立了华中区统一的金融体系。新四军采取灵活策略，抵制敌伪钞票，保护人民财产，发展抗战经济，保障军需民用，使敌后抗日根据地的金融斗争如同军事斗争一样，在经济上起到了中流砥柱的作用。

1. 盐阜银行和淮海地方银行

盐阜银行和淮海地方银行是苏北根据地的银行。"皖南事变"后，八路军第五纵队改编为新四军第三师，1942年，中共苏北区党委和苏北军区成立，并分别建立盐阜区行政公署和淮海区行政专员公署，黄克诚任苏北区党委书记。1942年4月10日，在盐阜区行政公署的领导下，盐阜银行正式成立，4月16日正式营业，行址设在阜宁县陈集北面的岔头庄，由盐阜区行政公署财经处处长骆耕漠兼任董事长并暂兼行长（图3-11）。1942年8月10日，在淮海区行政专员公署领导下，淮海地方银行成立，当日正式开业。1942年冬，反"扫荡"后，淮海地方银行停业。①

2. 江淮银行、惠农银行和江南银行

江淮银行是苏中根据地的银行，而惠农银行和江南银行则是苏南根据地的银行。1940年春，刘少奇在淮南给华中地区将来要建立的金融堡垒定名为"江淮银行"，事后因战争频繁，华中地区还未连成一片，江淮银行还不具备建立银行的条件。1941年1月的"皖南事变"以后，中共中央军委立即作出反应，决定在苏北盐城重建新四军军部，在华中建立了八个战略区，使华中抗日根据地从总体上连成一片，有了广阔的容纳货币流通的市场，在华中的江淮大地已基本具备了建立银行和发行货币的条件。因此，新四军军部根据

---

① 姜宏业：《中国金融通史·（第五卷）新民主主义革命根据地时期》，北京：中国金融出版社，2008年，第152—153页。

图 3-11　骆耕漠（1908—2008）

骆耕漠曾任盐阜行政公署财经处处长、兼盐阜银行董事长、并暂兼银行行长

中共中央和刘少奇的指示，指派朱毅等积极筹建江淮银行。经过积极周密的筹建和准备，1941年4月1日，新四军军部在盐城隆重召开了江淮银行开幕大会，以此宣告江淮银行在盐城正式成立，会议任命朱毅为江淮银行行长，任命李人俊为副行长，5月份又任命骆耕漠为副行长。江淮银行成立后，与军部直属财政经济部合署办公，行址设在盐城中山西路（原盐城剧场路15号问渠巷北）。江淮银行的职员有三个来源：一是军部调派的党政财经干部；二是上海地下党选送来熟悉银行业务的同志；三是军部抗大五分校女生队队员。[①] 1941年6月，江苏省如东县栟茶镇建立了江淮苏中分行，当年夏季反"扫荡"胜利后，江淮苏中分行改为了江淮银行总行，受新四军第一师、苏中军区和苏中行政公署领导；总行以下，军分区和专员公署设支行，县和县级行署设办事处。

1942年10月，惠农银行由苏南地区抗日民主政权财政经济处创建，行址设在丹阳延陵地区，行长由江南财经处处长李建模兼任。1943年10月，惠农银行停止工作。1944年年初，江南行政公署为适应根据地流通的需要，着手筹建江南银行，1945年4月，江南银行正式建立。1945年9月，根据国共两党协议，中共中央电令新四军部队北撤，江南银行在北撤中停止工作。

3. 淮北地方银号与淮南银行

淮北地方银号是淮北苏皖边区根据地的金融机构。地处豫皖苏鲁地区的

---

① 孙礼新：《浅谈江淮银行的成立及其机构演变》，《中国钱币》2011年第3期，第67—68页。

淮北抗日根据地，最大范围曾经达到河南东部、安徽北部、江苏西北部与山东南部，也就是淮河以北、运河以西、陇海路以南、京汉路以东的广大地区。① 为了有组织地与敌伪进行斗争，1940 年 11 月，淮北地方银号开始筹设，1942 年 5 月，淮北地方银号正式建立，总号设在淮北行政公署，以彭雪枫、邓子恢、刘子久、刘玉柱、雷明、陈醒、资风、谢胜坤和刘瑞龙等 9 人为董事，并举刘瑞龙为董事长，雷明为副董事长，陈醒为经理，资风为副经理（图 3-12）。银号先后发行了壹角、伍角、壹元、贰元、伍元、拾元、贰拾元等 7 种面额，32 种版面的淮北地方银号币，通称抗币。②

图 3-12　抗战时期新四军淮北地方银号印钞厂的全体同志合影

淮南银行是淮南根据地的金融机构。1941 年底，淮南银行在淮南行政公署的领导下开始筹备，1942 年 2 月，淮南银行正式成立，行址设于盱眙县葛家巷，先后在高邮、六合、嘉山、盱眙、甘泉、高宝等县设立支行。

4. 大江银行

皖江革命根据地位于安徽省中部地区，建立于"皖南事变"之后的 1941 年 5 月。太平洋战争爆发后，伪中央储备银行成立，它滥发中储票，排挤法币，国统区通货膨胀日益加剧，日伪也加剧利用纸币来掠夺根据地物资，根据地深受其害，货币斗争日趋尖锐。随着部队的扩大，根据地发展了，1942 年 5 月 13 日，根据地成立了"皖中行政公署"，下辖无为、巢县、桐城、和县、含山、繁昌等县及其他地区，主任为吕惠生。皖中行政公署成立不久，曾希圣就指示财经处要迅速建立自己的银行，发行抗币，排除根据地流通的

---

① 朱超南、杨辉远、陆文培：《淮北抗日根据地财经史稿》，合肥：安徽人民出版社，1985 年，第 2 页。

② 朱超南、杨辉远、陆文培：《淮北抗日根据地财经史稿》，合肥：安徽人民出版社，1985 年，第 39—40 页。

伪币和法币。1942年8月30日,《大江报》发出消息,正在积极筹备"大江银行"。不久,大江银行在团山李大榆村,即皖中行政公署财经处所在地宣告成立,与总金库、财粮科合在一处办公,由财经处处长叶进明任行长,金贯一、徐德明为副行长,内设发行科、营业科等,主要任务是发放大江币,收兑伪币和法币。1943年反"扫荡"胜利后,根据地扩大并巩固,这时大江银行就搬到了皖江贸易局所在的汤家沟。[①]

大江银行设董事长1人,副董事长1人,经理1人,副经理1人,副经理下又下设协理1人。银行内设五科一库,即会计科、营业科、统计调查科、发行科、秘书科和金库,并发展到150余人,8台石印机、2台铅印机和1台胶印机,纸张、印钞材料及技术工人均得到了上海地下党的有力支持。大江银行1945年10月结束营业,历时三年零两个月。[②]

5. 鄂豫边区建设银行

鄂豫边区初创时期,还没有建立统一的边区人民政权,也没有自己的金融机构,边币尚未发行,币制不一,金融混乱,物价飞涨,老百姓不堪其苦。为了整顿金融,稳定物价,1940年秋至1941年底,鄂豫边区抗日民主政权成立,它成立后即着手建立金融机构,发行边币。1941年4月1日,边区第二次军政代表大会在湖北京山向家冲开幕,提出《创办边区建设银行集资发展边区各种生产事业》的提案。边区建设银行资本数额定为100万元,其中,发行救国建设公债50万元,招募民股20万元,政府于税收项下拨发30万元。边区政府规定银行营业特权及种类:①发行法币兑换券100万元,②代理各县之金库收支事项,③贷放各种生产事业上必须之资金,④对各有利于人民抗战的事业进行投资,⑤办理边区汇兑,⑥代理边区行政公署救国建设公债之发行及其还本付息之事项。大会之后,边区政府在新成立的边区行政公署之下设立了鄂豫边区建设银行,银行归行署财政处直接领导,总行开始设在京山,后来转移到大悟山。银行在信阳、襄南、鄂中、黄冈、鄂东等专区都设有分行,少数县还成立了办事处。另外,还有三个印钞厂,分行办事处直接隶属当地党政领导。[③]

6. 浙东银行

浙东银行是浙东根据地的银行。1945年1月,浙东各界临时代表大会决

---

① 应兆麟主编:《皖江抗日根据地财经史稿》,合肥:安徽人民出版社,1985年,第160页。
② 任思玉:《大江银行的历史考查和现实意义》,《金融管理与研究》1992年第2期,第59页。
③ 刘跃光、李倩文主编:《华中抗日根据地鄂豫边区财政经济史》,武汉:武汉大学出版社,1987年,第61页。

定设立浙东银行，4月1日，银行正式成立并开始营业，行址设在余姚梁弄镇行政公署所在地（图3-13），分支机构有三北、余姚两个支行。1945年9月下旬，浙东抗日根据地部队奉令北撤，浙东银行即停止工作。

图 3-13　浙东银行旧址
浙东银行旧址位于浙江省余姚市梁弄镇横坎头村

在全面抗战时期，各根据地银行的成立和本位币的确定，标志着共产党领导的抗日根据地作为相对独立的社会，已走上巩固发展的道路。经过全面抗战时期，中国共产党在各抗日根据地废除了高利贷剥削为主体的旧式金融体系，建立了以银行为核心的新式金融机构，逐渐构建起了属于自己的独立的根据地金融体系。这一体系与传统的旧式金融体系相比较，体现出了某些现代金融的特征。

第四章 全面抗战时期中国现代金融制度的发展

全面抗战爆发前，中国广大的西部地区以及农村地区，由于经济的落后和社会的闭塞，民族资本主义工业发展缓慢，现代化金融业的发展则更为迟缓，虽然出现了少数现代化的金融机构，但从制度层面上讲，并没有建立起现代化的金融制度。

在西南、西北大后方，全面抗战爆发后，随着国民政府迁都重庆，东部沿海地区大量新式金融机构内迁，国民政府将现代金融制度外在强制性地移植到了西部地区，这些都带动了西部地区金融业从传统向现代化的转变。国民政府通过改组四联总处，逐步建立了一个以四联总处为核心的、具有高度垄断性的战时金融统制体制。由此，中国得以集中全国金融之力量支持抗战，为确保战时财政军需、夯实抗战基础提供了重要保障。与此同时，面对复杂多变的战时环境，国民政府财政部已无法再单独承担其对战时金融的监管职责，而伴随着四联总处的改组、中央银行地位的提升、职能的完善，国民政府财政部亦开始具备实施金融监管的职能，由此一个以财政部、四联总处、中央银行三者间互为分工、互为补充的多元化金融监管制度得以形成。在金融法规方面，国民政府战时金融法规的制订，因战时环境的变化，经历了一个由草创到日益完备的过程，形成了一个较为完整的具有现代化性质的战时金融法规体系。

共产党建立的各抗日根据地，不仅建立了自己的抗日民主政权，为了发展经济，支援战争，各根据地还建立了自己的银行，银行除发行货币和开展对敌货币斗争外，还办理存款、放款、汇兑和金融市场管理等业务工作，同样形成了一套适合战争环境的货币金融体系，制定了相应的金融法规管理制度。

全面抗战时期，国民政府在大后方，共产党在抗日根据地，分别建立起一套金融统制政策，有效地调动了国统区和根据地的财力和物力来支援抗战。战时金融法律制度，为金融动员的准备与实施提供了基本依据和保证，使战时国民政府能组织实施高效的金融动员和保障，从而支撑了中国的全面抗战，最终夺取战争的胜利，可以说，它是通过影响国统区经济而影响到战争的整个进程和结局。全面抗战时期，战时金融统制的成败得失，也为现在中国完善紧急状态立法和推进金融制度现代化提供了极具意义的启示。

第一节　全面抗战时期国民政府的金融统制

统制经济的思想，是国民政府由来已久的一个重要思想，金融统制是经济统制的重要一环。国民政府从华东、华南一直退到西南、西北，喘息方定，遂把建立和完善战时金融经济体制提上重要议事日程。在设计这个体制时，国民政府始终把金融放在极其重要的地位，它认为："国家在战时，其经济能力之能否持久，为最后胜利之关键，而经济能力之能否配合军事之发展，又有赖于其机关之健全独立以及灵活运用。"要达此目的，在战争状况下就必须有一权威机关执掌金融中枢。[①] 于是，国民政府通过改组强化四联总处的职能、着力提升中央银行的地位等一系列措施，确立了对战时金融业的统制，有利于发挥金融服务于战争的作用。

一、四联总处与战时金融统制制度的建立

全面抗战爆发后，随着战事的深入，特别是武汉、广州沦陷后，中国对外联系的直接海上通道断绝了。同时，日本不断通过发动货币金融战、抢购国统区战略物资等方式，意图撼动国民政府进行抗战的经济基础，摧毁其抵抗意志。在此环境下，国民政府逐渐认识到其生存的关键在于大后方经济金融的长期稳固，从而逐步确立了战时统制经济的政策方针。

1937年7月下旬，在一次由军政各方参与的总动员会议上，国民政府确立了实施战时统制经济的原则，并明确了分工与负责单位。1938年3月，国民党临时全国代表大会通过了《抗战建国纲领》与《非常时期经济方案》等纲领性文件，初步确立了实施战时统制经济的方针。1939年1月，国民党五

---

① 伍野春、阮荣：《蒋介石与四联总处》，《民国档案》2001年第4期，第93页。

届五中全会通过了"实施统制经济,调节物质生产消费"的政策方针,并逐步确立了对战时粮食、棉花纱布、工业器材、外销物资等战略物资的统制,国民政府推行统制经济的步伐加快。[1]国民政府对战时金融的统制,肇始于1937年8月财政部所颁布的《非常时期金融安定办法》,该办法通过限制储户提存等方式,对稳定抗战初期金融,保障和维护银行、钱庄不至于因存户无限制提存而搁浅,发挥了重要作用。[2]与此同时,鉴于中央银行未能有效担负国家银行的职能,不能灵活指挥其他国有行局及省地方银行,为统一指挥各金融机构的业务活动,集中资力以充分发挥战时金融的作用,国民政府急需建立一个战时金融中枢来作为指挥,由此,也就有了1939年四联总处的第一次改组。四联总处改组之前,职责范围较为狭窄,仅为四行代表共同研讨及指导四行联合业务的场所,实为一个负责四行间联络和协调彼此业务的松散的办事机构,根本无法担负起战时金融中枢的角色。[3]

1939年9月,国民政府颁布《战时健全中央金融机构办法纲要》,对四联总处进行了第一次改组。改组后的四联总处的性质发生了巨大变化,四联总处不仅成为了一个事权高度集中的、具有崇高权威性的战时金融中枢机构,而且它开始涉及战时其他经济领域,可谓是国民政府"战时经济的大本营"。

首先,就其组织机构而言,改组后的四联总处组织机构更趋完善,权威性提高。改组后的四联总处设理事会,由蒋介石任主席,孔祥熙、宋子文、钱永铭为常务理事,翁文灏、张嘉璈、徐堪、陈行、周佩箴、叶琢堂、贝祖贻等为理事。上述的人员任命,使得四联总处不仅集四行首脑于一体,更是集军委会委员长、行政院院长、财政部部长、经济部部长和四行一局(中央信托局)首脑于一堂,四联总处的地位与权威已经非其昔时及一般经济机关可比拟。[4]理事会作为四联总处最高的决策与执行机关,其职责主要在于决定政策、指示方针、考核工作等,理事会每周举行一次例会,以提案讨论的形式,对上至经济、金融计划,下至贴放、投资个案,进行决策讨论。根据记载,仅1939—1940年一年间,理事会共举行例会46次,临时会议1次,议案共计1336件,其中重要者9件,9件重要议案主要包括《经济三年计划案》《金融三年计划案及廿九年度实施方案》《设立战区经济委员会案》等关系整

---

[1] 张海鹏主编:《中国近代通史》(第9卷),南京:江苏人民出版社,2013年,第137—138页。
[2] 李飞、洪葭管等主编:《中国金融通史》(第4卷),北京:中国金融出版社,2008年,第319—320页。
[3] 重庆市档案馆等编:《四联总处史料》(上),北京:档案出版社,1993年,第54页。
[4] 黄立人:《四联总处的产生、发展和衰亡》,《中国经济史研究》1991年第2期,第48页。

个金融经济的重要决策案件。此外,四联总处理事会下设秘书处、战时金融委员会、战时经济委员会等机构,其中秘书处设秘书长、副秘书长各一人,由主席任命,负责日常事务,徐堪、刘攻芸、顾翊群、徐柏园曾分别于1939年、1942年、1945年、1946年任该处秘书长一职。① 此外,秘书处还下设文书、统计两科,分别负责文牍、会计、庶务,以及其他各项业务统计等事项。战时金融委员会分设发行、贴放、汇兑、特种储蓄、收兑金银等五处,后增设农业金融处,它们主要负责四行联合货币发行准备的审核,券料的调剂及小额币券的支配,四行联合承办的押款、押汇、透支,四行内地与口岸之间汇款的调度,外汇申请审核,特种储蓄的推行,收兑金银,以及办理农贷等事宜,其委员由主席于理事中指定若干人组成。战时经济委员会分设特种投资、物资、平市等三处,主要负责四行战时特种生产事业的联合投资,物资的调剂以及平价等事宜,其委员构成,亦由主席于理事中指定若干人组成。② 此外,两会所属的六处均附设有审核委员会或设计委员会,由各机关代表及指派专家组成,专门审核或计划该处业务,并负责研究该处提交理事会的议案,提出审核和研究意见,供理事会讨论时参考。这样做,四联总处一方面可以集合全国优秀专家学者之智力以服务于抗战经济金融之建设;另一方面则可以保证决策之科学性,避免决策失误的产生,可谓有其深意。这也从一个侧面反映了四联总处在当时国民政府进行经济金融统制活动中的重要地位。

其次,就四联总处与四行的关系来看,根据《战时健全中央金融机构办法纲要》规定,四联总处负有"办理战时金融政策有关各特种业务"的责任,理事会主席亦被赋予在"非常时期内对中央、中国、交通、中国农民四银行可为便利之措施,并代行其职权"的权力,由此,四联总处一改改组前作为四行间联络协调之角色,一举获得了对四行进行指导、监督、考核的权力,俨然成为四行的上峰机关。

最后,从四联总处的任务来看,改组后的四联总处职能广泛,不仅负有对战时金融进行管制的职责,亦对战时物资的调配、物价的平抑等握有相当权力,细而分类主要包括:全国金融网之设计分布,资金之集中与运用,四行发行准备之审核,受托小额币券之发行与领用,四行联合贴放,内地及口岸间汇款之审核,外汇申请之审核,战时特种生产事业之联合投资,战时物资之调剂,收兑金银之管理,推行特种储蓄,四行预决算之复核,以及四行其他

---

① 姜宏业:《四联总处与金融管理》,《中国经济史研究》1989年第2期,第121页。
② 重庆市档案馆等编:《四联总处史料》(上),北京:档案出版社,1993年,第69页。

合办事项等①,此外,战时国统区农贷之开展,亦属四联总处的职权范围之内。

由此可见,与改组前相比,改组后的四联总处,无论从其组织机构、人员构成,还是从其职能上已经发生了重大转变,它不仅成为战时指导、监督、调控国统区财政金融的中枢,且具有超越国民政府财政金融及经济机关的性质,实为战时"经济作战之大本营",它的改组亦标志着国民政府战时金融统制制度的初步形成。②

1941年,太平洋战争爆发后,日军迅速侵占东南亚地区,特别是进入1942年后,由于对外交通断绝,我国经济形势为之一变:商货来源顿缺,物价波动更显剧烈,加之四联总处与财政部之间在金融行政方面职权重叠,彼此之间周折多有不便,金融管制此时显得尤为重要。③为此,有人提出两种建议:其一,划一事权,将所有事项皆归财政部主办,四联总处不妨解散;其二,将四联总处定位为四行联合投资的放款机构,由四行划出一部分资金集中运用,以协助生产,配合物资管理部门进行工作。④在此环境下,为求得战时经济管理事权的统一,避免不同部门间职能重叠、政出多门现象的产生,四联总处遂于1942年9月进行了第二次改组。

1942年9月,四联总处正式进行第二次改组,此次改组与第一次改组相比,四联总处权限职能略有下降,更加偏向于对战时金融的统制。

首先,就其职能而言,此次改组后的四联总处更加偏向于对战时金融事务的管理与监督,四联总处似已成为专业化的金融管理机关。四联总处的职能主要包括对全国金融网的设计分布,各行局人员的训练与调整,各行局开支审核与预决算的复核,法币发行的调度与发行准备的审核,吸收存款,推行储蓄的指导考核,投资放款、农贷、汇款的审核与查考,此外,还包括协助财政部管理一般金融事项,及其他与战时金融政策有关的事项。

其次,就其组织结构而言,理事会层面除原有成员外,另新加入交通部、粮食部代表。同时,此次改组承继了此前增设副主席的决定,并对副主席的职责进行了明确规定,规定指出副主席拥有"在非常时期内全权处理中央、中国、交通、农民四行及中信(中央信托局)、邮汇(邮政储金汇业局)两局的业务事务,必要时可为便宜之措施,并代行其职权"的权力。总体来说,副主席的权力与原主席的权力相当。加之,蒋介石因公务繁忙,此后极少

---

① 洪葭管主编:《中央银行史料》(下),北京:中国金融出版社,2005年,第770—773页。
② 陈雷:《国民政府战时统制经济研究》,河北师范大学博士学位论文,2007年,第113—114页。
③ 章伯锋、庄建平主编:《抗日战争》(第五卷),成都:四川大学出版社,1997年,第39页。
④ 四联总处秘书处编:《四联总处重要文献汇编》,台北:学海出版社,1970年,第41页。

出席和主持四联总处理事会会议，从而导致副主席实际取代了主席的地位，副主席成为了四联总处新的核心。此外，战时原金融、经济两委员会合并为战时金融经济委员会，战时金融经济委员会下设发行、储蓄、放款、农贷、汇兑、特种等六小组委员会，原有的物资之调剂、平价的职能，也因物资处、平市处的撤销而丧失，新设的战时金融经济委员会便得以专注于金融事务。

最后，就四联总处与四行的关系而言，经过此次改组，四联总处对四行的统制明显加强。四联总处监管的内容涉及各行局的人员训练，法币发行的调度，储蓄的推行，开支、预决算及放款、农贷、汇款等的审核与查考等各个方面。与此同时，中央信托局、邮政储金汇业局亦被纳入四联总处的统制监管范围之内。至此，四联总处完全确立了对国有行局的统制地位，而鉴于此时国民政府通过其所主导的四行二局已完全确立了政府对国统区的金融垄断地位，由此四联总处通过加强对四行二局的统制力度，又进一步强化了对战时金融领域的监管力度。经过此次改组，四联总处褪去了第一次改组时的"战时经济大本营"的光环，成为一个颇具专业化姿态的金融统制机关。

总之，作为国民政府战时进行金融统制的主要机关，四联总处在协助政府稳定战时金融、经济方面发挥了重要作用，对推动西部地区的开发与建设，促进中国战时金融业的发展发挥了积极作用。据统计，仅1941年，四联总处共审计贷款840件，核定放款155 053万元，年终放款余额达122 570万元，放款主要用于工业、交通运输业、矿业等重点行业的发展，对促进战时经济的发展、缓解企业资金紧张状况做出了突出贡献。同时，在四联总处的积极推动下，中央银行、中国银行、交通银行、中国农民银行在大后方得到了快速发展。1937—1942年间，四行先后在四川、西康、贵州、云南、广西、陕西、甘肃、宁夏、青海、重庆等省市设立分支机构共289个，其中中央银行54个，中国银行106个，交通银行57个，中国农民银行72个。各行存款余额也呈现快速增长的态势，如将1938年与1937年间中央银行与中国银行存款余额进行比较，可以看出，中央银行存款由6.6亿元增至9.6亿元，中国银行由9.2亿元增至12.5亿元，增幅分别达45%、35.9%，在当时环境下这不得不说是一种奇迹。①

---

① 李飞、洪葭管等主编：《中国金融通史》（第4卷），北京：中国金融出版社，2008年，第388页，第407—408页。

二、中央银行职能的强化与战时金融统制制度的加强

中央银行一般被认为是一国金融体系中居于主导地位的金融机关，它通常担负着制定和实施国家货币政策、监督管理金融业及其活动、控制货币流通及信用活动的重任，其性质、地位、基本职能以及与此相关的资本构成、组织结构、业务范围等，大都依据各国法律规定而确定。[1] 一般而言，中央银行职能大体包括三个方面，即调控职能、金融监管职能与服务职能；业务范围主要包括货币发行、收存存款准备金、充当最后贷款人、为政府提供金融服务、集中保管黄金和外汇、主持全国各银行之间的清算以及监督各金融机构的活动等几个方面。[2]

全面抗战爆发前，在1928年10月，国民政府通过了修订后的《中央银行条例》，1928年11月1日，中央银行在上海正式成立，标志着中国近代史上真正意义上的中央银行诞生了。然而，囿于环境等的影响，中央银行的职能并未得到有效发挥，正如时人所言，"中央银行在困难之环境下繁荣滋长，虽已粗具规模，但如期其早日完成控制金融之效果，仍极端困难"[3]。正是基于"当时中国尚未有一名副其实之银行制度，故金融业常遇苦难"[4] 这一考量，自1936年6月起，国民政府开始了改组中央银行为中央储备银行的讨论。就该银行的性质而言，正如时任财政部部长的孔祥熙在致中国驻美大使施肇基的电文中所言："改组中央银行为中央储备银行，性质为各银行和一般公众所公有，它将是一个独立机构。改组后的银行将掌握银行系统的准备金，代理国库，为银行之银行，享有发行特权。"[5] 从这一电文中，我们不难看出，中央储备银行实为中央银行的完善版，该行相对于中央银行不仅将拥有更加独立的地位，亦享有发行货币的专利权，为银行之银行，如若实施，将为中国中央银行制度的一大完善。1937年6月，国民政府立法院通过了《中央储备银行法》草案及改组中央银行的过渡办法，《中央储备银行法》草案完全继承了孔祥熙电文中所列中央银行的职能，肯定了中央储备银行作为中央银行的地位，其职能与拟改组的中央银行相比更加完备，实为我国中央银行制度史上的一大进步。然而该法案颁布不久，全面抗战爆发，使得这一本来"对

---

① 沈炳熙：《中央银行》，海口：海南出版社，1999年，第1页。
② 陈燕主编：《中央银行理论与实务》，北京：北京大学出版社，2005年，第54页。
③ 银行学会编：《民国经济史》，北京：京华书局，1967年，第7页。
④ 洪葭管主编：《中央银行史料》（上），北京：中国金融出版社，2005年，第250页。
⑤ 洪葭管主编：《中央银行史料》（上），北京：中国金融出版社，2005年，第248页。

中国财政、经济制度可以大有作为"的银行"也就永远不能实现"①，该方案的破产，亦实为中国中央银行制度的一大挫折。也正是鉴于此次改组的破产，中央银行无法担负抗战时期中国金融的中枢这一重要职责，国民政府不得不改组四联总处，以履行中央银行的职能，来维护中国战时金融经济秩序的稳定。

全面抗战爆发后，特别是1939年后，在四联总处的大力扶植下，中央银行在大后方得到较快发展，职能亦渐次完备。截至1942年年底，中央银行共设有分支机构250处，其中国外有19处，连同总处共计270处，其中属于战时新设立的有220处。②就其职能而言，中央银行的职能与战前相比更加完备，中央银行的制度也得到确立，1942年后，中央银行更是逐渐取代了四联总处，成为金融监管的主体。细而论之，我们可以从如下几个方面加以说明：

（1）中央银行统一代理国库。1938年6月9日，国民政府颁布《公库法》，对以往国库管理制度进行了较大幅度的改革。在政府收入方面，《公库法》规定政府总预算范围内的一切收入及预算外的收入，以现金、票据、证券缴纳者，均由代理公库的银行或邮政机关代收，并加以妥善保管。这改变了以往由税收机关征收后再转交代理银行的模式，而是由纳税人直接缴纳于代理国库的银行。在支出方面，《公库法》规定国家的一切经费支出，亦由代理国库的银行直接签发支票，支付于所需机关。③1941年11月，国民政府公布《改订财政收支系统实施纲要》，决定对财政体系进行调整，取消省级财政，并将其并入国家财政系统之中。④1941年12月6日，国民政府颁布《国库统一处理各省收支暂行办法》，规定各省收支划归中央统筹后，由国库统一处理，具体原则依据《公库法》办理。⑤同年，海关税收款项亦归并入国库之中。由此，中央银行完全获得了对省级财政和海关税收的代理权，代理国库范围日益扩大。1942年，在四行实行专业划分后，财政部又授予中央银行总行国库局统一经理所有国民政府所发行的内外债的权力。⑥至此，中央银行代理国库的职能臻于完备。

---

① 洪葭管主编：《中央银行史料》（上），北京：中国金融出版社，2005年，第257页。
② 重庆金融编写组编：《重庆金融》（上），重庆：重庆出版社，1991年，第124页。
③ 重庆市档案馆编：《抗日战争时期国民政府经济法规》（上册），北京：档案出版社，1992年，第341、343页。
④ 陆仰渊、方庆秋：《民国社会经济史》，北京：中国经济出版社，1991年，第545—548页。
⑤ 重庆市档案馆编：《抗日战争时期国民政府经济法规》（上册），北京：档案出版社，1992年，第355页。
⑥ 重庆金融编写组编：《重庆金融》（上），重庆：重庆出版社，1991年，第116页。

（2）中央银行统一发行货币。1935年法币改革后，中央、中国、交通、中国农民四行均享有货币发行权。全面抗战爆发初期，国民政府奉行所谓"温和"的通货膨胀政策，意图通过扩大货币发行量，以应对日益庞大的军费需求。以1939年为例，该年度国民政府财政支出为306 225万元，而其税收收入则仅为48 361万元，其税收收入只相当于财政支出的15.8%，银行垫款为231 059万元，银行垫款占财政支出的75.5%。[1] 由此可见，增大货币发行量，实行通货膨胀政策，无疑成为国民政府此时应对庞大财政支出的无奈选择。此后，随着太平洋战争的爆发，大后方对外联系的通道几近断绝，国外输入物资除依靠少量空运外，运输几乎停顿，大后方物资严重匮乏。加之，上海、香港两地陷落后，游资涌入大后方等诸多因素影响，1942年后，大后方通货膨胀更加严重。为此，1942年5月28日，四联总处奉蒋介石"饬对统一发行及调整四行业务详加研讨，拟具实施办法"的手令，召开临时理事会议，审议《统一发行办法》及《中中交农四行业务及考核办法》。[2] 1942年6月11日，财政部颁布《统一发行办法》，规定：自1942年7月1日起，所有法币的发行统一由中央银行办理。中国、交通、中国农民三行至1942年6月30日之法币发行准备金，应于7月31日前全数移交中央银行接收，并由中央银行贴还40%的保证准备利益，按照月息五厘计息，以三年为限。[3] 1942年6月18日，四联总处审议通过了《统一发行实施办法草案》，对统一发行的具体事宜作了较为细致的规定。该办法的颁布，标志着中央银行统一发行制度的确立，其意义不言而喻，正如张嘉璈在其著作《中国通货膨胀史（1937—1949)》中所言，"此举纠正了中国的银行制度有史以来所存在的最大缺陷"[4]，实为我国货币发展史上的一大进步。

（3）四行专业化，强化中央银行职能。在完成统一发行的布置后，四联总处对中央银行、中国银行、交通银行、中国农民银行四行的业务进行了重新划分。1942年6月24日，四联总处通过了《中、中、交、农四行业务划分及考核办法》，决定对中央、中国、交通、中国农民四个银行的业务进行更加细致、明确的划分。根据办法规定，中央银行的主要业务是：集中钞券发行，

---

[1] 陆仰渊、方庆秋：《民国社会经济史》，北京：中国经济出版社，1991年，第544页。
[2] 银行学会编：《民国经济史》，北京：京华书局，1967年，第7—8页；洪葭管主编：《中央银行史料》（下），北京：中国金融出版社，2005年，第803页。
[3] 重庆市档案馆等编：《四联总处史料》（中），北京：档案出版社，1993年，第40—41页。
[4] 张公权著，杨志信译：《中国通货膨胀史（1937—1949)》，北京：文史资料出版社，1986年，第159页。

统筹外汇收付，代理国库，汇解军政款项，调剂金融市场等；中国银行的主要业务是：受中央银行之委托经理政府国外款项之收付，发展与扶植国际贸易，并办理有关事业之贷款与投资，受中央银行之委托经办出口外汇及侨汇业务，办理国内商业汇款，办理储蓄信托业务等；交通银行的主要业务是：办理工矿交通及生产事业之贷款与投资，办理国内工商业汇款，公司债及公司股票之经募或承受，办理仓库及运输业务，办理储蓄信托业务等；中国农民银行的主要业务是：办理农业生产贷款与投资，办理土地金融业务，办理合作事业之放款，办理农业仓库信托及农业保险业务，吸收储蓄存款等。经过此次分工，四行尤其是中国、交通、中国农民三行的业务大体固化，且因之前统一发行办法三行丧失了货币发行权，从而导致三行今后在资金调剂及头寸调拨等方面不得不受制于中央银行。此外，根据分工，中央银行获得了统筹外汇收付的权力，所有外汇集中由中央银行调拨。如此，中央银行不仅掌握了货币发行的专利权，亦掌控了大后方外汇的收付，其垄断性得到增强。

（4）集中银行存款准备，建立统一的清算制度。集中银行存款准备，本为中央银行的一个重要业务，然而，在全面抗战前，国民政府虽屡次要求各银行提交银行存款准备，但实际情况却是该项业务由于种种原因影响，并未得到有效实施。1940年8月7日，财政部公布《非常时期管理银行暂行办法》，规定："银行经收存款，除储蓄存款应照《储蓄银行法》办理外，其普通存款，应以所收存款总额的20%为准备金，转存当地中、中、交、农四行任何一行，并由收存行给以适当存息。"[①] 1941年4月，四联总处鉴于《非常时期管理银行暂行办法》对于收缴存款准备金的规定过于简略，经第72次理事会审议，通过了七项补充办法，对收缴存款准备金的相关情况，进行了较为详细的规定：存款准备金的缴存，应先在四行分支行处所在地举办。所在地如设有中央、中国、交通、中国农民四行，首选以中央银行为负责承办行；如无中央银行，以中国银行为负责承办行；无中国银行，则以交通银行为负责承办行；如果该地仅有四行中之一行者，即由该行负责承办。对于四行所收存款准备金的比例，如在四行均设有分支行处的地方，中央、中国、交通、中国农民四行分配比例为35%、30%、20%、15%；在三行（即中国银行、交通银行、中国农民银行）设有分支行处的地方，分配比例为40%、30%、30%；在二行（即交通银行、中国农民银行）设有分支行处的地方，分配比例为60%、40%；

---

① 中国第二历史档案馆等合编：《中华民国金融法规档案资料选编》（上册），北京：档案出版社，1989年，第642页。

在一行（即中国农民银行）设有分支行处的地方，则完全由该行承办。该办法还规定，省地方银行的存款准备金，应缴存于该总行所在地的承办行。商业银行的存款准备金，除就近缴存于该行所在地的承办行外，还可以汇总缴存于指定地方之承办行。①

《非常时期管理银行暂行办法》关于存款准备金及补充办法的出台，首次明确表明了银行存款准备金应交由中央银行集中保管，并对其提交的具体方式、比例乃至处罚方式等诸多内容作了较为细致的规定，进而付诸实施。据统计，截至1941年底，各地行庄按照规定缴纳准备金的共178家，包括重庆、成都等19个市县，共缴纳准备金余额4 7161 829.98元②，此实为我国金融制度史上的一大突破。但其不足之处亦为明显，它并未实现现代中央银行制度中存款准备金由中央银行集中保管的制度架构，中国银行、交通银行、中国农民银行、中央信托局、邮政储金汇业局等国有行局仍旧保存着各自的存款准备金，此实为本办法的一大缺憾，也为今后的改革埋下了伏笔。

1942年6月，四行实现了专业化划分：对于存款准备金情况，财政部规定，由中央银行负责保管存款准备金，中国、交通、中国农民三银行应将所摊存的存款准备金全部转交中央银行保管。如当地无中央银行分支行处，则中央银行委托一行代理，并应将其所代理的存款准备金交由临近的中央银行分支行处保管。③然而对于财政部的此项规定，三行并未实施，而是以种种所谓"使命特殊"等借口，拒不交出所摊存的存款准备金。鉴于此，1943年3月，财政部对原有规定加以变通，规定三行及中信、储汇两局一律将头寸存入中央银行，且不得彼此存放或存于其他行庄，这符合各行局资金集中于中央银行之原则。④此次变通，并未结束三行与中央银行间关于存款准备金的纷争，并且，三行间不时仍有彼此存放头寸之事发生，为此，1944年10月，蒋介石以"代电"严令："三行和二局的所有头寸，概应存入中央银行，绝对不准再有存入（其他）银行之事，否则无论有无舞弊之事，概以违令论处。"⑤在此严令下，中国、交通、中国农业三行及中央信托、邮政储金汇业两局不得不就范。至此，由中央银行集中保管存款准备金的制度得以建立，此举不仅大

---

① 重庆市档案馆等合编：《四联总处史料》（下），北京：档案出版社，1993年，第387—388页。
② 王红曼：《抗战时期国民政府的银行监理体制探析》，《抗日战争研究》2010年第2期，第90页。
③ 重庆金融编写组：《重庆金融》（上），重庆：重庆出版社，1991年，第116页。
④ 重庆市档案馆、重庆市人民银行金融研究所合编：《四联总处史料》（中），北京：档案出版社，1993年，第639—640页。
⑤ 董长芝：《论国民政府抗战时期的金融体制》，《抗日战争研究》1997年第4期，第67页。

大加强了中央银行的资力,增强了其调剂金融市场的力量,亦对战时统一调动和使用全国财力、物力支持抗战,保持战时金融稳定发挥了重要作用。

中央银行集中保管银行业存款准备金的制度建立以后,亦为我国建立统一的清算制度创造了条件。1942年初,中央银行先后拟定了《中央银行办理票据交换办法》与《中央银行附设票据交换行庄保证准备估价委员会办法》,在呈准财政部及四联总处后,率先在重庆付诸实施。为此,中央银行业务局特设票据交换科主办此事。根据办法规定,为推动票据交换的顺利实施,参加交换的银行、钱庄须缴纳一至三万不等的保证金,或以公债、工厂股票、债票、货物栈单作为担保的保证准备。其中保证金存入中央银行,给以周息八厘的利息;保证准备金在经过估价委员会估价后,由中央银行再以七折充作保证准备。参与交换的票据主要包括汇票、汇款收据、本票、支票、公库支票、经理国债银行之还本付息凭证等。1942年6月1日,由中央银行主办的重庆银钱业票据交换业务正式成立。自此以后,各行庄所有应收应付的各种票据,均由中央银行集中交换,而其应付款项,亦由中央银行在各行庄存款项下代为转账收付。① 至此,由中央银行主导的全国统一的清算制度得以初步建立,这一清算制度改变了我国长期以来金融业票据清算群龙无首的状况,实为我国票据交换史上的一大进步。

(5)中央银行逐步获得对外汇的管理权。全面抗战爆发后,为减少外汇的支出与外逃,维护我国财政金融市场的稳定,1938年3月12日,财政部公布《外汇请核办法》与《购买外汇请核规则》,规定由中央银行办理审核外汇事宜。后由于时局发展,国民政府为维持法币币值的稳定,1939年后,有关外汇管理的工作先后交由财政部、四联总处以及平准基金委员会等机关接管,而其中尤以平准基金委员会最为重要。然而,随着1941年12月太平洋战争的爆发,香港、上海沦陷,中英美平准基金委员会内迁重庆。此后,由于日军封锁等因素的影响,我国对外贸易停顿,国民政府认为民间合理的外汇需求已大为减少,由此相应的外汇审核与供应量锐减。国民政府实际上停止了通过出售平价外汇维持汇率的政策,平准基金委员会的作用下降。② 在此环境下,国民政府开始通过适当的财政金融手段吸纳流通中的法币,以维持货币稳定,国民政府开始更加注重中央银行等在外汇管理上的作用。1942年5月,四联总处公布《统一外汇管理办法》,规定中国、交通、中国农民及邮政储金

---

① 黄鉴晖:《中国银行业史》,太原:山西经济出版社,1994年,第195页。
② 吴景平:《英国与中国的法币平准基金》,《历史研究》2000年第1期,第48页。

汇业局等的外汇买卖的收付，应集中于中央银行转账，并由中央银行调拨。①而随后的四行专业划分，亦肯定了中央银行管理外汇的职能，由此中央银行在统筹外汇收付等方面的权限与作用明显加强。

总之，当一个国家进入战时状态时，为了充分动员社会各方面的资源以支持战争，政府对某些具有重要意义的资源进行统制是十分必要的，亦是一个国家现代化的动员能力的体现。全面抗战爆发后，特殊的时代背景和需要，为国民政府加速实施金融统制提供了充分的现实依据和可能，在国民政府的全面策划下，通过对四联总处的不断改组，以及中央银行职能的日益完备与加强，国民政府逐步构建起了一个具有高度垄断性质的金融统制体制。金融统制的推行和实现，在当时产生了复杂深远的影响，国民政府一方面通过对金融领域的统制，得以有效地调动全国金融力量以支持抗战，这对于夯实抗战财政军需，维护战时经济秩序的稳定，具有十分重要的意义；另一方面也极大地压迫了民间资本的发展，造成了民间资本的不断萎缩和破产。

第二节　国统区的金融法规与金融监管

现代化金融的健康快速发展，需要一个有效的监管体系。实际上，能否有效驾驭一个庞大复杂的金融体系，对一个国家的整体行政监管能力是一项重要的考验。在复杂多样的战时环境下，战时国民政府在金融监管方面大体呈现出一种多元化的金融监管模式，财政部、四联总处、中央银行成为这个时期国民政府实施金融监管的主要机关，三者之间互有分工，互为补充，构成了一个较为完整的战时金融监管体系。就金融法规而言，国民政府金融法规的制定，主要遵循了战时金融统制的原则，按照其颁布的时间，大体可以划分为三个阶段，即1937年8月至1939年9月间的草创阶段；1939年9月至1941年12月间的完备阶段；1941年12月至1945年8月间的调整阶段。全面抗日战争时期是我国金融监管制度、金融法规制度由初创走向完备的重要时期，是我国金融制度走向现代化过程中的一个重要时期。

一、多元化的战时金融监管

金融活动具有外部性、信息不对称、道德危害等特点，而且个别金融机构发生的问题可能通过"金融传染"而波及整个金融体系，产生酷似核物理

---

① 重庆市档案馆等合编：《四联总处史料》（下），北京：档案出版社，1993年，第173页。

上的"链式反应",危及整体金融体系的稳健,这就要求一个国家必须对金融活动进行适当有效的监管。有关学者在论述金融监管,特别是银行监管时,根据监理主体的法律性质,即法律规定由谁来行使监理的职能,将金融监管分为三类,即中央银行监理体制、财政部监理体制和相对独立的专门机构监理体制。而根据监理主体的多少,金融监管又可分为一元化的监理体制和多元化或多维度的监理体制。[①] 而就我国金融监管体制的发展来看,以全面抗战爆发为界:全面抗战爆发前,我国大体上实行的是一种一元化的金融监管体制,即以户部或财政部为核心的金融监管体制;全面抗战爆发后,面对缤纷复杂的金融形势,一元化的金融监理体制已经无法应对,进而向财政部、四联总处、中央银行等几方共舞的多元化的金融监管体制演变。

  有人论及中国近代金融的发展顺序时曾说,近代中国是先有银行创立,后有银行立法,再有银行监管机构的。[②] 就此言论之,实际真相的确如此。仅就中央层面而论,就我国所设立的第一家银行中国通商银行而言,1897 年该行设立时,主持具体审批的机关为户部,1906 年 9 月,户部改为度支部。大清银行、交通银行的设立,亦是经该部批准。然就当时情况而言,许多地方所创办的官办银行、官办银号、官办钱局以及商办银行等,均未经审批,票号、钱庄擅自设立的为数就更多了。清末金融机构的开设,实际上长期处于一种无政府状态,而清末各部门间权限的重合,也加剧了这种混乱状态。如中国通商银行、大清银行、户部银行均由户部或其后的度支部批准设立,然根据 1903 年 9 月 7 日所设立的商部的职能来看,商部亦负有金融监管的职能,商部下设有会计司,专司税务、银行、货币、各业赛会、禁令、会审词讼、考取律师、校正度量衡等事务,而就商部所执掌的税务、银行、货币等的职能来看,商部与户部的职能多有重合之处。1906 年 9 月,商部改为农工商部,农工商部下设商务司,主管商政,负责商会、商埠、赛会、保险、专利、招商、银行、词讼、各类公司、各商务学堂等的事宜,其职能亦与此时的度支部多有重叠。[③] 而根据 1904 年清政府颁布的《公司律》第 13 条规定:"凡现已设立与嗣后设立之公司及局厂行号铺店等,均可向商部注册,以享一体保护之利益",如若把银行等金融机构归并入公司一类,似商部的管理权限又要

---

① 王红曼:《抗战时期国民政府银行监理体制探析》,《抗日战争研究》2010 年第 2 期,第 82 页。
② 刘平:《近代中国银行监管制度研究(1897—1949)》,复旦大学博士学位论文,2008 年,第 41 页。
③ 汪敬虞主编:《中国近代经济史(1895—1927)》(中),北京:人民出版社,2000 年,第 1481、1483 页。

高于度支部。①

  1912年，南京临时政府成立，明确规定财政部负有管理会计、库币、赋税、公债、钱币、银行、官产等事务的职能②，财政部内部设有钱法司，专门负责银行、币制等相关金融事宜③，南京临时政府确立了财政部对银行等金融机构的监管权力。此外，财政部还先后拟定中央、商业、海外汇业、兴农、农业、殖边、惠工、贮蓄及庶民等各银行的条例，以期利于民间融资，意欲促成兴办实业之热潮。④在北京政府时期，财政部依旧作为金融监管的主体而存在。在袁世凯当政时期，财政部屡次变更官制，具体负责金融监管的部门亦是几经变更：经历了从财政部筹备时的币制股，到1912年11月财政部正式成立时的泉币司，再到1913年的制用局，最后再到泉币司的演变历程。⑤此外，鉴于当时国内币制混乱的局面，1918年8月，时任财政总长的曹汝霖特请设立币制局以专事币制事宜，其目的在于厉行1914年北京政府所颁布的《国币条例》，以统一银货、发行金券，并组织推行金币的贸易机关等。1923年，币制局撤销，其职责改归泉币司。⑥

  1927年，南京国民政府成立，南京国民政府仍奉行由财政部主导全国金融监管的政策，其在财政部下设钱币司，掌管全国币制整理，国内外金融，及其他币制、银行等一切事宜。1927年11月1日，国民政府决定裁撤钱币司，于上海外滩设立金融监理局。金融监理局设立后，孙科下令将原上海交易所监理官、江苏银行监理官、全国特种营业稽征特派员等一律裁撤，归并于金融监理局，以示事权统一。⑦1927年11月19日，南京国民政府颁布《金融监理局组织条例》，规定金融监理局隶属于财政部，负责监理全国关于金融行政方面的一切事宜。⑧1928年8月31日，金融监理局因故停止办公，

---

 ① 刘平：《近代中国银行监管制度研究（1897—1949）》，复旦大学博士学位论文，2008年，第41页。
 ② 中国第二历史档案馆编：《中华民国史档案资料汇编》（第2辑），南京：江苏人民出版社，1981年，第8页。
 ③ 韩文昌、邵玲主编：《民国时期中央国家机关组织概述》，北京：中国档案出版社，1994年，第3页。
 ④ 汪敬虞主编：《中国近代经济史（1895—1927）》（中），北京：人民出版社，2000年，第1481、1523页。
 ⑤ 韩文昌、邵玲主编：《民国时期中央国家机关组织概述》，北京：中国档案出版社，1994年，第110—113页。
 ⑥ 刘平：《近代中国银行监管制度研究（1897—1949）》，复旦大学博士学位论文，2008年，第44页。
 ⑦ 《金融监理局组织成立》，《银行周报》1927年第11卷第43号，第2页。
 ⑧ 国民政府文官处印铸局：《国民政府公报》1927年第9期，"法规"，第1页。

原管理事宜移归财政部钱币司。1933年，财政部改组，其内部各机构执掌发生变化，钱币司除原有职能外，并新增其他职能：调剂国内外金融，监督印制局；监督银行、储蓄会、信托公司登记；审核发行兑换券、检查准备金以及调查统计币制及银行等。此外，在国民政府实行废两改元及法币政策时期，为保证政策的顺利实施，南京国民政府还曾于1934年11月6日、1935年11月4日分别设立币制研究委员会与发行准备管理委员会，以负责辅币整理，推动货币统一发行制度的确立，以及法币的发行、收换及准备金保管等的相关事宜。①

由上所述，我们不难看出，自晚清中国初步建立金融监管体制之后，至全面抗战爆发前，中国实际上奉行的是由财政部主导的一元化的金融监管体制，而随着全面抗战的爆发，这一体制逐渐开始发生变化，形成了一种由财政部、四联总处、中央银行等多家金融机构共同参与的多元化的金融监管体系。

（1）就财政部而言。全面抗战爆发后，财政部钱币司因战时环境影响，其职能发生较大变化，更加偏向于金融行政方面的职能，主要包括：币制的规划、整理及硬币的化验；货币及生金银进出口的稽核；造币厂及印刷局的监督指挥；发行纸币的审核监督及准备金的检查公告；银行业、储蓄业及信托业的监督及取缔；交易所、保险业及其他特种金融事业的监督及取缔；国内外金融调剂，汇兑保管；货币金融的调查以及各种奖券的监督及取缔等相关事项。②随着战局的发展，大后方金融形势日益复杂化，钱币司已不足以单独承担战时金融监管的重担，其全国金融监管的核心地位逐渐让位于四联总处与中央银行。此时，财政部金融监管的职责，更多的则是通过立法的形式加以体现。全面抗战爆发之初，为稳定金融秩序，经过财政部与上海银行公会商定，颁订《非常时期安定金融办法》七条。1940年财政部颁布《非常时期管理银行暂行办法》，严格限制银行从事经营商业等活动。该办法规定银行在运用存款方面，应以投资生产建设事业及联合产销事业为原则，不得直接经营商业或囤积货物；不得以代理部、贸易部或信托部等的名义，自行经营或代客买卖货物；银行承做汇往口岸汇款，亦应以购买日用必需品及抗战必须物品之款为限，同时该办法还规定了较为严格的检查及处罚办法。办法规定

---

① 韩文昌、邵玲主编：《民国时期中央国家机关组织概述》，北京：中国档案出版社，1994年，第307、309、315页。
② 重庆市档案馆编：《抗日战争时期国民政府经济法规》（上册），北京：档案出版社，1992年，第21页。

银行应每周造具存款、放款、汇款报告表，呈送财政部查核，财政部亦得随时派员检查银行账册、簿籍、库存状况及其他有关文件。此外，办法规定官办或官商合办银行的服务人员，应一律视为公务员，不得直接经营商业。① 进入全面抗战中后期以后，受到当时通货膨胀，物价高涨，商业银行畸形发展，银行从事商业投机、买卖金银活动日益猖獗等情况的影响，1943年1月7日，财政部对原《非常时期管理银行暂行办法》的部分内容进行修正，颁布了《修正非常时期管理银行暂行办法》。与原办法相比，修正后的非常时期管理银行暂行办法对银行的设立更趋严格。新办法规定：除县银行外，一律不得设立银行，银行分支行处的设立，亦应先呈请财政部核准。此外，新办法还对银行放款的原则进行了部分修正，意图通过对银行放款对象、银行规模的限制来达到抑制通货膨胀的目的。新办法规定银行运用资金，以投资于生产建设事业暨产销押汇，增加物资供应及遵行政府战时金融政策为原则，放款对象应以经营本业，并加入各同业公会的商人为限，放款的期限最长不得超过三个月，每户放款金额不得超过该行放款总额的百分之五等。② 此外，财政部还相继颁布了《外汇请核办法》《改善地方金融机构办法纲要》等法规，这些法规对战时外汇的申请，以及战时省银行钞券的发行、农贷贴放、工业贷款等业务做出了较为详细的规定。

战时，财政部在积极制订相关法规对金融市场进行监管的同时，亦于1942年通过对既有的银行监理官制度进行改革，在各重要都市设立银行监理官办公处等的方式，强化了对各地金融机构的监管。据刘平博士考据，我国银行监理官制度，最早起源于1908年度支部尚书载泽主持下，度支部奏定的《大清银行则例》中。则例规定度支部奏派监理官二人，监理大清银行一切事务。此后，银行监理官制度为北京政府所承继，并逐渐发展完善。监理官的监管范围亦由最初的监理中国银行，发展到各省官银钱行号及外国在华发行银行，监理官在我国银行监管中扮演了越来越重要的角色。南京国民政府建立后，虽仍设有银行监理官，但其地位与影响，与之前相比已不可同日而语。全面抗战爆发后，财政部于1939年3月召开第二次地方金融会议。在会议上，行政院提出如何维持币制信用的议案，并作出相关决议。决议认为，省地方银行的发行事务，应由财政部派员常驻以监督办理。财政部亦认为，抗战时期

---

① 中国第二历史档案馆编：《中华民国史档案资料汇编》（第5辑·第2编·财政经济3），南京：江苏古籍出版社，1986年，第18页。
② 中国第二历史档案馆编：《中华民国史档案资料汇编》（第5辑·第2编·财政经济3），南京：江苏古籍出版社，1986年，第22—23页。

省地方银行的任务与平时相比自然不同，为促其努力服务，尽早完成责任，财政部所派遣的监理员应监督省地方银行业务及发行两项。为此，1939年5月，财政部公布实施了《省地方银行监理员章程》，该章程明确规定了省地方银行监理员的职权，其职权主要包括监督、检查银行业务和资产负债情况，以及审核、检查、发行或领用一元券、辅币券的数目、准备金等。同时，章程还规定，如监理员认为银行有违反法令等的行为，监理员是可直接呈报财政部的。[①] 1942年，为了加强对全国银钱行庄业务的监管力度，财政部拟进一步扩大监理官的职权范围，1942年7月，财政部先后公布了《财政部派驻银行监理员规程》《财政部银行监理官办公处组织章程》《财政部银行监理官办事细则》等规程细则。根据规程规定，财政部在省地方银行及重要商业银行派驻银行监理员，在重庆以外各重要都市设置银行监理官办公处。办公处的银行监理官，由财政部派任，监理官办公处定名为财政部某某区银行监理官办公处，其设置地点及管辖区域，由财政部以命令的形式加以确定。根据此规定，财政部先后设有内江区、宜宾区、成都区、万县区、兰州区、西安区、洛阳区、贵阳区、衡阳区、昆明区、桂林区、曲江区、吉安区、屯溪区、永安区、迪化区等16区，另有重庆区为财政部所直辖。[②] 就职能而言，派驻省地方银行及重要商业银行的银行监理官，因其派驻银行性质的不同亦有所区分。派驻商业银行的银行监理官主要职能包括：审核所驻银行放款业务、放款用途；审核所驻银行日计表及存款汇兑表等报表；督促所驻银行缴纳普通存款准备金及储蓄存款保证金；检查所驻银行账册、簿籍、仓库库存及其他有关文件物件；报告所驻银行业务状况，并陈述改进意见，以及向财政部建议金融应兴革事项等。派驻省地方银行的银行监理官，因所在省的省地方银行拥有发行一元券、辅币券的权力，所以其主要职能除以上职能外，还包括审核、发行或领用一元券、辅币券的数目、准备金，以及新换旧诸事宜；封存及保管已印未发的一元券、辅币券暨印版戳记；监督领用一元券、辅币券是否照章运用等职能。[③]

以上三个法规的颁布，对银行监理官的职责、权限及运作情况作了较为明确的规定，它扩大了银行监理官的职能范围，构建了较为完善的战时银行监理

---

① 刘平：《近代中国银行业监理官制度述论》，《上海金融》2007年第6期，第70—71页。
② 万立明：《中国近代银行监理官制度的发展轨迹及其启示》，《上海经济研究》2005年第6期，第94—95页。
③ 中国第二历史档案馆、中国人民银行江苏省分行、江苏省金融志编委会合编：《中华民国金融法规档案资料选编》（上册），北京：档案出版社，1989年，第663—667页。

官体系。此外，因银行监理官负有与银行及财政部沟通的相关职责，在促进地方金融机构与政府间的沟通交流，防止流弊产生等方面，具有重要意义。

1944年12月14日，行政院核准颁布《加强银行监理办法》，对银行监理官制度进行了再次改革。改革主要包括：对银行的监督权将直接收归财政部办理；对县银行的监管则移交各省财政厅负责办理，但县银行的设立及解散诸事，仍须经财政部核定后才可进行。各区银行监理官办公处，改为某某区银行检查处，专门负责银行检查及纠举等。[①] 1945年，由于中央银行职能的日益完善，特别是1945年4月2日，财政部公布《财政部授权中央银行检查金融机构业务办法》之后，中央银行金融监管的职能得到进一步强化，逐渐取代了原银行监理官的职能。[②]

（2）就四联总处而言。正如前文所述，四联总处主要承担了在中央银行职能尚未完备前战时金融总枢的职能，然而就四联总处实施金融监管而言，其监管的主要对象为国家行局，即实施对中央银行、中国银行、交通银行、中国农民银行、中央信托局、邮政储金汇业局等的监管。正如前文所言，在全面抗战爆发初期，四联总处职责范围较为狭窄，实为四行间代表共同研讨及指导四行联合业务的场所，并不具备对国家行局的监管责任。1939年四联总处第一次改组之时，根据国民政府所颁布的《战时健全中央金融机构办法纲要》的规定，四联总处理事会主席可在非常时期对中央、中国、交通、中国农民四个银行行使便利措施，并代行其职权，由此，四联总处获得了对四行的监管权力。四联总处的具体职责根据同时期所颁布的《四联总处章程》规定，主要包括：对于四行发行准备的审核；四行预决算的复核；四行间的联合贴放以及四行其他合办事项等，而其具体职能的实现，主要由四联总处下属的战时金融委员会与战时经济委员会负责实施。其中，战时金融委员会下设的发行处、贴放处、汇兑处、特种储蓄处、收兑金银处等五处，具体负责四行监管事宜的有发行处、贴放处、汇兑处等三处，发行处主要负责对四行联合发行准备的审核、券料的调剂及小额币券的支配等事宜；贴放处主要负责四行联合承做的押款、押汇及透支等事宜；汇兑处主要负责四行在内地与口岸间汇款的调度及外汇申请审核等相关事宜。战时经济委员会下设特种投资处、物资处、平市处等三处，其中，特种投资处主要负责四行对战时特

---

① 重庆市档案馆编：《抗日战争时期国民政府经济法规》（上册），北京：档案出版社，1992年，第657页。

② 万立明：《中国近代银行监理官制度的发展轨迹及其启示》，《上海经济研究》2005年第6期，第95—96页。

种生产事业的联合投资事宜。①

四联总处对其他国家行局的监管事宜,如 1940 年四联总处颁布的《管理邮政储金汇业局业务实施办法》就管理邮政储金汇业局的相关事宜进行了说明。办法的主要内容有:邮政储金汇业局在吸收储蓄、承做汇款及吸收侨汇业务等方面需要遵照四联总处的方针办理,如遇到特殊情形须变更办法时,应请四联总处理事会核准后方可实施;该局的投资放款业务,亦应遵照四联总处方针办理,并得随时呈请核定。此外,办法还规定,该局各县的业务应按月详报四联总处查核,且四联总处在认为必要时,有派员或会同邮政总局派员考察该局分支局业务的权力。②由此,四联总处获得了对邮政储金汇业局的监管权力。1942 年,四联总处进行了第二次改组,此次改组之后,四联总处的职能更加偏向于金融统制,其对于四行的监管范围亦有所扩大。改组后四联总处的职能主要包括:各行局人员的训练与调整;各行局开支审核与预决算的复核;法币的调度与发行准备的审核;各行局吸收存款、推行储蓄的指导考核;各行局投资放款的审核与查考;各行局的农贷审核与查考;各行局的汇款审核等相关事宜。

此外,四联总处在不断变更其组织职能以适应战时需要的同时,亦颁布了一批办事细则,用以规范四行二局的相关业务活动,具体如 1942 年四行实现专业化划分后,四联总处分别制定《四行放款投资业务实施办法》《各行局农贷业务交接原则》《重庆中、中、交、农四行汇解军政款项实施办法》等原则办法,对四行实施投资放款所适用的具体对象,农贷业务的集中以及军政汇款,四行如何办理等方面进行了较为详细的规定,其对于厘定四行业务范围,推动四行业务的专业化划分,起到了很大作用。③

(3)就中央银行而言。全面抗战爆发后,中央银行在四联总处等的大力扶植下获得巨大发展,特别是 1942 年四行实现专业化划分之后,其"银行之银行"的地位逐渐得到确立,并开始承担部分金融监管的职责。首先中央银行的职能体现在对县银行业务的监管。1941 年 1 月,中央银行受财政部委托,经办、督导县乡银行业务工作。1942 年 3 月 2 日,中央银行业务督导处正式成立,负责全国县乡银行的扶植、督导与管理工作。④为此,中央银行业务督

---

① 洪葭管主编:《中央银行史料》(下),北京:中国金融出版社,2005 年,第 771—772 页。
② 重庆市档案馆等合编:《四联总处史料》(上),北京:档案出版社,1993 年,第 80 页。
③ 洪葭管主编:《中央银行史料》(下),北京:中国金融出版社,2005 年,第 781—782 页。
④ 刘慧宇:《中国中央银行研究(1928—1949)》,北京:中国经济出版社,1999 年,第 245—246 页。

导处将相邻的若干县定为一个区,由指定的一个分行管理该区内县乡银行的工作,并由总行督导处派员或委托总分行派出的视察专员和赴外稽核分赴各区巡回视察,由管理行定期或不定期派员赴各县乡银行指导和检查等。① 其次,中央银行协助财政部管理金融市场。1942年四行实行专业化划分后,中央银行负有管理金融市场的责任,其职能主要包括调剂资金供求,推行票据制度,督促银行缴纳存款准备金,考核各银行钱庄的放款、投资及存款、汇款业务是否遵照《非常时期管理银行暂行办法》及其他有关法令办理等。最后,中央银行监理金融机构。1944年,行政院核准颁布了《加强银行监理办法》,规定各区所设立的原银行监理办公处改为银行检查处,检查处设处长一人,处长由财政部派任;设副处长一人,副处长则由当地中央银行经理兼任。各区银行检查处,必要时可向当地四联分支处或当地中央银行借调人员协助检查,关于调查金融动态、控制金融市场等事项,由中央银行秉承财政部办理。此外,中央银行还需担负银行检查处人员的经费支出等。1945年3月,财政部撤销各地银行检查处,进一步授权中央银行具有检查除重庆区外的各省地方银行、各地商业银行及保险、信托、合作金库等金融机构的业务的职权。1945年4月2日,财政部颁布《财政部授权中央银行检查金融机构业务办法》,对以上决定进行了确认,并对检查工作的具体细节进行了规定。1945年6月,中央银行将县乡银行督导处加以改组,组建中央银行金融机构业务检查处,正式执行对全国各地商业银行、信托公司、保险公司及合作金库的监管职责。②

总之,财政部、四联总处、中央银行三者构成了战时国民政府实施金融管制的主体,三者之间互有分工,互为补充,构成了一个较为完整的战时金融监管体系。其中,财政部主要通过金融立法、金融行政实现对国统区金融机构的监管,其监管的核心主要集中在各地商业行庄、省地方银行等金融机构上。四联总处则弥补了财政部监管的不足,其监管的核心集中在国有行局上,它实际成为国有行局与财政部间进行联系的桥梁,它在推动国有行局有序发展的方面发挥了重要作用。中央银行则随着其制度的完善,后来者居上,特别是1942年四联总处第二次改组及四行专业化分工之后,中央银行金融监管的职能开始凸显,并日益成为我国抗战胜利前夜对各地金融机构实施监管的主要力量。

---

① 重庆金融编写组编:《重庆金融》(上),重庆:重庆出版社,1991年,第122页。
② 刘慧宇:《中国中央银行研究(1928—1949)》,北京:中国经济出版社,1999年,第247—248页。

二、多样的战时金融法规

1897 年,中国通商银行成立,经其奏准的《中国通商银行章程》是我国金融立法之先声。南京国民政府在北京政府金融立法的基础上除旧布新,特别是在经历"九一八""一·二八"事变之后,为了应对即将而来的中日战争,南京国民政府更是加紧金融上的准备,积极推进金融事业的相关立法。直至抗战爆发前,南京国民政府金融立法已经初具规模,渐成体系。

战前的国民政府建立起了以《银行法》《保险法》《证券法》《信托法》为核心,辅之以其他法律条例的颇具现代化意义的金融立法体系。以《银行法》的颁布为例,1931 年 2 月 28 日,国民政府正式公布《银行法》,该法是我国第一部正式意义上的经国家立法的银行法。该法不仅对银行的组织形式、营业范围、最低资本额度等做了更为明确的规定,还对银行监管的内容和手段做了较为详细而具体的规定。该法虽因受到当时金融界、理论界,尤其是钱业的反对而未能实施①,但该法与国民政府颁布的《银行注册章程》《银行注册章程细则》《储蓄银行法》《银行业收益税法》《兑换券发行税法》等银行业法规一起,共同构成了一个较为完备的银行立法体系。②

全面抗战爆发初期,国民政府确立了实施战时经济统制的政策方针。在经历了短暂的由平时经济到战时经济的转换后,国民政府逐步构建起了具有高度垄断性的战时金融统制体系。与之相伴的,对抗战金融建设起重要指导意义的金融法规,亦充分体现了国民政府实施战时金融统制的政策方针。而根据国民政府实施战时金融统制的不同发展时期,其战时金融法规的发展大体可以划分为三个时期,第一时期以 1937 年 8 月《非常时期安定金融办法》的发布为起点,至 1939 年 9 月《战时健全中央金融机构办法纲要》颁布为止,是为国民政府战时金融法规的草创时期。第二阶段与第三阶段以 1941 年 12 月太平洋战争爆发为分界点,分别为国民政府战时金融法规的完备与调整时期。

第一阶段,即 1937 年 8 月至 1939 年 9 月。此阶段为国民政府战时金融统制制度的初创阶段。这一时期,国民政府金融法规大多类似于应急性的反应,即因战时政治、经济环境的变化,而做出应对性的策略,是为我国战时金融法规的草创时期。

1937 年 7 月,全面抗战爆发后,全国金融动荡,为了应对随时出现的储

---

① 郑成林:《从双向桥梁到多边网络——上海银行公会与银行业(1918—1936)》,华中师范大学博士学位论文,2003 年,第 184 页。
② 伍操:《战时国民政府金融法律制度研究》,西南政法大学博士学位论文,2011 年,第 32 页。

户提存风潮，1937年8月15日，财政部公布了《非常时期安定金融办法》，该办法采用的是限制储户提存的方式。对于活期存款，办法规定自1937年8月16日起，银行、钱庄各种活期存款，如需向原存银行、钱庄自取者，每户只能照其存款余额，每星期提取5%，但每户至多提取150元。对于定期存款者，办法规定定期存款未到期者，不得通融提取；到期后，如不欲转为定期者，须转为活期存款；而定期存款未到期者，经银行、钱庄同意承作抵押的，每存户至多以法币1000元为限等。[①] 该办法的公布对保障和维护抗战银行、钱庄不至于因储户无限制提存而搁浅或倒闭，发挥了重要作用，有力地保持了抗战初期我国金融秩序的稳定。此外，上海、汉口等地的银行公会还根据本地特殊情况，在呈请财政部同意后，相继颁布了《上海市规定非常时期安定金融办法补充办法四项》与《汉口市规定非常时期安定金融办法补充办法四项》等补充办法，是为《非常时期安定金融办法》之补充。与此同时，全面抗战爆发后，鉴于部分中外进出口商人及持有法币的投机者纷纷购买外汇，以及敌伪中国联合准备银行建立后，意图通过其收兑的法币套购外汇等严峻情况，国民政府于1938年3月颁布《购买外汇请核办法》。办法规定自1938年3月14日起，外汇的卖出，由中央银行总行于政府所在地办理，为便利起见，该行在香港设立了通讯处以司承转；各银行因正常用途，于收付相抵后，需用外汇时应填具申请书，送至中央银行总行，或香港通讯处；中央银行接到申请书，应即依照《购买外汇请核办法》的规定核定后，按照法定汇价售予外汇。[②] 总之，该法一改以往国民政府所实行的无限制买卖外汇的政策，通过限制外汇买卖的方式，以防止外汇流失或资敌。与该法相适应的，还有《购买外汇请核规则》《中央银行管理外汇办法》《统一外汇管理办法》等相关法规。

与此同时，为适应战时需要，调剂内地金融，扶助农工各业增加生产，国民政府于1938年4月颁布了《改善地方金融机构办法纲要》。纲要规定：领用一元券及辅币券的地方金融机构，在旧有业务外，应增加新的业务：农业仓库经营，农产品抵押，种子、肥料、耕牛、农具及农田水利的贷款，农产票据的承受或贴现，完成合法手续及有继续收益土地、房产的抵押，工厂厂产的抵押，工业原料及制成品的抵押，商业票据的承受或贴现，公司债的经理发行或抵押，农林、渔业、矿业出品及日用国货品的抵押等，以期扶植当地

---

① 李飞、洪葭管等主编：《中国金融通史》（第4卷），北京：中国金融出版社，2008年，第319—320页。
② 李飞、洪葭管等主编：《中国金融通史》（第4卷），北京：中国金融出版社，2008年，第331页。

农业、工业等的发展,从而有益于抗战。①

第二阶段,即1939年9月至1941年12月。此阶段以四联总处为中心的战时金融统制体制逐渐建立起来,为战时金融统制体制的建立及组织制度日益完备的阶段,是为战时金融法规发展完备的重要时期。

1939年9月,国民政府颁布《巩固金融办法纲要》,要求分别从调整法币准备金构成,颁布新的政府预算标准,加强外汇审核,推进金融网建立等方面,巩固战时金融。②同时,国民政府颁布《战时健全中央金融机构办法纲要》,其主要内容包括:改组由中央、中国、交通、中国农民四银行合组的联合办事总处,由它负责办理与政府战时金融政策有关的各特种业务;中央、中国、交通、中国农民四银行应各自依据其法或条例所规定的职权及业务分别发展,四行总行还未移至国民政府所在地者,应尽快迁移;关于财政金融,四联总处有重大事项,可随时向财政部密陈意见,财政部有对四联总处的管辖权等。③以上纲要颁布后,国民政府相继颁布了《中央中国交通农民四银行联合办事处总处组织大纲》《中央中国交通农民四银行联合办事处总处组织章程》等法规。以上两个文件的颁布,对国民政府战时金融统制体制的建立,无疑是一次巨大的推动。1939年10月,改组后的四联总处正式成立,其迅速成为国民政府进行战时金融统制的核心,同时也因其职能广泛,它亦成为此时期国民政府实施战时经济的大本营,其对国民政府战时经济的发展,战时金融统制的推行,都具有十分重要的意义,在战时经济史上占有重要地位。1940年1月20日,国民政府公布《县银行法》,对县银行的组织形式、营业范围、业务范围、资本额度、资本构成以及相关违法处罚方式等,进行了较为详细的介绍。该法是之前颁布的《巩固金融办法纲要》中所要求的"扩充西南、西北金融网,期于每一县区设一银行,以活泼地方金融,发展生产"④的具体法律文本,它对于推动战时县银行及大后方金融网的发展,具有重要指导意义。1940年8月,国民政府公布《非常时期管理银行暂行办法》,该办法对于战时银行的发展进行了规范,其主要内容包括银行存款准备金的提交,限制银行从事商业性经营,禁止投机等。此外,国民政府还相继颁布了《管理各省省

---

① 重庆市档案馆编:《抗日战争时期国民政府经济法规》(上册),北京:档案出版社,1992年,第75—77页。

② 重庆市档案馆编:《抗日战争时期国民政府经济法规》(上册),北京:档案出版社,1992年,第77—78页。

③ 重庆市档案馆编:《抗日战争时期国民政府经济法规》(上册),北京:档案出版社,1992年,第640—641页。

④ 刘志英、张朝晖:《抗战大后方金融研究》,重庆:重庆出版社,2014年,第76页。

银行或地方银行发行一元券及辅币券办法》《管理中央造币厂及各分厂办法》《日人伪造法币对付办法》《出口货物注销外汇办法》《人民申请动支封存外汇资产暂行办法》《公私机关服务人员家属赡养费汇款办法》《节约建国储蓄券条例》《外币定期储蓄存款办法》等有关币制、外汇、储蓄等的专门性法规。

第三阶段，即 1941 年 12 月至 1945 年 8 月。由于太平洋战争的爆发，我国所面临的国际形势发生了重大变化，同时由于日军封锁，我国对外联系几乎中断，此时期我国经济发展的重点转为维护大后方经济秩序的稳定，以应对日益严峻的经济形势，此一时期为国民政府战时金融法规的调整时期。

1941 年 12 月 8 日，日本空袭美国珍珠港，太平洋战争爆发。9 日，国民政府对日宣战。太平洋战争爆发后，随着日本南侵，国民政府预感到将要面临经济困难，13 日，国民政府颁布了《政府对日宣战后处理金融办法》，开始着眼于对全国金融进行调整，以适应新的经济形势的要求。该办法分为紧急措施及大后方处理金融方针两部分，其中大后方处理金融方针实为此后国民政府处理大后方金融事务的指导性政策方针，其主要内容包括：①充裕钞券，调节发行。因当时国民政府钞票主要由英美厂商印制，为保证钞券供应，该办法提出国外订印的钞券应催印催运；钞券的内运应加紧办理；内地印制钞券应统筹办理；推行票据，调节发行，以减少法币流通额等四个原则，以解决这一时期的钞券问题。②吸收游资与严格投资放款。③管理外汇。④管理金融市场，严格审核省银行及商业银行放款用途，限制市场放款利率，不准再新设银行并限制增设分支行，完善金融网建设等。⑤建立实业证券市场，转移社会资金，开放产业。⑥公私金融机关，特别注意节用物力等。[①] 在此背景下，国民政府又相继颁布了一系列法规，以应对战时环境的变化。

首先，在制度层面，1942 年 5 月，国民政府颁布了《修正中央中国交通农民四银行联合办事处总处组织章程》，四联总处由此开始进行第二次改组，此次改组后的四联总处，更加偏重于金融统制方面的职能发挥。与此同时，四联总处根据蒋介石的手令，相继拟定《中中交农四行业务划分考核办法》《统一四行外汇管理办法》《理事会关于统一发行实施办法的决议》《四行放款投资业务实施办法的决议》等法律条文，对四行业务范围进行了划分，中央银行的地位得到进一步提升，其职能日益完善。1942 年 7 月，《统一发行办法》颁布，货币发行权收归中央银行，货币发行得到统一。

---

① 四联总处秘书处：《四联总处文献选辑》，1948 年，第 51—56 页。

其次，在抑制战时通货膨胀方面，1941年12月，国民政府颁布的《修正非常时期管理银行暂行办法》，通过严格限制银行及其分支行处的设立，规范银行放款的对象，以期减少银行放贷的资金量，从而达到抑制通货膨胀的目的。1942年5月，国民政府颁布《管理银行抵押放款办法》，规定：银行承做抵押放款，得以有价证券、银行定期存单、栈单、商品或原料之一为抵押品，不得以本行股票、禁止进出口物品、违法物品及易腐坏变质物品为抵押品；抵押放款得以票据承兑及贴现方式办理，但每户不得超过该行放款总额的10%。与此同时，《管理银行信用放款办法》颁布，规定银行承做个人信用放款不得超过2000元，工商业放款、信用放款在5000元以上者，应以加入同业公会的厂商为限，且须填具申请书。① 由以上两则法规，我们不难看出，不论是规定银行贷款抵押品的种类，还是规范银行信用放款等，国民政府仍大体承继了先前颁布的《修正非常时期管理银行暂行办法》的方式，意图通过限制银行放款的方法来达到抑制通货膨胀的目的。与之相反，国民政府于1942年2月至1943年9月间相继颁布了《加强储蓄业务办法》《发行美金节约建国储蓄券办法》《中央银行委托各行局办理黄金存款办法》等法规，意图通过扩大储蓄，回收法币等的方式以达到抑制通货膨胀的目的。

最后，在金融监管方面，国民政府相继颁布了《财政部派驻银行监理员规程》《财政部银行监理官办公处组织章程》《财政部银行监理官办事细则》，意图通过设立银行监理官的方式强化对银行等金融机构的监管。

总之，面对复杂多变的战时环境，国民政府金融法规的制订，形成了一个由草创到日益完备的过程，其法规名目之繁，涵盖范围之广，既非几笔就能描绘，亦非全面抗战前金融立法所能比拟。国民政府制订的金融法规是中国资本主义经济法制体系中的重要组成部分，其中，虽有这样抑或那样的缺陷，但它符合现代金融制度建设，特别是战时金融制度建设的要求，是为中国早期金融现代化发展的一个基本条件。从改组四联总处，到致力于提高和完善中央银行的地位与职能，国民政府建立起了一个以四联总处为核心的战时金融统制体制，同时随着中央银行职能的日益完备，中央银行亦逐渐成为这一体制的重要组成部分，并在抗战后期日益占据重要地位。而从国民政府多元监管体系的确立，再到后期相关金融法规的制订与深化，表明了战时的国民政府在金融制度建设方面逐渐走上了正轨，并构建起了较为完备的战时

---

① 重庆市档案馆编：《抗日战争时期国民政府经济法规》（上册），北京：档案出版社，1992年，第677—678页。

金融法规体系。总而论之，完备的战时金融统制体系，多元化的金融监管，日益完善的战时金融法规，这一切的建立都有力地保障了我国战时金融的发展，避免了因战时环境的变化而导致金融崩溃，战时金融统制体制由无到有，再到完备，其本身即是我国现代化路程上的一个缩影。

第三节 根据地的金融法规与金融监管

金融的变化往往能反映一个地区的经济状况，抗日根据地的金融变化同样反映了根据地的经济发展情况。抗日战争时期，国共实现了第二次合作，中国共产党取消了边区的苏维埃制度，把边区改为中华民国特别区（后改为陕甘宁边区），边区受国民政府领导。此后，八路军、新四军开赴华北、华中抗日战场，陆续开辟了各抗日根据地，这些共产党领导建立的抗日根据地，虽然与陕甘宁边区一样，在形式上要受国民政府的领导，然而，在实际上，各根据地仍然是一个个由中国共产党领导的独立自主的政治、经济区域，其社会性质、政治制度和经济政策与国民政府统治区截然不同，并且中共中央早在1937年就要求各抗日根据地建立自己的银行，发行自己的边币，与敌人的货币作斗争。因此，国民政府的经济立法既不适于各抗日根据地，也不能施行于各抗日根据地，陕甘宁边区和抗日根据地政权在金融上实施不同的政策和管制。

在全面抗日战争的不同时期里，各根据地必须建立一套完整的金融法律制度，来保护根据地金融业的发展。从1937—1945年，各根据地政府先后颁布了一系列金融法律法规，这些金融法律法规，在金融管理和金融运行中，成为调节金融关系和金融活动的重要方式。于是，中国共产党领导的各抗日根据地政府，执行了不同的金融政策，实行的是审慎的货币发行政策、独立自主的金融发展政策和严格的金融管理政策。

一、抗日根据地审慎的货币发行政策

在全面抗日战争时期，各根据地之间缺少必要的联系，均实行独立自主的管理模式，因此，根据地并不存在统一的货币及货币发行政策。当时不同的根据地有着不同的货币，在陕甘宁边区有：抗战初期的"光华商店代价券"与陕甘宁边区银行币。在华北地区有：1938年晋察冀边区银行发行的边币，

上党银行发行的上党票，山东北海银行发行的北海币；1939年晋察鲁豫边区冀南银行发行的冀南币；1940年晋绥边区西北农民银行发行的西农币等，这些在华北各抗日根据地发行的货币统称为边币。而在1941年后，华中地区各抗日根据地建立的银行也开始发行货币，主要有：盐阜银行发行的盐阜币、淮海地方银行发行的淮海币、江淮银行发行的江淮币、惠农银行发行的惠农币、江南银行发行的江南币、鄂豫边区建设银行发行的建设币等，华中各根据地银行发行的货币则统称为抗币。据不完全统计，在整个抗日战争时期，各根据地发行的地方性货币约有145种名称，25种面额，636种版别。① 各根据地发行的边币、抗币投入市场后，在与日伪货币及法币开展不同形式的斗争中，各根据地分别建立了区域性的独立自主的货币制度。

1. 陕甘宁边区的货币发行政策

在陕甘宁抗日根据地，其货币发行，以1941年皖南事变为分界线，分为前后两个时期，在前期，根据国共合作的协议，边区政府收回过去发行的苏维埃票，市面上流通的都是法币。由于法币以5元、10元居多，小票缺乏，"找零"在交易上成为问题，而向国民政府领回的八路军军费，经多方交涉，小票也只能给1/10，所以市场上常用邮票找零，老百姓认为邮票不耐用，向边区银行提议发行小票。为稳定物价、活泼市场金融，陕甘宁边区银行接受老百姓的建议，于1938年发行"光华商店代价券"（光华商店是陕甘宁边区银行经营的一个商店）。代价券的票面分2分、5分、1角、2角、5角五种，作为法币的辅币，代价券开始只发行10万元，到1940年12月共发行了310万元。② 但代价券并不是陕甘宁边区的主币，边区流通的主币还是国民政府发行的法币，"光华商店代价券"仅仅是为了方便找零（图4-1）。

"皖南事变"发生后，国民政府即停发八路军军饷，封锁国内外对边区的援济，企图以此来瓦解边区。为建设边区自给自足的经济，保证抗日部队的给养，陕甘宁边区政府不得已停止了法币的发行，而发行作为边区法定货币的边币。

1941年1月30日，陕甘宁边区政府立即发布了《关于停止法币行使的布告》（7条），宣布：从布告之日起，边区境内停止法币行使，凡藏有法币的，须经边区银行总分行或光华商店总分店兑换边区票币行使，禁止私带法币出境。如需带法币出边区境外，100元以上500元以下，须申请专员公署核发准

---

① 殷毅主编：《中国革命根据地印钞造币简史》，北京：中国金融出版社，1996年，第521页。
② 陕甘宁边区财政经济编写组等编：《抗日战争时期陕甘宁边区财政经济史料摘编》（第五编 金融），西安：陕西人民出版社，1981年，第20、69页。

第四章 全面抗战时期中国现代金融制度的发展

图 4-1 延安光华商店代价券

1938年6月—1942年2月，陕甘宁边区银行曾以光华商店名义发行法币的辅币券——延安光华商店代价券

许证，直属各县则直接申请财政厅核发准许证；500元以上，须申请财政厅核发准许证。如有意破坏法令，重则没收，轻则处罚。[①] 尽管规定如此，但在以后实际的执行中，边区政府的法令也未能得到完全贯彻执行，法币仍在根据地内很多县分行使用，而边币与法币兑换之比价也涨落不定。因此，陕甘宁边区政府只能变通执行法令：反对拒用边币，反对以法币做媒介交易，但并不反对法币与边币相互交换。因为边区与国民政府统治区的交易是互相联系的，所以，边币与法币的交换是需要的，出口、入口商人相互交换边币和法币，是不受禁止的。

陕甘宁边区正式发行货币是在1941年2月18日，不过，这种货币始终保持着一种地方性质，只在陕甘宁边区流行，不是全国性的。[②]

[①] 陕甘宁边区财政经济编写组等编：《抗日战争时期陕甘宁边区财政经济史料摘编》（第五编金融），西安：陕西人民出版社，1981年，第517—518页。

[②] 魏协武主编：《黄亚光文稿和日记摘编》，西安：陕西人民出版社，1998年，第23页。

1941年2月22日，陕甘宁边区发出政府训令，指出：在停止法币流通之后，陕甘宁边区银行发行壹元、伍元、拾元的边币是金融上的一种新的重要措施，要求各专员、县长及财政工作人员，对此措施应有正确的认识。边区政府进而说明，发行边钞是为了建立正规的边区金融制度，用边钞逐渐替代光华代价券，使边钞成为唯一的边区通货单位。同时，边区政府也说明边钞发行是有限制的，它以盐税、货物税作保证，一俟边区经济回转，边钞就得从法币影响下解放出来，回到能兑换现金的地位。[①] 1941—1943年边区政府发行有壹角券、贰角券、伍元券、拾元券、伍拾元券、壹佰元券、贰佰元券、伍佰元券、壹仟元券、伍仟元券等十种面值的票券（图4-2）。从1941年2月—1944年，边区政府共发行边币342 321万元。[②]

图4-2 陕甘宁边区银行发行的纸币

---

① 陕甘宁边区财政经济编写组等编：《抗日战争时期陕甘宁边区财政经济史料摘编》（第五编金融），西安：陕西人民出版社，1981年，第99—100页。
② 霍秉诚：《抗日战争时期的陕甘宁边区银行纸币》，《收藏界》2006年第5期，第84页。

1944年5月23日,西北财经办事处经第五次会议发出《关于发行商业流通券的决议》,决议授权边区银行以陕甘宁边区贸易公司的名义发行陕甘宁边区贸易公司商业流通券(简称商业流通券),商业流通券于1944年7月1日正式发行,票面额暂定为伍拾元和拾元两种。商业流通券1元相当于边币15元,与边币比价固定不变。开始发行时,暂定流通券1元相当于法币2元,边币牌价则提至7.5元比法币1元。到1945年,商业流通券的面额已经从2种增加到8种:伍元、拾元、贰拾元、伍拾元、壹佰元、贰佰元、贰佰伍拾元、伍佰元。当初发行时,边区政府曾说明用商业流通券将陕甘宁边币收回到一定程度后,即以新陕甘宁边币回收商业流通券。然而,10个月后,商业流通券占领了市场,两种价值不同的货币仍然并行流通,这给市场带来诸多不便。为此,西北财经办事处决定,自1945年6月1日起,实行以商业流通券为陕甘宁边区本位币的制度,并责成边区银行尽快收回陕甘宁边币(图4-3)。①

图4-3 陕甘宁边区贸易公司商业流通券

总之,全面抗战开始后,由于统一战线关系,陕甘宁边区成为了法币的

---

① 姜宏业:《中国金融通史·(第五卷)新民主主义革命根据地时期》,北京:中国金融出版社,2008年,第163页;陕甘宁边区财政经济编写组等编:《抗日战争时期陕甘宁边区财政经济史料摘编》(第五编金融),西安:陕西人民出版社,1981年,第102页。

流通区域。为了解决市场辅币短缺的问题，1938 年、1940 年陕甘宁边区政府先后发行"光华商店代价券"，作为法币的辅币。1941 年初"皖南事变"后，国民政府完全断绝了对八路军的军饷供应，陕甘宁边区才开始发行边币，并宣布禁止法币流通，但对国统区贸易仍用法币。由于长期"入超"严重，陕甘宁边区政府实行了着重稳定边、法比价而不注重稳定边币币值的货币政策，结果使边币的币值总是随着法币的贬值而贬值，从而使边区的物价总是随着国民政府物价的上涨而上涨，造成边币长期处于被法币牵着走的被动地位。从总体而言，陕甘宁边区长期以来未能摆脱对法币的依赖局面。

2. 华北抗日根据地的货币发行政策

八路军开赴华北抗日前线所建立的各抗日根据地，是比较稳固的，因此，在华北抗日根据地，基本上实行了独立自主的货币体制和货币发行政策。在抗战初期，华北各抗日根据地的货币政策是：禁止伪钞，肃清杂钞，联合法币，同根据地货币固定比价，法币与根据地货币共同流通，并以法币作为准备基金，用以保证根据地货币的币值与信用。"皖南事变"和太平洋战争爆发后，形势发生了变化，多数根据地基本上肃清了法币，彻底摆脱了同法币的联系，实行了独立自主的货币政策，从而使华北根据地的物价与币值相对稳定下来了。

在华北各根据地，最早摆脱与法币联系的是晋察冀边区。在货币发行政策上，在晋察冀边区银行成立不久的 1938 年 8 月 17 日，毛泽东等中共中央领导人曾专门写信给晋察冀边区领导人聂荣臻等作出重要指示，指出边区货币政策应根据的六项原则是：有比较稳定的货币，以备同日寇作持久的斗争；边币数目，不应超过边区市场上的需要数量；边币发行应有准备金：第一货物、第二伪币、第三法币；边区应有适当的对外贸易政策，以作货币政策之后盾；边区财政货币政策应着眼于将来军费之来源；在法币不断跌落之际，边区纸币应维持不低于伪币之比价。① 这些原则全面阐述了边区政府和银行所应采取的货币发行政策。

在晋察冀边区，边币发行权属于晋察冀边区行政委员会，边币发行的渠道，初期是根据边区政府和晋察冀边区银行总行规定发行的，不是通过军政费用开支来投放，而是以兑换法币形式进行投放的，到 1939 年初，边币发行才通过财政发行即支付军政费用的形式来投放（表 4-1）。

---

① 河北省金融研究所编：《晋察冀边区银行》，北京：中国金融出版社，1988 年，第 44—45 页。

表 4-1 1938—1945 年晋察冀边区银行发行用途   (%)

用途	政府用款		投资		贷款		银行业务用款	
年度	年度百分比	累计百分比	年度百分比	累计百分比	年度百分比	累计百分比	年度百分比	累计百分比
1938 年	96.06	96.06	2.76	2.76			1.18	1.18
1939 年	75.93	79.08	-0.69	—			24.76	20.02
1940 年	89.46	85.92	7.88	4.95			2.66	9.13
1941 年	134.21	104.68	-2.36	2.10			-31.85	-6.78
1942 年	83.90	97.18	3.19	2.48			12.91	0.34
1943 年	91.96	95.06	6.13	3.96			1.91	0.98
1944 年	54.2	59.34	6.96	6.58			38.84	34.08
1945 年 8 月	116.36	94.41	-4.12	—			-12.24	5.59

资料来源：河北省金融研究所编：《晋察冀边区银行》，北京：中国金融出版社，1988 年，第 39 页

注：年度百分比，表示年度用款额占年度发行额的百分比；累计百分比，表示年度用款累计额占年度发行累计额的百分比；"投资"及"银行业务用款"栏内负号及其所表示的数字是指用款还收额占政府用款额之百分比

从表 4-1 可知，晋察冀边区银行的货币发行和战时的财政特点分不开，当时的财政来源极为贫乏且没有保障，所以货币发行一开始便表现为财政透支的特点。这种情况在当时是完全可能的，但有计划地主动发行货币，适应社会需要，用政府投资及银行贷款等方式把资金投放到公营事业、合作社及其他有组织的生产事业中，用以充实社会资金、掌握物资和平抑物价，是边币发行的一贯政策。

晋冀鲁豫抗日根据地是共产党在华北开展游击战争的重要战略基地。1940 年 8 月，冀太军政民各界召开金融座谈会。这次会议确定了冀南钞为单一抗日货币。在此之前，当地流通的货币至少有 8 种：①敌伪钞，②山西新旧钞，③河北新旧钞，④银元，⑤法币，⑥各种私人商店、当铺、地方流通券等杂票，⑦上党票，五区各县也自行印制有钞票，⑧冀南银行钞票，其中，后两种是报请太行区行政公署和冀南行政公署后批准发行的抗日票。如此繁杂的货币在一块并不宽阔的区域内流通，金融混乱之状可想而知（图 4-4）。确立单一抗日货币，是根据地金融建设的一大举措。根据地与国统区不能经常取得联系，法币不易流入，致使市场因筹码缺乏、破烂，形成金融死滞、交易呆板的局面。在这种情况下，如果没有根据地内抗日货币的发行，是很难维持经济秩序的。同时，法币受敌人的操纵和破坏，在根据地难以起到应有的作用。推出冀南钞票为单一抗日票，也是保护法币的一种手段。

1940 年 11 月 22 日，山东省财委会发行关于北海银行辅币的通知（图 4-4），

图 4-4 华北抗日根据地发行的纸币

通知强调:"本会为保护法币、稳固金融与粉碎敌寇'以战养战'之经济侵略,争取最后胜利之到来起见,爰拟发行'北海银行'辅币,以资周转而利抗战,其意义之重大,实关整个战略。此'北海银行'之辅币计分壹角、贰角、伍角等三种(计有二十七年度及二十九年度),十足兑换(凑足十角换法币一元)。凡我各地民选政府、部队及附属机关、合作社等,均得负责兑换。"①

发行边区地方本位币,以地方币作为法币与伪币作斗争的外围力量,也是国民政府全国第二次金融会议的决定,是完全符合金融国策与全国抗战利益的。在华北抗日根据地,无论是晋察冀边区银行的流通券或冀南银行的流通券,还是胶东北海银行的流通券或晋东南上党银行的流通券,这些新钞的发行,不但不破坏法币,反而阻止了敌伪对法币的破坏,保护了法币。因为,远处敌后的抗日根据地,在经济上是和大后方隔绝的,只有经过具有巩固信用的新钞的兑换、收集,才能把法币集中保存起来,而不至于被敌伪所盗窃和掠取。其间,华北抗日根据地各银行的流通券,在抗战的经济战线上起着重大的作用,它使华北 6 亿元的法币,不被敌伪盗去;它使伪联合准备银行及朝鲜银行华北分行等敌伪银行所发行的 4 亿元以上的钞票,只能在敌占几个大城市或据点内强迫使用,一离开那里,就完全成为废纸;它使敌伪(除了军事掠夺以外)不能用伪钞从根据地及游击区买得一粒米、一束柴,因而给敌人"以战养战"的阴谋以重大的打击。②

太平洋战争爆发之后,国际贸易停顿,日本侵略者已不能再利用法币套取我国外汇。于是,日伪对根据地一改过去的倾销政策和严密封锁政策,开始将大量法币贬值至 1—2 角,集中向抗日根据地推行,用以抢购根据地物资。在这种情况下,根据地政府为了保持边区的物资力量,不得以在边区内禁止法币流通。1942 年 1 月 5 日,中共中央对各根据地发出了《关于目前法币问题各根据地应采取的对策》,制定了今后各根据地在金融上的总方针:①建立独立的和统一的金融制度,以维护根据地的资源;②对外贸易应实行相当管理,应尽量做到以货易货;③要向着自给自足的路上发展,同时还根据各根据地的具体条件与具体环境,中共中央对华北、华中地区的各根据地制定了不同的对策。华北各根据地如晋察冀、晋冀鲁豫等处,在政治上、经济上都具有比较巩固的基础,边币的信用相当高,法币的信用却逐渐下降:法币不

---

① 中国人民银行金融研究所等编:《中国革命根据地北海银行史料》(第一册),济南:山东人民出版社,1986 年,第 62—63 页。
② 河北省金融研究所编:《晋察冀边区银行》,北京:中国金融出版社,1988 年,第 21—22 页。

但在境内不能流通,并且也极少能够储蓄,在华北一些根据地甚至可以做到完全不用法币。为防止敌人可能利用政治上的宣传、经济上的利诱,以大量法币(战前华北保有法币约6亿—8亿元)向我根据地特别是不够巩固的区域驱入,吸收我资源,扰乱我金融,我们除了与法币断绝联系外,并应:①在经济上实行必要的反封锁,发展生产,利用替代品,减少输入;②在政治上宣传法币跌价的必然性,并在各主要地区附近压低法币价格,以边币换吸一部分,扩大边币流通范围;③当法币流入时,相机贬价收回,以免侵犯边币之流通。①

从1942—1944年春,华北抗日根据地均先后停用了法币,基本上把法币排挤出华北根据地市场,在与敌占区贸易中放弃了以法币为中介的做法,而使边币直接与伪钞发生联系,从而摆脱了边币对法币的依附,在根据地内实现了边币一元化的独立自主的金融制度。

3. 华中根据地的货币发行政策

新四军建立的华中抗日根据地,在"皖南事变"前,由于军事变动性大,抗日民主政权尚未普遍建立,根据地政权不够稳固,因此,其金融货币工作还没有正常开展,法币仍是主要流通媒介。根据地虽然发行了一些流通券,但量小、信用低,不足以取代法币的地位,因此,抗币摆脱同法币联系的过程比较迟。

在华中抗日根据地,1941年,豫鄂边区建设银行发行的建设币,主要流通于豫鄂边区根据地,到1945年发行总额为1.5亿余元;1942年,淮北地方银号币开始发行,1945年8月,该币停止发行,主要流通于淮北以北各县、洪泽湖西北的广大地区;淮南银行币从1942年2月开始发行,到1945年停止发行,主要流通于苏皖边区的津浦铁路两侧,长江以北、淮河以南的广阔地区;1942年春,盐阜银行币开始发行,流通于盐城、盐东、阜宁、阜东、建阳、射阳、滨海、涟东、淮安等地区;1942年11月6日,江淮银行币正式发行,主要流通于苏中根据地;1943年3月,惠农银行流通券发行,主要流通于苏南根据地,到1945年4月,归入江南银行币;1943年6—7月,大江银行币开始发行,主要流通于皖江的长江南北,芜湖以西的无、巢、庐、舒、桐各县,以及皖南的广大地区;1945年4月,浙东银行开业,同时开始发

---

① 鄂豫边区财经史编委会等编:《华中抗日根据地财经史料选编——鄂豫边区、新四军五师部分》,武汉:湖北人民出版社,1989年,第19—20页。

行浙东银行币。① 其中，大江银行在发行大江币时，皖江区党委针对大江币的发行就明确提出了"三防一基金"的方针：一要防止滥发钞票和粗制滥印，每印一批要经过区党委批准；二要防止与旧法币、伪币混杂流通，在中心区禁止使用法币和伪币，各地设兑换所；三要防止敌、伪、顽假造抗币。"一基金"即是有物资储备作基金，物资就是散存在老百姓家里的粮食和集中在公家手里的食盐等。② 由于大江银行认真贯彻这个"三防一基金"的方针，大江币成为了有巩固信誉的、币值比较稳定的抗币之一（图4-5）。

---

① 姜宏业：《中国金融通史·（第五卷）新民主主义革命根据地时期》，北京：中国金融出版社，2008年，第174—178页。
② 应兆麟主编：《皖江抗日根据地财经史稿》，合肥：安徽人民出版社，1985年，第164页。

图 4-5　华中根据地发行的纸币

"皖南事变"之后，1942年1月5日，中共中央对各根据地发出了《关于目前法币问题各根据地应采取的对策》，对于华中各根据地，如鄂豫、苏北等地，由于这些地方军事变动性大，政权基础不稳固，经济上很难做到严密有效的反封锁，金融制度也未建立起来，无论对内还是对外，法币仍是主流货币，边币只是一种临时性的货币，边币信用都在法币之下，因此，在这些地区，想停用法币或与法币断绝联系，以及阻止敌占区法币的流入，都是办不到的，只能从减轻由于法币跌价所造成的损失方面制定政策：①急速成立银行，发行边币，并允许成立钱庄发行地方辅币；②以边币或地方辅币吸收境内法币，以扩大边币或地方辅币的流通范围；③在相当巩固的一定区域，有可能时，动员党、政、军、民、公营商店、合作社将所得之法币随时随地交给贸易局，向境外换回货物，不得再用于境内，更不应囤积，以减少法币在境内停留所遭受的损失。①

对于法币，华中各抗日根据地政府的做法是：其一，逐步压低法币与抗币的比值，在1944年抗币与法币1∶50比值的基础上继续压低法币币值。其二，加速抗币的发行，养成群众以抗币为计算单位的习惯。其三，在食盐及其他物品进入敌顽地区时，力争以货易货，拒不收用法币。1945年8月，新四军政治部发布命令成立华中银行，授权华中银行发行华中币，以适应各地金融斗争及经济建设的需要。华中币仍以实物为基金，准备充实，通行华中各根据地。②

总之，中国共产党在各抗日根据地发行的货币，在抗日战争中发挥了非常重要的作用，它曾是法币的重要盟友、伪币强有力的对手，它使得日军无法彻底"统制"沦陷区经济，从而不能随心所欲地吸吮中国人民的血汗，它支持了各抗日根据地的经济建设与发展，保护了人民的利益，为人民所支持。

二、抗日根据地独立自主的金融发展政策

在抗日战争中，根据中国共产党提出的《抗日救国十大纲领》的精神，抗日根据地在金融上建立了独立自主的金融货币体系。抗日根据地整个财经工作的总方针是："发展经济，保障供给"，即通过发展根据地的农工业生产

---

① 鄂豫边区财经史编委会等编：《华中抗日根据地财经史料选编——鄂豫边区、新四军五师部分》，武汉：湖北人民出版社，1989年，第19—20页。
② 朱超南、杨辉远、陆文培：《淮北抗日根据地财经史稿》，合肥：安徽人民出版社，1985年，第147—148页。

和商业贸易,来保障抗战所需的军政供给和人民生活的相对改善。①这是根据地财经工作的目的与手段。根据这一总方针,根据地银行的基本任务之一,便是为生产服务,为农民服务,通过发放农、工、商业等贷款,发展根据地的经济,以保障战时军民供给。

抗日根据地的金融发展大致经历了以下三个发展阶段:

第一阶段:1941年以前的根据地银行初创阶段。由于资金力量薄弱,货币发行主要用于财政开支,无力支持生产贸易,为了扩大边币流通,提高边币信用,根据地也发放了少量的商业贷款和其他贷款,但由于银行本身缺乏经验,对发展生产的观点不够明确,发放货款仍用旧银行的办法,发放贷款的手续繁杂,注重财产抵押,这使得群众望而生畏,不愿借贷,对生产帮助不大。

全面抗战初期,陕甘宁边区银行主要利用国民政府拨付的八路军款项兼营商业贸易。国民政府每月拨付给八路军的抗日军饷,由八路军驻西安办事处负责领取后,将款项的一部分送交延安,另一部分则支持光华商店的进货,由光华商店供应给机关、部队、学校等。据统计:自1938—1940年上半年,陕甘宁边区将银行资金总额的28%—49%投入光华商店,用以发展商业。②

在华北抗日根据地,晋察冀边区银行,1939年贷款只有一项,即商业贷款,数额为2 776 883元;1940年商业贷款幅度变动不大,数额为2 397 792元,同时增加了合作社贷款,数额为28 430 800元,合作社贷款比商业贷款多11倍。合作社贷款因各地需求不一,用途也有差异。1940年的合作社贷款,冀中着重用于生产合作,冀西用于运销合作。合作社贷款的利息很低,月利仅4厘,国统区和敌占区一般为1分2厘。兑换业务,主要是群众以法币或杂钞兑换边币,以便使边币在市场上流通使用,或者群众需要到法币流通的边缘地区或敌占区购买物品,给群众以兑换法币的方便。③

第二阶段:1941—1942年根据地银行大量发放生产贷款的阶段。1941年以后,由于国民政府停发了八路军、新四军的军饷,各抗日根据地失去了主要的财政收入来源,形势急剧恶化,财政供给紧张,根据地军民于是自力更生,战胜了困难,银行也开始发放了大量生产贷款,但银行发放生产贷款,主要是支持公营企业、合作社经济和机关生产,对私人经济支持较少。

---

① 毛泽东:《毛泽东选集》第2卷,北京:人民出版社,1991年,第356页。
② 星光、张扬主编:《抗日战争时期陕甘宁边区财政经济史稿》,西安:西北大学出版社,1988年,第110页。
③ 魏宏运主编:《晋察冀抗日根据地财政经济史稿》,北京:档案出版社,1990年,第67—68页。

1941 年后，陕甘宁边区银行对生产建设事业放款，包括对私人农业、机关农业、工业、盐业、运输业及合作社的放款。其中，仅难民工厂、振华纸厂、化学厂、纬华毛织厂、交通纺织厂、新华制革厂等六家工厂，1941 年银行通过借款、实物贷款、临时周转等方式给予它们贷款就近 140 万元，使这些工厂得以保证原料供给，继续生产并扩大营业。但是，1941 年生产建设放款工作中，银行对于农业放款和私人经济放款远未引起重视，甚至对于私人经济完全没有投资。作为主要从事农业生产的边区，1941 年上半年农业放款只有 13.4 万元，仅占同期放款总额的 0.77%，下半年放款 16.9 万元，也只占同期放款总额的 1.81%，而且 1941 年下半年全贷给了机关、部队和学校，并不是贷给广大农民。①

　　1941 年秋，日寇对晋察冀边区进行了残酷扫荡，牲畜、农具被掠夺一空，人民无力生产。晋察冀边区银行举办了实业放款，以扶植农业——牲畜、农具、种子、肥料等，工业——工矿、纺织、家庭副业等，商业——对外贸易及边区内地商品之运销。放款金额以 10—300 元为限，期限分为定期、活期两种，最高限期不得超过两年。放款利率：农、工、矿业为月息 5 厘，商业活期者月息 8 厘，定期 3 个月者月息 7 厘、6 个月者月息 6.5 厘。农业贷款保证，限于商店、富户、村公所、土地抵押四种。工、商、矿业须取具殷实之工、商、矿业保证一个，家庭副业可取其住户保证两个。②

　　自太平洋战争爆发以后，上海、香港均已成为"死港"，国民政府放弃了对沪、港法币的维护。为了防止敌伪用各种手段将大量法币向各根据地抛出，来吸收根据地资源，扰乱根据地金融，1942 年 2 月 5 日，中共中央财政经济部向各根据地作出了指示，规定各根据地在金融方面的总方针是：①建立独立与统一的金融制度，以维持根据地资源，努力发展私人经济，特别是农业，以其税收收入来解决财政问题，不专靠发行为财政主要来源。②对外贸易应实行相当统制，尽量做到以物易物，有计划地管理主要贸易，以剩余产品换进缺少的或不足的必需品。③各根据地要根据各自的具体条件与环境，在自给自足的路上发展。③

　　1942 年，鄂豫边区建设银行根据区党委的指示，发放农业贷款、手工业

---

① 星光、张扬主编：《抗日战争时期陕甘宁边区财政经济史稿》，西安：西北大学出版社，1988年，第 255 页。
② 河北省金融研究所编：《晋察冀边区银行》，北京：中国金融出版社，1988 年，第 55—56 页。
③ 江苏省财政厅、江苏省档案馆合编：《华中抗日根据地财政经济史料选编》（江苏部分）第 1 卷，北京：档案出版社，1984 年，第 27—28 页。

贷款和商业贷款，把大力支持边区建设事业作为银行的一项重要任务。银行在洛阳店、九口堰、古城畈、张畈等地发放农贷，并建立10余处消费合作社，发放无息贷款边币2万元。这解决了农民资金不足，生产工具破旧、无力修补，以及饼肥、石灰价格高涨、无力购买等困难，帮助农民渡过了难关，支援了农业生产。1941年，边区灾荒严重，政府领导边区人民大搞生产自救，开展"千塘百坝"兴修水利的运动，由边区建设银行拨出300万元边币，作为兴修水利的经费，1942年冬，水利开始兴修，1943年4月下旬工程竣工，共建坝106座，塘和堰1063个，超额完成了任务，保证了丰收。在边区政府和边区银行的大力支持下，边区行署和所辖各县，先后办起了一批工厂，另外还有一些由政府资助、私人办的工厂。在扶助工厂的同时，边区银行还以货币金融来调节边区的贸易。某种贸易需要得到发展，银行即在资金贷款上给予支持，某种贸易需要得到制约其发展，银行即从货币金融上进行限制。①

第三阶段：1943—1945年，根据地银行扩大贷款种类。1943年以后，随着根据地大生产运动的开展，生产贷款才走出狭小的圈子，转向支持私营经济，开始面向群众，大力发放农业贷款。

1943年后，在支持陕甘宁边区大生产，争取抗日战争的最后胜利中，陕甘宁边区银行的放款逐年增加。1943年，各种放款总额33 078万元，比1942年同期放款总额增加3.2倍，其中生产建设放款比上年增加78.9%，财政机关放款比上年增加56.2%。1944年年底，放款总额219 452万元，比1943年同期放款总额增加5.6倍，其中生产建设放款比上年增加35倍，若加上特别放款部分，则生产建设放款数额更大。由此可见，1944年边区银行放款业务的重心是支持边区生产建设。1945年6月底，放款总额为287 919万元（合商业流通券14 395.9万元），比1944年年底放款总额增加31.2%，其中财政机关放款比上年增加3.9倍，这主要是支持抗日战争大举反攻的经费需要。②

1943年3月12日，晋冀鲁豫边区政府颁布《农业贷款办法》，其中规定：农贷期限，一般是8个月，最长以不超过一年为原则，具体可分1个月、3个月、6个月不等。水利贷款额数较大，可分期偿还，但最长不得超过4年。农贷利息实行低利政策，1941年个体月息7厘，集体月息6厘。1942年，因自然灾害曾放过无息贷款，1943年水利贷款年息7厘，后改为2—6厘。农村信

---

① 刘跃光、李倩文主编：《华中抗日根据地鄂豫边财政经济史》，武汉：武汉大学出版社，1987年，第68—69页。
② 中国人民银行陕西省分行等编：《陕甘宁边区金融史》，北京：中国金融出版社，1992年，第142—143页。

用合作社可执行月息3厘—2分,对孤寡者贷款不计息。贷款额度:农业生产合作社贷款额不得超过其股金总额,劳动互助小组、开荒队、极贫抗属及灾民贷款额,各县可以根据情况自定。贷款手续:借款者必须与银行订立契约,自找保证人,保证人以村级干部或殷实农户为主,无保人者可以实物抵押贷款。据此,太行区冀南银行办理的农贷金额直线上升。1940年,农贷占全部放款的51.11%,1945年,农贷上升到82.17%,其中:个体占90%,集体占10%。1943年辽县第四区有8个村336户,贷款67 200元,其中,用于购买农具占63.68%,购买耕牛占19.52%,购买种子占2.9%,用于生活占13.9%。除了大力发展农业,太行区的工副业、手工业也成为银行贷款扶持的对象,武乡县办了织布厂,榆社县建了毛线厂,人们都称是"三属厂"(抗属、烈属、干属)。在工人中除雇用技术人员外,都是家属,把家庭组织安排好,使亲人在前线和工作岗位上英勇杀敌,安心工作。银行贷款还扶持黎城的柿子、辽县的核桃、和顺的麻皮、平定的砂锅,以发展生产,增加出口。①

总的看来,根据地对发放生产贷款是很重视的,其金融发展经历了货币从主要用于财政开支,到逐渐用于支持根据地生产的过程。根据地把金融作为领导与支持整个农工业生产的重要手段,并且尽其所能,发放了相当数量的生产贷款,帮助部分群众解决了生产和生活中的困难,这对于提高群众生产积极性,打击农村高利贷活动,促使边币与生产相结合,稳定金融,增加生产以及扩大中国共产党和根据地政府在群众中的政治影响等方面,都起了重要作用。

三、抗日根据地严格的金融管理政策

全面抗战时期,共产党在各个根据地虽然分别建立了根据地自己的银行,但却与全面抗战前的根据地银行不一样。全面抗战前的根据地虽然建立了各自的银行,但1933年中央苏区建立的是具有中央银行性质的统一的中华苏维埃共和国国家银行,全面抗战时期的根据地银行,则都是由各抗日根据地政府各自独立领导并出资设立的政府银行,是各抗日根据地政府的金融机关。根据地银行不论在组织机构上,还是在本身业务上,与根据地政府都是紧密相连的,但银行和各抗日根据地政府毕竟是两个不同的职能部门,在抗日战争中,二者关系如何处置的确是根据地政府所面临的重大问题。在华北的晋

---

① 武博山主编:《回忆冀南银行九年(1939—1948)》,北京:中国金融出版社,1993年,第226—228页。

察冀抗日根据地，1941年6月边区行政委员会，在"关于政府与银行关系的决定"中作了规定，明确指出银行的分行、办事处、营业所（代办所）除受上级银行的领导外，并受同级政府的双重领导。银行的分行是总行的代表机关，接受总行的业务方针、工作部署的指导，它的具体工作应对总行负完全责任，而分行本身又有其机动性，它直接领导办事处，总行领导办事处则要通过分行，银行办事处、营业所的设置与撤销，则一律由边委会批准。这就明确了边区银行与边区政府之间的关系，保证了金库制度、会计制度在全边区内的一致性，也就是所有边区银行的制度规定决定权在根据地政府。这就加强了根据地政府对根据地银行的领导，使根据地银行在对敌经济斗争中，在支援根据地生产事业上，更好地发挥作用。① 晋察冀边区政府关于根据地银行与政府关系的决定，反映了抗战时期的整个抗日根据地边区政府与银行的关系。各根据地银行的基本任务是：贯彻执行政府的经济政策，发行边币或抗币，开展货币斗争，保护人民财富，稳定物价，支持财政，发展生产，借以巩固抗日根据地，支援抗日战争。

在陕甘宁根据地，1937年10月1日，陕甘宁边区银行成立，行址在延安市场沟，曹菊如任行长，由边区政府领导。1938年底，中共中央财政经济部成立，李富春任部长，曹菊如任副部长，统一管理边区财政经济，边区银行改归中央财政经济部领导。1940年冬，中共中央财政经济部将边区的财政经济工作交边区政府管理（该部着重从事财政经济工作的研究），边区银行仍归边区政府领导。② 边区政府成立银行委员会，由陕甘宁边区政府主席林伯渠兼任委员会主席，银行委员会的设立，加强了边区政府对银行的领导工作。1942年10月，为统一领导陕甘宁边区及晋西北根据地的财经工作，西北财经办事处成立，它兼具边区银行委员会的职能，银行具体工作由边区政府财政厅领导。1943年5月，西北财经办事处决定将边区银行划归财政厅管辖，直至1945年抗战胜利。③

陕甘宁边区银行的组织机构，从纵的垂直管理体制来看，其最高立法和监督机关为银行委员会，下分为总行、分行、支行、办事处、货币交换所；

---

① 魏宏运主编：《晋察冀抗日根据地财政经济史稿》，北京：档案出版社，1990年，第69页。
② 星光、张扬主编：《抗日战争时期陕甘宁边区财政经济史稿》，西安：西北大学出版社，1988年，第108页。
③ 姜宏业：《中国金融通史·（第五卷）新民主主义革命根据地时期》，北京：中国金融出版社，2008年，第133页。

从边区银行内部横的组织机构层次来看,二级机构是处,三级机构是科。[①] 经过十多年的实践证明,边区银行的组织机构,是一套既有明确分工,又有密切联系,行动灵活、富有生命力的组织机构。它不仅为抗日战争时各根据地的银行机构建设起着值得效法的楷模作用,而且,这种组织机构的格局,对后来的银行机构建设也起着一定的作用。

1938年初,晋察冀边区政府成立,金融业归属边区政府财政处管辖,处长由边区行政委员会主任宋劭文兼任。1939年10月15日,由冀南行署建立的冀南银行正式成立,太行银行与冀南银行同时宣布营业,发行冀钞,内部组织分营业、总务、发行等三部分,总经理高捷成,经理赖勤、副经理胡景沄。1941年2月,太岳行署区开始设立冀南银行机构组织,称太岳分行,太岳分行只在岳北建立工作,发放商业放款,繁荣市场。太行地区冀南银行实行监委制,各个分行取消政治指导员,改设监察委员,监察委员与分行主任平级,实行监委制的目的是保证共产党和根据地政府政策执行及行政任务之完成,巩固银行与政府的关系,加强银行干部政治生活。1944年10月15日,冀南银行太行区行成立,与工商管理总局合并办公,双方负责人也互相兼职,总局局长王兴让同时兼区行行长,总局局长胡景沄同时兼区行副行长,监委为赖勤,冀南银行总行行长和副行长仍由赖勤和胡景沄担任。总局、区行内部设7科3室(工商行政管理科、工业科、商业合作科、税务科、信贷业务科、会计科、总务科以及政策研究室、人事办公室、秘书室),分区(即专区)银行、工商局合并为银行工商分行、局;县银行办事处、工商局合并为银行、工商县办局,其负责人亦互相兼职。1944年底,冀南行政主任公署与冀鲁豫行政主任公署合并办公,两区银行和工商局机构亦实行一元化领导,货币管理、银行信贷、工商行政管理以及商业经营等工作紧密结合进行,取得了显著成绩。1945年3月,太岳区经济部门机构改组,生产部门、工商部门、银行部门均合并,统一归经济局领导,这样做的目的是加强一元化组织力量。1945年5月,冀西银行与冀南区行合并为冀鲁豫银行,林海云兼行长(与工商局联合办公)。[②]

从1940年起,华中抗日根据地先后成立了根据地银行,它们都是在新四军建立的各抗日根据地政府的直接领导之下组建的,如:1941年4月1日,

---

① 中国人民银行陕西省分行等编:《陕甘宁边区金融史》,北京:中国金融出版社,1992年,第11页。

② 中国人民银行河北省分行编:《冀南银行》(第一册),石家庄:河北人民出版社,1989年,第56—57页。

在盐城正式成立的江淮银行，由新四军军部财经部负责筹建，行长由财经部部长朱毅兼任，银行与军部财经部一起办公；1941年7—8月建立的鄂豫边区建设银行，归鄂豫边区行政公署财政处直接领导；1942年4月16日，盐阜银行成立，其行长由盐阜行政公署财经处处长骆耕漠兼任；1942年5月建立的淮北地方银号，总号直接设在淮北行政公署；1942年8月，大江银行成立，与皖中行政公署财经处一起办公，由财经处处长叶进明兼行长；1942年10月，惠农银行由苏南地区抗日民主政权财政经济处创建，行长由江南财经处处长李建模兼任。

全面抗战时期，各抗日根据地银行，是新民主主义公营经济的重要组成部分，所有权归各抗日根据地政府，负责经营各根据地的信贷业务，是各根据地金融活动的中心，为发展抗日根据地生产、繁荣根据地经济而服务。在抗日战争期间，各根据地银行的一切工作，都是为了完成共同的政治任务——打败日本侵略者。抗日根据地银行的建立、巩固和发展，对活跃边区经济，发展工农业生活，繁荣商业，调剂和改善人民生活起了很大作用。抗日根据地的银行存、放款活动，是对几千年来高利贷剥削的革命，是把广大劳苦大众从经济困境中解放出来的一个重要手段。根据地的银行、金融制度与金融管理，是在特定的历史条件下，为活跃根据地经济，稳定金融，促进生产以及克服财政困难，改善人民生活而建立和发展的，它是抗日战争时期财政金融事业上的一项创举，在中国金融货币史中占有重要的地位，为中国金融事业的现代化奠定了一定的基础。

第五章 全面抗战时期的金融家与现代金融人才的培养

金融的元素是金融资本,但更重要的元素是人力资本,是高素质的专业人才。近代中国金融现代化的实现就需要集中一大批学历最高、素质最好的金融专业人才。然而,自近代以来,西部地区不仅经济金融事业非常落后,金融人才的教育培养也很落后,致使金融人才十分奇缺。1937年全面抗战爆发后,随着国民政府的西迁,中国金融中心迅速从上海转向重庆,这带动了西部地区经济金融业的快速发展,同时对抗战时期中国金融现代化进程起到推进作用的。除了大的社会环境,整个工商业、社会、政府的政策等,金融家与金融人才同样起着十分重要的作用。全面抗战时期,在西南、西北大后方及共产党建立的各抗日根据地,如此众多的金融机构的建立,除了需要很多有名望、有影响、有地位的金融家、银行家之外,还需要大量的懂得现代金融业务的金融人才,而这些金融家与金融人才,有的是从东部发达地区内迁转移到大后方或各抗日根据地的;有的是从大后方及各抗日根据地各类学校中培养出来的;有的则是大后方及各抗日根据地的金融机构自己培养的,他们共同为战时中国的抗战大后方与抗日根据地的金融现代化做出了自己应有的贡献。

本章通过对抗战大后方及抗日根据地现代金融家与金融人才的培养的探讨,分析了全面抗战时期金融家对大后方及根据地金融现代化建设所做的贡献,研究了现代金融人才培养的途径和特点,揭示了大后方及根据地现代金融人才的培养对大后方经济金融事业的发展,以及中国西部地区经济金融现代化的推动所产生的巨大作用。但同时,其中的经验教训也为当今金融人才培养提供了可借鉴的东西。

第一节　全面抗战时期大后方的金融家

全面抗战爆发以前，国民政府以上海为中心形成了自己的现代化金融体系，从而也以上海为中心聚集了一大批金融家，他们为中国的金融现代化贡献了自己的力量。全面抗战爆发后，随着国民政府西迁重庆，国民政府统治的大后方也出现了一批金融家，他们为抗战时期大后方的金融现代化同样做出了不可磨灭的贡献。

20世纪20—30年代，现代新式银行开始在金融业中占据重要地位，以中国的金融中心上海为核心，已经形成一批金融家，尤其是一批在国外接受过经济、金融教育的专业人员，他们进入以银行为主体的金融业，从而加速了中国金融现代化的趋向。据《全国银行年鉴》统计，到1936年时，全国有华资银行164家，其中54家的总行设在上海，其数量约占当时华资银行总数的三分之一，其资本额约占华资银行资本总额的59.5%。① 由于大量的银行集中于上海，在上海便形成了一个具有一定规模的银行家阶层，其中比较有名的是中国银行总经理张嘉璈、上海商业储蓄银行总经理陈光甫、金城银行总经理周作民、浙江实业银行总经理李铭、浙江兴业银行总司库徐寄顾及总经理徐新六、交通银行董事长胡笔江及总经理唐寿民、四行储蓄会代主任钱永铭、新华银行总经理王志莘、中国垦业银行董事长兼总经理秦润卿、上海银行业同业公会联合准备委员会经理朱博泉等，还包括中国通商银行董事长、后改任常务董事的傅筱庵。他们中的大多数人都是留学国外、学有所成的爱国知识分子，回国后抱定通过发展自由资本主义以拯救中国的宗旨，凭着自己的才干和社会给予的良好机遇，作为经营者而非投资者，成功地管理着一批颇具规模的银行，他们是当时中国资产阶级中最富有现代化色彩的一个企业家集团。从个人角度来看，全面抗战前夕，他们的事业正处于如日中天的鼎盛阶段。② 例如，陈光甫、张嘉璈、周作民、李铭等人，他们学有所长，不拘泥于传统的经营管理模式，具有现代眼光和经营理念，逐渐在金融界崭露头角，开始掌握金融业的实权；他们敢于采用现代金融管理方法，起用大量的国内外学校教育培养出来的金融专业人才；他们本身具有深厚的现代金融理论素养和丰富的实践经验，对推动银行业的现代化潮流起了重要的作用。

---

① 中国银行总管理处经济研究室编：《全国银行年鉴》（1937年），上海：汉文正楷印书局，1937年，第A12—17页。
② 李一翔：《论抗战时期的上海银行家》，《上海党史研究》1995年第1期，第158页。

由于近代中国的其他金融机构，如保险、证券等，与银行有着千丝万缕的联系，且很多都是由银行家直接创办的，如中央信托局保险部是由中央银行一次性拨足国币 500 万元创立的，会计独立，孔祥熙兼任理事长；中国保险公司是由中国银行总经理宋汉章发起成立的，其股东大半为中国银行高级职员及银行界人士[1]；再如，20 世纪 30 年代，在中国出现的主要证券交易所，也与银行有着密切的关联，如 1932 年 4 月建立的重庆证券交易所，就是由重庆银行公会主席康心如召集，并推银行公会会员——7 名银行经理人加入从而发起组织的[2]。重庆证券交易所第一届理事长为聚兴诚银行总经理杨粲三，常务理事均为重庆金融界的头面人物：川康银行协理康心之，平民银行经理张子黎，重庆钱业公会主席、安定钱庄经理卢澜康，及一般股东中的邹侠舟，其余理事人、监事人人选，还有美丰银行的康心如、周见三，川盐银行的吴受彤，川康银行的刘航琛等[3]。因此，我们在论述金融家时主要以银行家为主，兼及其他。

全面抗战爆发后，上海银行家作为一个整体，随着战局的变化和国家金融中心的转移，频繁来往于上海—汉口—香港—重庆之间，为稳定战时全国金融、支持抗战而竭诚服务。随着战局急速变化，上海很快陷入敌手，于是，银行家们有的退入租界，有的则撤往香港及内地，继续维持金融局面，为战争服务，在撤往大后方的途中，便发生了胡笔江、徐新六两位上海银行家为国捐躯的事件。

胡笔江（1881—1938，谱名敏贤，名筠，字笔江，江苏江都人）。早年在钱庄、银号当练习生和店员，初步积累了金融业的工作经验，后到交通银行工作，深得交行总经理梁士诒厚爱，被破格提拔，不久晋升总行稽核、北京分行副经理、经理（图 5-1）。1921 年 6 月 5 日，南洋华侨黄奕住在上海创立中南银行，由黄奕住任董事长、胡笔江任总经理，经营大权全部由胡笔江掌控。交通银行总部从北京迁到上海后，1933 年 4 月再次改组时，宋子文推荐胡笔江担任交行董事长，至此，自 1934 年起胡笔江开始兼任交通银行董事长。全面抗战开始后，胡笔江带头捐钱捐物支持抗日，还到上海电台发表誓死抗战的演讲，充分体现了民族金融家的拳拳爱国之心。作为交通银行的董事长，

---

[1] 颜鹏飞主编：《中国保险史志（1805—1949）》，上海：上海社会科学院出版社，1989 年，第 297、247 页。
[2] 重庆市档案馆馆藏重庆市银行商业同业公会未刊档案，档号：0086—1—117。
[3] 卢澜康：《重庆证券交易所的兴亡》，全国政协文史资料委员会编：《文史资料选辑》第 149 辑，北京：中国文史出版社，2002 年，第 77 页。

胡笔江按照政府指令,将总行改为总管理处,随同政府撤往汉口。为了业务上的便利,胡笔江本人却移至香港,负责指挥、调度全行业务。①

徐新六(1890—1938,字振飞,浙江余杭人)。早年赴英国留学,专攻经济学,先后毕业于伯明翰大学和维多利亚大学,1913 年转赴法国,进入巴黎国立政治学院学习财政管理。归国后任北京政府财政部官员兼北大教授,后曾任财政总长梁启超的秘书。20 世纪 20 年代初,雄心勃勃的徐新六已改行进入金融界;1925 年起,他出任浙江兴业银行总经理(图 5-2);1927 年年底,国民政府已在南京成立,有着英法留学背景、熟悉洋务的徐新六当选为上海公共租界纳税华人会执行委员、上海公共租界工商局华董等要职,还曾一度兼任复旦大学校长,《时事新报》《大陆报》、申报电讯社董事长及交通银行、中国实业银行等机构的董事,并且他一向主张抗日。②浙江兴业银在徐新六的带领下得到迅速发展,它广设分支机构,以吸收各地存款,至抗战前夕,其分支机构已达 35 处。

图 5-1 胡笔江

图 5-2 徐新六

胡笔江、徐新六二人皆为近代中国知名银行家。1937 年 11 月,上海沦陷后,国民政府财政部几次从重庆或香港致函给徐新六,要求他与尚留在租界内的李铭等人一起维护上海的金融市面。到 1938 年 8 月初,国民政府计划派出一个由民间人士组成的代表团去美国争取援助,浙江兴业银行董事长兼总经理徐新六被内定为赴美国争取美援的首席代表。而时任交通银行董事长的

---

① 李涌金、胡厚强:《爱国金融巨子胡笔江》,《上海人大》2009 年第 5 期,第 53—54 页。
② 张家胜、王磊:《侵华日军谋杀银行家徐新六内幕》,《文史春秋》2006 年第 9 期,第 11 页。

胡笔江，在香港也接到国民政府财政部的电报，电报邀请他到重庆商量筹款赴美国购买飞机抗日的事宜。1938年8月24日晨，徐、胡二人由香港乘中国航空公司"桂林号"民航班机飞重庆。刚飞到广东珠江口上空，飞机突然遭到日军战斗机的密集射击，顷刻机身先后着弹多处，抵达中山县时飞机已无法飞行，只好迫降在张家边的水面上。正当胡、徐等人挣扎着从机舱爬出时，残忍至极的日机又俯冲下来，用机枪猛烈扫射，胡、徐当即中弹身亡，一代金融巨星就此陨落。

"桂林号"民航机遭袭和金融家胡笔江、徐新六遇难殉职，举世震惊，中、美等国领导人纷纷发表讲话，严厉谴责日军击毁民航机的罪行，上海、香港两地有关机构先后举行了一系列的追悼纪念活动。1938年8月28日，上海市银钱业业余联谊会致上海市银行同业公会函：为纪念两公，9月16日出版之《银钱界》，刊一追悼两公之特辑，以志哀思。上海市银行同业公会发起胡笔江、徐新六先生的追悼会，定于9月21日（星期三）下午4时，在八仙桥青年会开追悼大会，以志哀思。而1938年8月25日香港《工商晚报》新闻版不仅详细报道"桂林号"机长活士报告被日机袭击的详细经过，还发表机长致美国的长函，力主严重抗议，以维护在华利益。[①] 1938年9月4日，追悼会隆重举行，上海、汉口和香港等地下半旗志哀。毛泽东、朱德、彭德怀送了花圈挽联，毛泽东在挽联中称胡笔江为"金融巨子"，高度评价了他的人品和事业，充分肯定了胡笔江在抗日战争中为国谋划战时经济和支持发展后方金融事业所作的杰出贡献。[②]

全面抗战时期，西南、西北大后方的金融业现代化建设与发展取得了相当大的成就，其中金融业中出现了一批有见识、敢于创新的金融家们，而金融家们开拓创新的良好素质又促使大后方金融业走上了现代化发展道路。

全面抗日战争时期，对大后方金融业现代化做出贡献的首推孔祥熙。虽然孔祥熙不是单纯的银行家、金融家，但他与战时的金融业有着重要的联系，甚至在某些金融政策的制定与执行上起着决定性的作用。战时的孔祥熙，任国民政府行政院副院长（1938—1939年为行政院长），并兼任国民政府财政部部长、中央银行总裁和四联总处副主席等职（图5-3）。这一时期，孔祥熙作为国民政府主管财政金融的首脑、金融银行界的领袖人物之一，厉行《抗战建国纲领》中关于强化金融监管、统制银行业务、调剂市场金融等重要金融

---

① 《徐新六、胡笔江遇难纪念史料选辑》，《档案与史学》2003年第6期，第16—20页。
② 李涌金、胡厚强：《爱国金融巨子胡笔江》，《上海人大》2009年第5期，第54页。

政策。为了适应抗战建国的需要,孔祥熙扩充西南、西北金融网,推行设立省、县银行,调剂地方金融,协助政府抢购物资,贡献颇多,特别是他主张严加监管商业银行,对国民政府的金融稳定乃至经济发展都有着积极的影响。而孔祥熙的完善中央银行职能、划分银行业务、健全金融机构、强化银行监管、融通社会资金等在金融方面的思想和实践,则为现代银行制度在中国的确立奠定了良好的基础。在孔祥熙的影响下,中国的银行业渐趋规范,金融业逐步稳定,从而带动了生产的发展和经济的恢复。其间,在恶劣的国内外环境下,在惨烈的抗日战争中,银行金融不仅没有崩溃破产(当然,这与全国人民的支持和国际社会的积极援助分不开),反而在孔祥熙 1944 年 11 月辞去财政部部长时,国库仍存有美金外汇 9 亿余元,黄金 600 余万两,共计美元 12 亿元的财产,这其中的经验值得我们深思。[①]

图 5-3　重庆孔祥熙官邸

重庆孔园始建于 1939 年,位于南温泉核心景区虎啸村建文峰,是时任国民党财政部部长、中国银行行长的孔祥熙在重庆的住所

---

① 张乃中:《孔祥熙银行思想研究》,《山西财政税务专科学校学报》2006 年第 4 期,第 22—25 页。

宋子文与孔祥熙一样，都不是单纯的银行家、金融家，抗战时期的宋子文没有孔祥熙与国民政府金融业联系的那么紧密，但是他在中国银行任董事长，1939年9月8日他被国民政府特派为四联总处常务理事，10月2日他在重庆范庄参加四联总处理事会第一次会议，被会议确定为四联总处战时经济委员会委员和战时金融委员会委员。①正是凭着这样的身份和他在金融业中的广泛联系与影响，宋子文对战时国民政府金融制度的规划与实施，对战时大后方金融业和金融界的影响和作用还是相当大的（图5-4）。

图5-4　宋子文重庆旧居

该旧居位于重庆市渝中区四新路，半隐在一座小山丘上，曾为抗战时期宋子文在重庆的公馆

全面抗战爆发之前的上海金融家们，在战时有了一定的分化，但还是有不少金融家们对大后方的金融业发展有着重要的影响力。如上海商业储蓄银行的总经理陈光甫，在全面抗战爆发前，已经是上海银行公会主席；在全面抗战时期，他已经不仅仅是一位银行家（全面抗战爆发前是上海商业储蓄银行的总经理，1944年5月起，改任董事长），而是已经进入国民政府的决策层（图5-5）。陈光甫曾经担任过两个职务，一个是贸易调整委员会主任，一个是中、英、美平准基金委员会主席，而上海商业储蓄银行战时业务经营的方向也主要是这两个方面，正因为如此，上海商业储蓄银行在战时终于成为重庆9家特许经营的外汇银行之一（包括国家银行中央、中国、交通、中国农民四家，外资银行汇丰、麦加利两家，民营资本银行便是上海、金城和浙江兴业三家）。陈光甫在战时大搞商业经营，大规模地囤积商品，为此成立专门从事

---

① 吴景平：《宋子文政治生涯编年》，福州：福建人民出版社，1998年，第339页。

商业经营活动的机构——大业贸易公司。在陈光甫的领导下，战时上海商业储蓄银行不仅从商业经营和外汇经营中获得了暴利，而且还从不断的通货贬值中获得了好处。①

图 5-5　抗战时期的陈光甫

全面抗战爆发后，中国面临财政危机，国民政府决定寻求美国的帮助，1938 年 9 月，蒋介石派陈光甫赴美洽谈贷款事宜。最终经过多方奔走，陈光甫促成了 2500 万美元的"桐油借款"，1940 年又谈成了 2000 万美元的"华锡借款"，为抗战做出巨大贡献

全面抗战时期，李铭、钱永铭、王志莘、张嘉璈、周作民、吴鼎昌等人先后辗转各地。李铭，1941 年 2 月，遭到汪伪政府的通缉，被迫秘密离沪去了美国。钱永铭在胡笔江遇难后继任交通银行董事长，1939 年 10 月，四联总处改组后，他又代表交通银行出任常务理事，直接参与政府财政金融事务的高层决策。王志莘于战争开始后便率部分银行人员撤至汉口，再转到重庆，在重庆成立了新华银行总管理处，领导大后方各分行业务。张嘉璈则完全脱离了银行业务，专事政府公职，致力于改善大后方的交通运输条件，1942 年年底他辞职后赴美，从事战后经济恢复与发展的设计研究工作。全面抗战开始后，金城银行总经理周作民虽坐镇上海，但却和重庆的一些要人如张群、吴鼎昌等仍保持联系，不得不说，周作民的人际关系网，对金城银行在大后方的发展起着至关重要的作用。太平洋战争爆发后，日军占领香港，拘留了当时在港办事的周作民。周作民后被遣送回沪，虽曾对抗战前途悲观，但也未

---

① 吴经砚等：《陈光甫与上海银行》，北京：中国文史出版社，1991 年，第 29—30 页。

公开投敌。由于沪、渝交通断绝，大后方对外的通路全断，周作民因此未到大后方，也放弃了对大后方金城银行的管理。抗战时期的吴鼎昌，已经离开了金融业，1937年7月，兼任国民政府军事委员会第四部部长，主持京、沪企业的内迁工作；1937年11月，吴鼎昌转任贵州省政府主席兼滇黔绥靖公署副主任；1937年12月吴鼎昌兼任贵州全省保安司令，主政贵州六年（1937—1943）；1945年1月，吴鼎昌从贵州到重庆，担任国民政府文官长，成了蒋介石的重要幕僚之一。①

在国家银行的带动下，大后方本地的金融机构也纷纷建立起来，同时也涌现出了一大批本地的金融家，如：聚兴诚银行在总经理杨粲三（1887—1962）带领下（图5-6），秉承"服务社会，便利人群，稳健经营，不投机取巧"的经营理念，获得进一步发展。1938年夏，聚兴诚银行在香港成立分行。为加强西南业务，聚兴诚银行又添设了衡阳、柳州、昆明（1938年6月设支行，1940年4月升为分行）、贵阳（1941年6月设立办事处，1942年1月升为支行）、老河口、沅陵等分支行，在四川省内增设内江、自流井、乐山、泸县、叙府、遂宁、赵家渡、石桥、新都等处分支机构。1940年3月，聚兴诚银行增资为400万元，1942年2月，增资为1000万元。这样，聚兴诚银行不仅成为最具有经济实力和社会影响的川帮银行，而且成为大后方的重要银行之一。②到1943年，聚兴诚银行在全国各地的分支机构已达33个，这些分支机构的资本总额已达4.59亿元法币，为聚兴诚银行资本总额的45倍多。1944年年底，聚兴诚银行存款额达法币6.5亿元，是1943年存款额的三倍。到1946年，聚兴诚银行被指定为少数几家经营外汇的民营银行之一，更是蜚声国际金融界。四川美丰银行，在总经理康心如的领导下，1937—1942年先后在四川的乐山、涪陵、合川、南充、叙永、江津、北碚、雅安、自流井、中坝、犍为、三汇、达县、五通桥，贵州的遵义等15个地方设办事处以及昆明、贵阳两个地方设分行，并在重庆设立化龙桥办事处，在成都设立染房街和苣泉街办事处，1943年，又在陕西设立西安分行，在湖南、四川设立柳州、衡阳、广元办事处。③除经营银行外，全面抗战期间，康心如以无党派人士身份，被蒋介石指定为重庆市临时参议会议长（图5-7）。在任时，康心如倡议定重庆为陪都，为发展大后方经济、推进抗战大业作了不少贡献，同时，他对当时

---

① 王鹏：《吴鼎昌其人其事》，《百年潮》2001年第9期，第54—55页。
② 张守广：《川帮银行的首脑——聚兴诚银行简论》，《民国档案》2005年第1期，第80—81页。
③ 重庆市档案馆馆藏四川美丰银行未刊档案，档号：0296—14—513。

驻重庆的中共代表团、八路军办事处，也给过不少资助。川盐银行的董事长刘航琛（1896—1975，战时还兼任四川省财政厅长、陪都民食供应处处长、四川粮食特派员、四川粮食储运局局长、粮食部次长等职务），毕业于北京大学经济学系，受过高等教育，他的企业经营理念就是以经济实力作为自己的政治资本，以政治势力维护自己的经济发展（图5-8）。在他的主持下，川盐银行在抗战中广泛投资各种工商实业，据账面记载，川盐银行共投资工商实业72家[①]，其业务得到迅速发展。此外，重庆银行总经理潘昌猷、和成银行总经理吴晋航等人，都是战时大后方本地的著名银行家，他们都为抗战大后方的金融发展做出了贡献。

图5-6　聚兴诚银行总经理杨粲三

图5-7　四川美丰银行总经理康心如

图5-8　川盐银行的董事长刘航琛

---

① 中国民主建国会重庆市委员会等编：《重庆5家著名银行》，重庆：西南师范大学出版社，1989年，第142页。

第二节　全面抗战时期抗日根据地的金融家

中国共产党在 1927 年秋收起义之后，开赴湘、鄂、豫、皖、赣等省，相继建立了一个个革命根据地，然后又在各根据地先后建立起几十家银行，形成了一批金融家。全面抗战爆发后，随着八路军、新四军开赴华北、华中抗日前线，在共产党建立的各抗日根据地同样也出现了一批金融家，他们为抗战时期根据地的金融现代化做出重大贡献。

银行能否充分发挥其职能作用，从银行主观方面来说，关键在于人的因素和是否有一套完整的组织机构。前者主要是指制定政策和作决策的领导人，当然工作还是要由素质较好的广大职工共同来完成的。

1927 年大革命失败后，中国共产党领导建立了以江西中央革命根据地为中心的湘赣、湘鄂赣、湘鄂西、闽浙赣、鄂豫皖、川陕、陕甘、琼崖、左右江、湘鄂川黔等革命根据地。为了缓解国民党军事"围剿"和经济封锁给革命军队造成的供给困难，保证革命政权的巩固发展，保障军队给养和根据地经济建设，革命根据地建立以后，根据地政府也建立了人民自己的银行，发行货币，从而也涌现出了一批革命的银行家，如中华苏维埃共和国国家银行第一任行长、中华苏维埃共和国中央印钞厂和中央造币厂的创始人、杰出领导人毛泽民（1896—1943）；先后出任鄂豫皖工农银行行长、川陕苏维埃政府工农银行行长，后又兼任红四方面军经理部（供给部）主任和兵工厂、造币厂厂长，总揽川陕根据地财政、金融、经济于一身，被誉为红色理财专家的郑义斋[①]等（图 5-9）。他们通过制造发行苏维埃货币，统一了币制，流通了苏区金融；通过实行对工农的低利和无息借贷，帮助了合作社的发展，打破了国民党对苏区的经济封锁，解决了革命根据地的物资需要，为苏维埃政权的金融发展做出了重要的贡献。

1937 年全面抗战爆发后，国共两党第二次合作，成就了全民族联合抗日的局面。八路军、新四军开赴华北、华中、华南等地的敌后，开辟和扩大了抗日根据地，分别建立了陕甘宁边区银行、晋察冀边区银行、冀南银行、鲁西银行、北海银行、西北农民银行、江淮银行、淮南银行、淮海银行、盐阜银行、淮北地方银号、江南银行、鄂豫边区建设银行、大江银行、浙东银行

---

① 殷毅主编：《中国革命根据地印钞造币简史》，北京：中国金融出版社，1996 年，第 355—358 页。

图 5-9 毛泽民
中华苏维埃共和国国家银行第一任行长、中华苏维埃共和国中央印钞厂和中央造币厂的创始人

等银行，发行自己的货币，从而也涌现出了许许多多的银行家，如陕甘宁边区银行行长曹菊如（1937年10月—1941年3月）、朱理治（1941年3月—1942年底）及黄亚光（1942年10月—1947年底），晋察冀边区银行经理关学文，冀南银行总行行长高捷成，兴县农民银行的创办者及第一任行长刘少白等。他们对各根据地金融事业的迅猛发展，为解决各抗日根据地的军政费用，对支持与活跃各抗日根据地的经济发展，起到了重要作用。

陕甘宁边区银行第一任行长曹菊如（1901—1981，原名曹淡初，福建龙岩人），1923年出国，在印度尼西亚参加了华侨组织的反帝同盟；1930年回国参加革命，第一件工作就是参与筹备闽西工农银行，任会计科科长；1934年参加长征；1935年11月到达陕北瓦窑堡后，出任中华苏维埃共和国国家银行西北分行副行长；1937年9月，陕甘宁边区政府成立，西北分行随即改为陕甘宁边区银行，曹菊如任边区政府财政厅厅长和边区银行行长（图5-10）。国民政府按照国共合作抗战协议规定，按月发给八路军一定数额的军饷。曹菊如让边区银行向八路军驻西安办事处领到这笔军饷后，即用部分款项就地购进边区所需的紧缺物资，作为"光华商店"的进货运回延安，供应军需民用；另一部分款项领回延安后，则由银行用来兑给经营进口批发贸易的大商人，曹菊如利用他们冲破国民党的经济封锁，让他们到国民党统治区采购货物,然后再由"光华商店"成批购进,辅助"光华商店"自身进货力量的不足。边区银行在曹菊如的领导下,把经营"光华商店"和发展银行信贷有机地结合起来,银行通过"光华商店"扩大了物资储备,稳定了币值,积累了资金,银行业务从而蒸蒸日上。至 1941 年 11 月,银行固定资金已由初始的 10 万元增至 120 万元,"光华商店"也拥有资金 50 万元;银行还向工业投资 32 万元;银行在三边、绥德、陇东等地设立了 3 个支行,3 个支行各有资金 10 万元。银行资金力量的不断壮大,得以担负当时的财政性发行,并保证其在机关供给、工业投资、代理金库等方面的工作,取得了很大成绩。在曹菊如行长的领导下,边区银行开展了一定的存放款和汇兑业务,各项规章制度在沿用国家银行原规章制度的基础上,有了新的完善和发展;同时也建立了一些分支机构,举办了会计训练班,培养了一批急需的人才;尤其是成立了光华印刷厂并组织技术人员试制成功了马兰草纸,为国共关系破裂后边区银行的公开化以及边区银行建立独立自主的金融体系创造了条件。①

图 5-10 陕甘宁边区银行第一任行长曹菊如

陕甘宁边区银行第二任行长朱理治(1907—1978),1926 年考入清华大学经济系,但入学不久便投身革命,长期从事党的地方工作和军队工作。1941年 3 月,朱理治调任陕甘宁边区银行行长(图 5-11),这个时期正是边区财政、经济状况最困难的时期,但经过一年多的时间,银行做出了非常显著的

---

① 魏协武、陈洪、杨健:《革命金融的奠基人曹菊如》,《文史月刊》2007 年第 3 期,第 32—33 页;郑学秋:《曹菊如对我国金融事业的贡献》,《党史研究与教学》1991 年第 2 期,第 70 页。

成绩。这些成绩主要表现在，首先，提出了货币发行是有其客观规律的，既要考虑到需要，又要考虑到可能，绝不可随心所欲地滥发，否则，必然会受到客观规律无情的惩罚。其次，决定银行隶属于财政厅领导是一种组织措施上的失误，容易失去必要的制约，在抗战时期财政十分困难的情况下，尤其容易产生强调需要而忽视可能的偏差。最后，对人的处理要慎重，并且在任何时候都应坚持这一原则，绝不能因为某些人的意气用事而违反。①

图 5-11　陕甘宁边区银行第二任行长朱理治

陕甘宁边区银行第三任行长黄亚光（1901—1993，福建长汀县人），台湾农业专门学校毕业。1927 年参加革命，曾任中华苏维埃共和国国家银行调查处处长；1934 年参加长征；1935 年到达陕北，他是中华苏维埃共和国国家银行仅存的 8 个干部之一，历任中央财政部主任秘书，陕甘宁边区政府秘书处主任、建设厅副厅长、财政厅副厅长、审计处处长、财政经济处处长，陕甘宁边区银行副行长、行长，西北财政经济委员会秘书长（图 5-12）。西北分行改组为陕甘宁边区银行时，黄亚光曾是光华代价券及陕甘宁边区银行券的设计者。他担任陕甘宁边区银行行长期间，在共产党"发展经济，保障供给"方针的指引下，深入实际，调查研究，制定了一系列与战时经济相适应的金融政策，比如大力推行边币，积极开展边币与法币斗争，稳定了金融，有力地促进了边区的经济建设，支援了革命战争。②

---

①　陕甘宁边区银行纪念馆编：《朱理治金融论稿》，北京：中国财政经济出版社，1993 年，第 159—160 页。
②　魏协武主编：《黄亚光文稿和日记摘编》，西安：陕西人民出版社，1998 年，第 289 页。

第五章 全面抗战时期的金融家与现代金融人才的培养

图 5-12 陕甘宁边区银行第三任行长黄亚光

晋察冀边区银行经理关学文（1898—1989，辽宁辽阳人），是东北军 53 军 130 师 388 旅 691 团的军需处长，并没有做过银行的工作，1937 年 12 月，经 691 团团长吕正操推荐给聂荣臻，关学文筹组创办了晋察冀边区银行，直至 1948 年 8 月，他一直担任边区银行的经理、副经理。关学文认为发行货币是边区银行的首要任务，他以商业较为繁荣的安国县为依托，调动了所有的人脉关系，找来了最优秀的设计制版和石印技术人员，建立了印刷局，并提出边币的设计理念：搞好生产、支援抗日、突出抗日。1938 年 2 月 18 日，边区第一张钞票——红色壹圆券样票被印出，送给了军区聂荣臻司令员，聂荣臻非常满意，批示赶快印。这枚晋察冀银行壹圆券，就此成为抗战时期第一张边币。关学文确定了以十足准备（法币、金银、外汇等）发行货币的原则，并保持边币与法币等值流通。1938 年 3 月 20 日，晋察冀边区银行正式开业，额定资本法币 10 万元，银行经理为关学文，该行任务为发行边币、代理金库、承募公债、打击货币斗争（打击伪币与收兑白洋），并经营一般的银行业务，其中发行货币和对敌货币斗争，始终是边区银行的重要任务。①

冀南银行总行行长高捷成（1909—1943，福建漳州市人），大革命失败后考入了厦门大学经济学专业，但没有毕业，后又到上海中南银行当了一名职员。1931 年，高捷成随林伯渠到了中央苏区，参加了中国工农红军，后来毕业于红军大学第一期。1934 年，高捷成随中央工农红军参加了举世闻名的二万五千里长征。全面抗日战争爆发后，1938 年，高捷成奉命到达冀南革命根

---

① 许斌：《明月关山千里——晋察冀边区银行的创始人关学文纪略》，《中国城市金融》2014 年第 10 期，第 72—73 页。

据地，担任冀南区税务总局局长和晋冀鲁豫区财政经济处处长及冀南敌伪工作委员会委员等职，开创了冀南和太行的经济税务工作。1939年9月，冀南银行成立，高捷成任总行行长（图5-13），1941年又兼任政治委员。高捷成同晋冀鲁豫工商局和银行职员一起，为晋冀鲁豫根据地的金融事业和经济发展，做出了巨大的努力。针对冀南银行机构不健全和缺乏规章制度的状况，高捷成凭借他过去所学的经济学专业知识和多年从事金融工作的经验，结合当时根据地的实际，从1940年起，制定了《冀南银行工作规程汤（草案）》、《冀南银行办事细则》以及会计工作制度、各种业务营业办法等，还专门召开有关的专业会议，加强业务训练，使冀南银行工作逐步走上正确的轨道，适应了革命战争的需要。①

图5-13　冀南银行总行行长高捷成

作为冀南银行第一任行长，高捷成对该行的创建，冀钞的发行、管理，统一货币市场，对敌货币斗争以及支援根据地经济建设等方面，都做出了有益的历史贡献。1943年5月14日，在反"扫荡"战争中为布置和检查银行工作，高捷成不幸遭遇敌人，壮烈牺牲，终年31岁。同年7月，红军老干部、冀南军区后勤部长赖勤被任命为冀南银行第二任行长，陈希愈和胡景沄被任命为副行长。可是，为时不到两年，赖勤又于1945年6月9日因病逝世，终年39岁。②

山西兴县农民银行经理刘少白（1883—1968，山西兴县人），早年参加辛

---

① 姚寅虎：《高捷成对晋冀鲁豫根据地金融事业的贡献》，《革命人物》1987年第4期，第49—50页。
② 中国人民银行河北省分行编：《冀南银行》（第一册），石家庄：河北人民出版社，1989年，第1页。

亥革命，被推举为山西省议会议员。辛亥革命后，1922年应聘担任山西省工业专科学校秘书长。刘少白还曾任河北省建设厅厅长、天津商品检验局局长、绥远省乡村教育委员会主任。1937年冬刘少白回到故乡——兴县，担任了刚刚组建的兴县动委会经济部长，为抗日部队筹备粮、草、被服，支持八路军第一二〇师和各抗日武装创建晋西北抗日根据地，动员全县百余富户以股份制的形式献款，到兴县农民银行开张之前，兴县百余富户入股，共筹集股金银洋6万余元，粮食700多石，保证了银行所需基金。1937年11月底，兴县农民银行正式开张，刘少白为银行经理（图5-14）。刘少白明确提出发行小面额钞票，便于流通，让农票更具有市场性，抢占市场和物资，尽快使兴县农民银行打入金融界，为解决八路军经济困难赢得时间。刘少白亲自动手制定了发行、会计、业务章程等制度。这些规章制度一经董事会通过，刘少白便以身作则，从不破例。兴县农民银行除保证八路军等抗日武装部队军需外，还发放农业贷款，设立供销合作社，推动了物资交流和农村经济的恢复与发展。①到1940年5月，刘少白创办的兴县农民银行，扩展为晋西北农民银行，为提供军政经费、支持经济发展发挥了更加显著的作用。

图5-14　山西兴县农民银行经理刘少白

---

① 常亮功：《刘少白与山西兴县农民银行》，《中国金融》2005年第4期，第66—67页；史兆利：《刘少白：聚财散贷为斯民》，《中国金融家》2007年第5期，第80—81页。

总之，在大后方和根据地，有名有姓、有具体的经营机构的金融家可以举出几百位，在这批金融家中，既有从东部地区内迁来的金融家，也有西部地区和根据地本土的金融家，他们共同努力，使战时中国金融的业务、管理、服务体制等方面得到创新与改革，这些方面的创新与改革也构成了战时中国西部金融业发展的现代化特征。抗战时期杰出的金融家群体，在西南、西北大后方以及各抗日根据地的金融现代化进程中，都留下过足迹，做出过努力，他们对近代中国金融现代化起了重要的推进作用。

第三节　全面抗战时期大后方金融人才的培养

金融体系的发展会受到金融机构自身人才制度与政策的制约。金融体系的效率与竞争力取决于优秀人才，现代化的金融体系离不开现代化的教育制度与人才制度。鉴于人才对金融现代化发展的重要性，对于近代中国的金融机构来说，其发展所面临的最大困难与挑战就是如何吸引人才、激励人才、挽留人才。

全面抗战爆发前，中国的金融中心在上海，中国的金融业也主要集中在以上海为核心的东中部沿海沿江的主要城市，而金融人才的主要来源不外乎三个方面：留学国外归来、回国创业的金融专业性人才，国内高等院校培养的经济、金融类人才与各类金融机构自身培养的专业人才。

全面抗战时期，随着中国金融中心从上海转移到重庆，国民政府提出以重庆为中心重构西南、西北金融网，于是，大后方逐渐形成了以国家银行为主体、地方银行与商业银行为补充的银行网，同时保险、信托等金融机构也从东部向西部转移，新式的金融机构在以重庆为中心的大后方各省迅速建立起来。各类新式金融分支机构的建立和发展，都急需大量的金融从业人员，然而，这些人员自非具有新金融知识与技能，难以胜任。西部地区战前经济、金融落后，这类金融人才十分缺乏，要想大量罗致，尤属不易。那么，国民政府与金融企业是如何解决战时大后方金融人才奇缺这一问题的呢？

保险、信托等金融机构与银行有着千丝万缕的联系，以战时大后方保险为例，虽然以重庆为中心的大后方保险业迅速发展起来，到1945年年底止，西南、西北各省及湖南、湖北等地，共有59家公司约200个保险营业机构，然而，这些保险机构的专业人员并不多，很多机构都是依存银行而展开业务，如中国保险公司业务能量虽很大，但专业人员并不多，其业务主要依靠中国银行在各地的分支机构派员或公司派驻人员具体办理保险业务；1943年12月8日，在重庆成立的太平洋保险公司，是以交通银行投资为主新建的，资本额为1000万元，其中交通银行投资45%，川康、金城、新华、大陆等银行和民生、中华实业、华侨企业等公司共投资55%，领导成员大部分由交通银行派员担任，王正廷任董事长，钱新之兼总理，王伯衡、浦心雅任协理，并在成都、万县、自贡、泸州、内江、宜宾、乐山、合川等地的交通银行设立分支机构，分支机构的经理一般由交通银行经理兼任，另由总公司派员协助。[①] 有鉴于此，关于保险等其他金融机构的人才培养问题，在此就不单列阐述。下面我们就以这些银行为主体来重点分析战时大后方金融业发展的人才培养及其现代化特征等问题。

1. 金融人才的内迁

全面抗战爆发后，国家银行从东中部地区迅速搬迁到广大西部地区，并且在西部各重要城市先后成立大大小小几百家分支行处，在国家银行的带动下，商业银行和东部少数省地方银行也开始了内迁，伴随东部地区银行的内迁，银行人员也随之内迁到西部各省重要城市，协助西部各地分支机构的创立和推动其业务的发展。

内迁金融人才，是抗战时期各内迁银行的主要做法。无论是国家银行还是商业银行，内迁银行在内迁的初期，主要通过将东部人才调往西部筹办机构，以解燃眉之急。为完成筹建金融网的计划，中国银行发挥其人才多的特长，把原在沿海城市分行的负责人员大批调到大后方，来筹设分支行处。1938年8月，中国银行总处通知沪驻港处，嘱令其在云南、广西两省筹设支行，派原上海分行襄理兼虹口办事处主任王振芳等筹建昆明支行，派原济南支行经理陈隽人筹建桂林支行。经过数月筹备，1938年11月1日，昆明支行开业；1939年1月26日，桂林支行开业；1938年12月25日，贵阳支行成立，中国银行总处调派石家庄支行经理赵宗溥任经理；1939年12月27日，中国银行总处筹建甘肃天水分行，调派天津分行副经理束士方任经理。天水分行于1940年10月21日正式开业，1942年1月1日移设西安，与西安支行合并，改称西安分行。[②]

---

① 中国保险学会等编：《中国保险史》，北京：中国金融出版社，1998年，第133—136页。
② 中国银行行史编辑委员会编著：《中国银行行史（1912—1949）》，北京：中国金融出版社，1995年，第418—420页。

中国通商银行重庆分行成立时，关于人员内调问题，该行曾派骆清华前往筹设，此后，沈景时等人内调支援，才使该分行顺利成立。此外，1943年初，该行兰州支行开业时，因业务增多，遽感人手不足，适逢上海分行三名行员内调，遂被派往兰州支行服务。此外，该行内调人员无多。①

当1941年12月8日太平洋战争爆发之后，国民政府开始加大了对西北金融网的建设。1942年9月3日，四联总处第240次理事会议通过"扩展西北金融网筹设原则"，此为针对西北金融建设而拟定的第一个方案，方案规定：兰州为建设西北的出发点，依经济、军事、交通等需要，四行在陕西、甘肃、宁夏、青海及新疆五省境内，增设行处。各行局新设行处或作其他布置而需增添人员时，应就滇、浙、赣、闽等各省撤退行处人员，尽先调用。②1943年3月1日，就国家行局增设西北机构，四联总处致六行局函中明确规定："各行局新设机构应尽先调用各地因战事撤退行处人员。"③

2. 金融机构对金融人才的招考录用

抗战大后方的金融机构，无论是国家行局、商业银行、保险机构等，还是大后方本地的金融机构，要发展首先面临的一个问题便是人才的招募，如果不能吸引招募大量人才，金融机构的发展便是无源之水、无本之木。因此，大后方各类金融机构对如何招募人才各显神通，从下面选取的部分事例便能略见一斑。

国家银行在向西南、西北大后方迁移的过程中，银行人才十分紧缺，关于人才的培养，国民政府十分重视。1939年12月12日，四联总处第12次理事会中，中央、中国、交通、中国农民四银行分别陈述了在筹设西南、西北金融网建设计划中所遭遇的困难，这些困难主要包括四个方面："交通不便""人员缺乏""房屋难觅""治安问题"，其中，四行特别将人才的缺乏列入影响四行在大后方筹设分支行、构建金融网的四大原因之一："人员缺乏，通晓后方各地金融经济情形，并能耐劳忍苦者殊不易见。"同时，中央、中国、交通、中国农民四银行还陈述了为解决人才缺乏的困难，各国家银行分别采取训练办法，注重新人才之补充，如中央银行已开办学员训练班，考取受训者达140余人；交通银行曾举办撤退行处员生训练班；农民银行亦计划招考学

---

① 陈礼茂：《抗战时期中国通商银行的内迁和战后的复员》，《上海商学院学报》2011年第1期，第70页。
② 李京生：《论西北金融网之建立》，《经济建设（季刊）》1944年第2卷第4期，第154页。
③ 重庆市档案馆等编：《四联总处史料》（上），北京：档案出版社，1993年，第204页。

生，分批训练。①在推进地方金融事业中，因内地人民智识较旧，近代化之银行尚未能充分发挥其功能，于是银行因势利导，并联络当地银钱业协力推进。四联总处理事会认为，中央、交通、中国农民三总行所采用的训练班法，仅仅解决的是中下级人员缺乏的困难，对各分支行处主持人员则提出了更高的要求："惟应注意者，即各分支行处主持人员，担当一行一处之全责，其能力是否胜任，办事是否认真，能否公忠体国，领导属员，坚贞勇毅，负荷艰巨，尤属重要。明责任，辨是非，重能力，定赏罚，乃奖植贤才，鼓励精神，提高效率，推进事业之重要因素。究应如何计划努力，俾事得其人，人尽其力，如臂使手，运用灵便之处，应请四行继续切实研究者。"②

全面抗战爆发前，金城银行人才选择主要以考试录取为主，如1936年新增员生101人，其中考取办事员25人，练习生46人，考选员生即占当年新增人员的7/10。③抗战时期内迁大后方的金城银行，遵循战前以考试选拔员生的一贯做法，在录用人员时总是倾向身家清白、品行良好者，这种要求在战时混乱的情况下更显得异常重要，故而金城银行明令规定，"有不良嗜好者、身体畸形残废或有痼疾不堪服务者、曾有犯法行为被通缉者、褫夺公权者"④不得雇佣。对于办事员、试用办事员、助员、练习生等基层的员工，金城银行基本沿袭战前的规定，以招考试用为原则，并且各行处任用员生均须先到重庆报到，受相当时间的训练，再派往各行处服务。据金城银行档案记载，1941年自流井办事处因颇感人手不敷，就地招考练习生数名以资补充，报名投考者经国文、英文、商业、常识、数学、会计学六种学科笔试及面试后，根据成绩录取，然后再到行实习，试用期六个月。⑤

四川省合作金库录用职员均以考试录用为原则，对报考者的资格要求以及考试日期、课目、待遇、名额等，主要通过在当地报刊刊登进行公开招考。报考者的最基本资格：年满18周岁以上，初中以上或高中以上文化程度须有学校证明文件，熟习本省各地情况，体格健全而绝无不良嗜好，能找到殷实铺保或具有相当资产的担保者。此外，它还要求报考者满足以下五个条件之一：①对合作事业有相当的学识与经验者；②对于银行业务有相当的学识与

---

① 中国第二历史档案馆编：《四联总处会议录》（一），桂林：广西师范大学出版社，2003年，第242页。
② 重庆市档案馆等编：《四联总处史料》（上），北京：档案出版社，1993年，第187—189页。
③ 中国银行经济研究室编：《全国银行年鉴》（1937年），上海：汉文正楷印书局，1937年，第V51页。
④ 重庆档案馆馆藏金城银行重庆分行未刊档案，档号：0304—1—185。
⑤ 重庆档案馆馆藏金城银行重庆分行未刊档案，档号：0304—1—11。

经验者；③熟习农村经济情形并对农村工作有相当经验与研究者；④曾在银行服务2年以上且有证明文件者；⑤曾在农村机关或农村团体服务1年以上且有成绩者。考试科目：党义、国文、合作常识、银行会计、算术、珠算等6门。投考人员通过考试录取后，需要有1—3个月的试用期，试用期满，经经理考核认为合格者，方能正式任用，不合格者被随时辞退。① 由此可见，四川省合作金库职员在理论上的考试录用不仅是非常严格的，而且也是比较公平的。

此外，为大力推进县银行的筹设，各省也采用招考的方式录取县银行的业务人员。如1941年10月，陕西省地方行政干部训练委员会还专门对外公开招考县银行业务人员100名，其中主办人员25名，佐理人员75名，经短期训练，即分派他们到各县银行充任经理或行员，报名日期，自10月13日起，至10月19日止；考试日期，定于10月23日至26日；录取人员，则定于12月5日开始训练。②

3. 金融机构通过接受各方推荐的方式招募人才

不少金融机构还采用与大后方大专院校建立联系，或者由大专院校推荐，或者由金融机构向大专院校直接招收金融人才的方式来招募人才，如金城银行在大后方发展中，就有诸多学校，比如西南联大、四川省立重庆高级商业职业学校、四川省立重庆大学商学院、私立实商高级商业职业学校、国立重庆大学、私立立信会计专科学校等，主动发函向其介绍毕业生。据档案记载，柳克明就是经西南联大法学院院长陈序经介绍到金城银行服务的；黄稚琮是由国立商学院院长程瑞霖介绍；邓秋霖是由四川省立商科学校介绍，后任渝行代账务组领组；黄理涵是由四川省立高级商业学校介绍，后任渝行代收款组领组；李肇泉是由四川省立高级商业学校介绍，后任渝行代付款组领组。③ 国立西北农学院周伯敏院长介绍其院农业经济系第四届毕业生四名，均为品性温和的男性毕业生，金城银行都予以录用，以试用员名义派在文书及会计部实习。④ 当然，这些介绍其校毕业生的院校也有些是金城银行主动联系的，比如湖南大学，戴自牧做汉口分行经理时，就曾电嘱湖南大学选送毕业生至沅陵办事处服务，湖南大学介绍了许慎、周昭衍、蔺万谨三名毕业生，他们

---

① 四川省档案馆藏四川省合作金库未刊档案，1941年，档号：民088—002—04077。
② 《陕地政干训会招考县银行人员》，《陕行汇刊》1941年第5卷第8、9、10期，第81页。
③ 重庆档案馆馆藏金城银行重庆分行未刊档案，档号：0304—1—249。
④ 重庆档案馆馆藏金城银行重庆分行未刊档案，档号：0304—1—37。

均为平日在校学习的优秀生。① 全面抗战时期的陕西省的县银行在西北地区推广最有成效，到 1944 年初，陕西省先后成立县银行的行数已达 50 行，陕西省政府为了完成全省金融机关以促进经济基层发展，特就陕西省商专当年的应届毕业生中择优分派全省积极筹设银行。②

金融机构也采用由内部管理人员及其他相关企业机关等向其推荐介绍的方式招募人员，如 1939 年金城银行滇支行经理邵仲和介绍胡荣寿到沙平坝分处服务；1941 年重庆管辖行襄理曾济五介绍吴忠廉到两路口分处任办事员；1942 年路处主任沈永绥介绍吴贤瑞到渝行任办事员，吴贤瑞曾任江宁县南京省立小学教员、安徽凤阳县政府科员、安徽凤阳县司法行政部书记官；1943 年金城陕行副经理徐国棠介绍吴硕夫到渝行服务；同年，金城专员刘驭万介绍向景星到民权路分处工作，向景星曾任农本局福生总庄会计科办事员、中国建业公司会计主任；1944 年总处稽核处主任南经庸介绍刘天禄到渝行服务。③ 1943 年，贵阳支行人手缺乏，汞业管理处李文瀛主任介绍胡力生到黔处服务，金城银行因胡力生国学精通、书法秀丽，以助员名义就近录用。④ 此外，中央航空运输公司重庆办事处主任郑远善介绍其旧僚熊守一到重庆办事处工作，桂林中国实业银行襄理余汝勋介绍其朋友谈焕鸿到梧州办事处工作，电话局长黄如祖介绍孟育才到渝行服务。⑤

4. 金融机构自主培养金融人才

1938 年 6 月 1 日，在汉开幕的第一次地方金融会议，到场的有各地银行金融主管 70 余人，此次会议历时 3 日，决议之原则 8 项，其中，"训练金融机关人才"就是决议的重要原则之一。⑥ 1940 年 7 月，成都、重庆等地开展财政金融人员高等考试。⑦

战时大后方金融机构的人事管理制度发生了改变，由战前从国内外大学商科、银行学校等选用人才，改为自主对职员进行培训、教育，力求使本行员工素质得到提高，能迅速适应日趋现代化的金融业的需要。银行等金融机构的人事管理包括了人员的选择、培训、调度、考核、人员管理（包括服务

---

① 重庆档案馆馆藏金城银行重庆分行未刊档案，档号：0304—1—8。
② 《陕西省县银行业务概况》，《中央银行经济汇报》1944 年第 9 卷第 4 期，第 139 页。
③ 重庆档案馆馆藏金城银行重庆分行未刊档案，档号：0304—1—249。
④ 重庆档案馆馆藏金城银行重庆分行未刊档案，档号：0304—1—53。
⑤ 重庆档案馆馆藏金城银行重庆分行未刊档案，档号：0304—1—249。
⑥ 沈雷春主编：《中国金融年鉴》（1947），上海：黎明书局，1947 年，第 A53 页。
⑦ 田茂德、吴瑞雨整理：《抗日战争时期四川金融大事记（初稿）》，《西南金融》1985 年第 11 期，第 28 页。

规则、奖惩办法、福利待遇等)等方面,并且管理更加完备。

从1941年1月开始,到1943年4月,中国农民银行呈奉中央训练团委员会核准举办行员训练班四期,训练方式全系遵照中央训练团办法办理,受训人员共452人,他们不仅接受业务训练,要明了本行章则及各种银行事务,还要提高民族意识,加强对主义及领袖之信仰,养成勇敢果决、牺牲奋斗之精神和负责任守纪律的精神,熟练军事技能并锻炼强健体魄,实行新生活信条,养成勤俭朴素、整齐清洁的风尚和集体生活的习惯。①

为了留住人才,四联总处在1939年11月28日的第10次理事会会议上通过了"关于四行中之一行,如有辞职员生,其他三行概不录用"的决议,并函请四行查照办理。1940年1月初,重庆市银行同业公会致函四联总处,要求将四行限制录用各行辞职员生办法扩大到一般商业银行:"此项用人限制办法实为目前切要之图,经该公会第二次执委会议决:(一)请中央、中国、交通、中国农民四行,将限制办法扩大,俾适用于一般商业银行;(二)凡在甲会员银行辞职之行员,乙会员银行应以避免任用为原则;(三)会员银行得向公会报告已辞职之行员姓名,公会即据以转知其他会员行一体知照。"1940年1月9日,四联总处理事会第15次会议决议:"应由该公会自行拟定办法。"②

全面抗战时期大后方的省县地方银行有了长足发展,它们更是急需大量的人才,于是纷纷自行开办各类短期银行业务培训班,如陕西省银行为培养干部人才及提高行员工作能力,创办银行行员训练班,除对新进考取员生施以初步训练外,并分期抽调陕西省银行自己的行员轮流受训,利用公余每日授课3小时,每期定为3月。第一期于1940年4月开始,7月结束,考生成绩普遍优异。第二期续于10月中旬开学,聘请襄理钟志刚为主任及陕西省银行高级职员,分任各项训练事宜,所授课程,除《银行学》《货币学》《经济学》《银行簿记》《会计规程》及陕西省银行各部手续及实务须知等外,并于每周聘新名流来银行作精神及学术演讲,借以增广见闻,提高银行职能。③再如广西省银行,1941—1942年即举办了会计人员训练班,该训练班从1941年5月12日开学,经过半年的学习,12月23日举行结业考试,毕业者有廖清勤等45名,毕业者在毕业之后须先实习三个月,实习部门为总行业务等各部

---

① 中国人民银行金融研究所编:《中国农民银行》,北京:中国财政经济出版社,1980年,第291—293页。
② 中国第二历史档案馆编:《四联总处会议录》(一),桂林:广西师范大学出版社,2003年,第388—389、400页。
③ 《行员训练班消息》,《陕行汇刊》第5卷第1期(1941年1月),第100页。

及各分行处,实习科目为:①登记金收付簿;②编各科目结余表;③编造日记表。实习期间之待遇,得照支行员膳宿津贴及战时津贴各费,实习期后,这些毕业者由实习地点主管人员按成绩优劣,分别报请以办事员助员起用之。①

一般而言,中国的人才多集中于大城市和中心城市,而县银行地处县、乡,不仅经济落后,文化和教育水平也十分落后,人才储备更是稀缺,与国家银行和省地方银行相比,无论是地位、实力,还是待遇,都远远低得多,这就造成县银行难以吸引专业人才的加入。县银行从一开始就存在着先天不足,主要是资本短绌、人才匮乏、体制缺陷,这些成为了困扰县银行发展的内在因素。其中,人才是县银行组织系统的灵魂,更是决定生存发展的关键。面对人才的匮乏,各地方政府纷纷想方设法延揽人才。于是,有学者提出,由各县银行自己制定人才培养计划,银行特别注重从本地中学以上程度的青年中招收人员进行短期培训,分为高、初两级,加以两个月之短期训练及一个月之实地练习。毕业后,高级班者视其成绩派充各股主任或办事员,初级班者派充办事员或助理员。②为此,各省设立的县银行在人才培养方面都积极想方设法。

陕西省政府专门编订了《陕西省县银行服务人员手册》,对县银行经营人员专门设班培训,学员采取保送和招考两种,其中保送以每县银行1人为原则,资本在10万—20万元者可保送2—3人,其余皆为招考。招考报名的条件是:第一类为主办人员,要求高中以上学校毕业,曾在银行界服务3年以上者;或者大学或商科高中毕业者。第二类为佐理人员,要求商科初中毕业或高中肄业者;或者普通中学毕业,曾在银行界服务1年以上者。《陕西省县银行筹设计划》颁布后,陕西省财政厅督导各县积极办理,第一期应设25县中,除长安县先行试办,于1940年12月开业;绥德、榆林、洛川三县因情形特殊,暂缓设立外,其余各县为提早设立计,遂将第一期训练期满之县银行业务人员96名(系由陕西省立商业专科学校训练),先以筹备主任及筹备员名义,分别派往设行各县,由县长进行筹备事宜。至1941年10月底,安康等22县已筹备就绪,先后开业。原派筹备人员,即委为各行经理及行员。第二期训练期满之县银行业务人员(亦由陕西省立商业专科学校训练),于1941年10月中旬正式毕业,共计57名,因人数过少,不敷分配,乃察酌各县实际情形,择设长武等16县先行筹设,1942年8月已经先后成立。第三期

---

① 《本行动态·会训班学生结业》,《广西银行行务通讯》1942年第1卷第1期,第14页。
② 瞿仲捷:《对于县乡银行之认识》,《中央银行经济汇报》1941年第3卷第9期,第47页。

筹设县份为山阳、白水、白河、陇县、蓝田、汉阴、紫阳等，约1942年9月可全部毕业。①

为了培养县银行继续的从业人员，1940年10月间，陕西省政府依照原定计划，委托前陕西省立政治学院设班训练，计第一期学员95名，于1941年4月毕业；第二期学员57名，于同年10月毕业；嗣以政治学院奉令结束，第三期改为省训练团接办，计学员70名，于1942年6月毕业，统计三期学员共222名。三期学员均先后分派到各县担任筹备工作，开业后，按其资历能力，分别派充经理或行员。1943年4月，陕西省政府又开办县银行从业人员讲习班，计学员42名。学员毕业后，或派往筹设新行，或补充各行人员之不足。此外，陕西省政府并录用省立商专银行科毕业生及西北农学院农经系毕业生多名。所有从业人员，以本省籍者为最多，约占全数75%以上。② 同时，陕西省财政厅还与陕西省银行合办县银行业务人员培训班，自1940年9月至12月，1941年1—4月，1941年5—8月，分三批训练。③ 据统计，自1941年起，到1945年10月，县银行业务人员培训班先后训练从业人员计390余人。④

西康省对县银行设立中人才的培养采取的是：由省府在省训练团内，设一县银行业务人员训练班，除各县县银行经理在必调之外，其余由县府在当地酌量选拔保送合格人员3—5名，赴省训团训练毕业后回原地工作，如此方能使各县办理银行人员熟悉银行业务。⑤

金融机构必须依靠优秀的专业人才分担各方面工作。因此，抗战大后方的各类金融机构对专业人才非常重视，他们制定了现代化的人事制度，在经营银行过程中任用了许多优秀人才。而良好的人事管理制度是金融业务拓展的保障，金融机构通过培养、考评经营者和职员，使他们具备艰苦创业的精神、坚韧不拔的毅力、忠实质朴的性格、独立创新的能力。在薪金制度方面，各银行大都制定了科学的薪制，除工资外，还有各种非常优厚的福利待遇、良好的工作环境，员工参与合作的和谐的气氛，以此来达到留住人才的目的。为实现总目标，银行经常会提出各种服务口号，激励员工努力达到目标并在目标达成后给予奖赏。全面抗战时期，大后方金融业在人事制度方面的改革与发展，是中国金融业现代化发展的一次飞跃，它适应了战时社会经济发展

---

① 中央银行经济研究处编：《十年来中国金融史略》，新中国文化社，1943年，第192页。
② 李崇年：《陕西省县银行之成长与发展》，《陕政》1944年第5卷第11、12期合刊，第11—12页。
③ 中央银行经济研究处编：《十年来中国金融史略》，新中国文化社，1943年，第191—192页。
④ 岳焕：《对于陕西省地方金融今后之寄望》，《陕政》1945年第7卷第1、2期（合刊），第48页。
⑤ 李玉峰：《西康县银行现况及其前瞻》，《西康经济季刊》1944年第9期，第96—97页。

的要求，还突出了本国特色。

第四节　全面抗战时期抗日根据地金融人才的培养

全面抗战时期，随着各抗日根据地银行的建立，根据地对金融人才的需求数量十分急迫。纵观各抗日根据地银行的工作人员，有经过长征的革命精英，有土生土长的本地干部，更多的是来自全国各地的抗日青年。各抗日根据地为解决金融人才的奇缺，主要采取了以下方式。

1. 选择重用具有银行实际工作经验的金融人才

根据地建立的银行首先起用了在抗战前有过银行工作经验的人做行长或职员。陕甘宁边区银行主持工作时间较长的行长有曹菊如、黄亚光，他俩都来自苏维埃国家银行，他俩都跟随红军进行过长征，1935年11月到达陕北瓦窑堡时，他俩是国家银行仅存的八个干部中的两个。曹菊如，早年参与筹备创立闽西工农银行，任会计科科长，长征到达陕北后，出任苏维埃国家银行西北分行的副行长。黄亚光，早年留学日本，为国家银行设计货币图案。国家银行改组为中华苏维埃人民共和国国家银行西北分行后，黄亚光继续为西北分行设计货币。在先后出任陕甘宁边区银行行长的过程中，他们把国家银行经营管理的传统精神和陕甘宁边区当时的实际情况结合起来，为边区银行的办事、借鉴发挥作用。①

晋察冀边区银行副经理胡作宾，山西定襄县蒋村人，曾是山西省银行驻郑州办事处主任，精通银行会计和银行业务，他带来的人一部分是山西省银行的旧职员，另一部分是刚出校门的学生。原山西省垦业银行杜子富为边区银行营业主任兼会计主任，杜子富在胡作宾副经理的指导下，很快按照山西省银行的会计规程，建立起一套边区银行的会计制度，包括：传票、日记帐、现金收付帐、分户帐、总帐、货币发行帐、汇款、划款往来报单及日计表、月计表、资产负债表、损益计算表及决算表等，这些为边区银行会计制度打下了基础。②

冀南银行首任行长高捷成，福建省漳州市人，1928年考入厦门大学，研习经济，未毕业即赴上海中南银行任职。不久，他又回到漳州，在其宗叔高开国开设的百川钱庄中任出纳一职。由于高捷成熟悉银行业务，苏维埃共和

---

① 中国人民银行陕西省分行、陕甘宁边区金融史编辑委员会编：《陕甘宁边区金融史》，北京：中国金融出版社，1992年，第10页。

② 中国人民银行河北省分行编：《回忆晋察冀边区银行》，石家庄：河北人民出版社，1988年，第39、44页。

国国家银行行长毛泽民就曾邀请他到中央苏区从事革命根据地的银行事业。1938年,八路军坚持在华北抗战,深入敌后建立抗日根据地,高捷成被调任为冀南区首任税务局局长,后任晋冀鲁豫财政经济处处长、冀南敌伪工作委员会委员等要职,为冀南银行的创建奠定了坚实的基础。①

北海银行也是用了原在青岛中鲁银行做过经理的张玉田参与筹备而建立起来的。抗战爆发后,张玉田因不愿附敌当汉奸,在青岛又待不住,于是带了钱款和几辆汽车回掖县老家;他路过平度时被国民政府军队截住,军队抢去了他的汽车和钱款;他回到掖县老家后,国民党又要派人去抓他,因此他就跑到掖县城里来,得到胶东抗日游击队第三支队的支队长郑耀南的帮助,张玉田深受感动,一再表示愿为三支队效力。第三支队在攻克掖县城后,成立了财经委员会,支队领导请张玉田参加财经委员会,任他为副主任,帮助管理财务。北海银行筹备工作大约在1938年3—4月就开始了,由张玉田直接参与银行筹备。张玉田根据需要,还邀约了对银行业务有实践经验的五、六人,计有王芾村、王复生、方德卿、邢述先、杨崇光、刘翊初等。1938年12月1日,北海银行在掖县城开始营业,不仅张玉田做了北海银行的行长,连银行的人员都是由张玉田找的,他们多半是干过银钱号或做过买卖的商人店员。②

2.根据地银行就地招募,实行内部培训,充实银行队伍

在共产党创立的抗日根据地银行中,金融人才十分紧缺。1938年3月20日,华北抗日根据地第一个银行——晋察冀边区银行创立时,经理为关学文,副经理胡作宾,出纳科长张善臣、宋子纯,会计科长刘钟寰(后调冀中分行);只有一个总行,下层机构都还没有;人员少,职员和印刷工人总共只有20余人;条件也很差。银行工作需要有经济、会计学识及有实际工作经验的人才能胜任,但是,"七七"事变以后,各银行的人员全部退走,边区银行内又没有熟悉银行业务的专业人才,所以边区银行采用招考的方式录取了一批优秀青年,并进行一个月的教育,即进入工作岗位。③稍后,边区银行虽然从中国人民抗日军政大学、华北联合大学及社会上也招来一些人,银行职员人数尽管有所增加,但仍不能适应工作的需要。为此,1940年夏末,边区银行在阜平房子村开办了银行训练班,从抗战建国学院、山西民中、印刷局及冀中、

---

① 殷毅主编:《中国革命根据地印钞造币简史》,北京:中国金融出版社,1996年,第361—363页。
② 中国人民银行金融研究所等编:《中国革命根据地北海银行史料》(第一册),济南:山东人民出版社,1986年,第22—28页。
③ 河北省金融研究所编:《晋察冀边区银行》,北京:中国金融出版社,1988年,第25页。

冀西招来50名左右青年进行培训。关学文经理主讲业务课，课程内容包括银行的存款、放款、汇兑业务，代理金库，货币发行，对敌货币斗争及边区的经济政策等；副经理胡作宾主讲会计学，从业务开始的传票讲起，一直到年终决算。经过半年的训练，这些青年于1940年12月被先后分配到基层行，增加了银行业务的新生力量。①

1938年5月9日，河北省安平县成立了晋察冀边区银行冀中分行。分行初建时有10余人，后发展到30多人，分行职员大部分是1938年夏季以后在任丘县青塔镇招考选用的。到1939年年初，连同加印部分行人员已扩大到120多人。到1939年2—7月，在各级政权的领导和主持下，在冀中分行的积极组织下，各专区先后设立了十个专区银行办事处和县营业所，编制为：每个办事处5—6人，每个营业所3—4人。各办事处及营业所的职员，外来的很少，绝大部分是在本地招聘的文化知识水平较高、对于银行工作也能很快熟悉的本地人。1942年春，冀中分行机构逐步健全，人员有所增加，在冀中行署所建立的五个专署所在地，先后成立了银行办事处；40多个县内，有重点地建立了营业所。当时全区银行职工共有800多人。从1945—1946年年初，分行还先后两次举办了青年培训班，吸取知识青年150人左右。第一期设在安国县，由刘增欣负责，第二期设在献县张庄，由祁志刚负责，由分行的韩俊峰、闵一民、张俊生等负责讲解银行业务和会计知识，并组织学员进行政治学习。这两期培训班结业后，一大批青年成长为分行和各办事处的骨干。②

冀南银行刚创立时，不但十分缺乏业务、会计和印刷等方面的技术人才，而且也缺乏成套的规章制度。因此初创时期，银行任务很重，但工作却很混乱，困难很多。为了适应战争对金融事业的要求，行长高捷成发挥自己的专长，加强组织建设和业务建设。首先高捷成就地取材，从各部门选拔银行工作人员。选好人员后，不少人由于长期搞政治或军事工作，对财经工作，特别是银行工作不熟悉，有畏难情绪，有的对银行工作的重要性认识不足，不安心工作。针对这种情况，高捷成一方面抓他们的业务训练，另一方面则加强其思想政治工作，对他们耐心说服教育，在银行领导联席会议上，他多次强调指出："有的同志感到出路小，情绪厌倦，不了解经济工作是多方面的，是一种理论的，同时也是技术的，因此应更好地体会那些实际的丰富材料与

---

① 中国人民银行河北省分行编：《回忆晋察冀边区银行》，石家庄：河北人民出版社，1988年，第49页。

② 中国人民银行河北省分行编：《回忆晋察冀边区银行》，石家庄：河北人民出版社，1988年，第100—102、136、140、160页。

理论联系起来,而不要自满,并克服单纯的技术观点。"后来,当有些职员有了一些经验,产生自满情绪,轻视银行工作时,高捷成又说:"各分行主任在各地已工作很久,有了锻炼,并得到了不少经验,创造了不少方法。金融工作是一种新的事业,这个事业正在发展,不仅今天需要,到建国时期更为重要,因此大家应重视我们的工作。有的同志感到没有兴趣,枯燥无味,是丝毫没有根据的。"通过思想政治工作和必要的业务训练,绝大多数工作人员提高了对银行工作的认识,他们热爱本职工作,有了做好金融工作的实际本领,这样就为金融工作培养了一大批骨干。①

3. 在抗日根据地建立财经类学校,专门为各自的银行培养和输送人才

1938年12月,为了抗日根据地战时财政经济的需要,为了抗击日寇的经济掠夺,八路军一二九师在河北南宫县组建了冀南财政经济学校,校长由杨秀峰教授(后来是边区政府主席)兼任;具体工作归八路军一二九师供给部部长徐林领导;教务主任由王述先教授担任,负责全部教学事宜;政治指导员是王根英;教员由张志英等担任。学生一部分是由冀南干部学校、冀中抗战学院选拔来的,另一部分是从抗日武装部队选调来的,共有100多名,对他们采取军事化编制,编了一个大队。学校建立后,由于经常处于游击环境,也没有固定的校址,更谈不上什么教学设备,条件十分简陋,大家席地而坐,露天听课。学校最初只设了两门课程:数学和政治经济学,由王述先教授讲政治经济学,后增开了银行会计、官厅会计、商业簿记等业务课程,全由王述先教授授课。冀南财政经济学校为以后成立的晋冀鲁豫根据地的冀南银行输送了不少人才。1939年6月,冀南银行的组建工作在山西省黎城县东崖底进行,并从冀南财政经济学校分配来了大批学生,还从抗日军政大学及其他方面调来了一些做过银行和经济工作的人员,来作为银行的骨干,如杨介人、胡景沄、姚国桐、李绍禹、李凌霄、范惠、王仲伯、陈嵘等。②

1939年6月,成仿吾领导的华北联合大学从延安到了晋察冀边区。11月,边区政府从华北联合大学学员中抽调40人成立了一个行政人员训练班,训练期1个月。结业后,傅绍新、刘军(女)、杨忠(此3人为党员)、莫真(女)、王昭、苏军等6人于1939年12月被分配到晋察冀边区银行工作。③

---

① 姚寅虎:《高捷成对晋冀鲁豫根据地金融事业的贡献》,《革命人物》1987年第4期。第50页。
② 武博山主编:《回忆冀南银行九年(1939—1948)》,北京:中国金融出版社,1993年,第4、136—142页。
③ 中国人民银行河北省分行编:《回忆晋察冀边区银行》,石家庄:河北人民出版社,1988年,第41页。

1941年3月,陕甘宁边区银行第三任行长朱理治一到边区银行,就在组织人事工作方面做了三个大动作:一是聘请边区著名经济学家王学文、丁冬放、王思华组成了银行顾问团,聘请法学专家鲁佛民担任银行法律顾问。一些重大业务措施,必先征询顾问团的意见,经顾问团讨论通过后方可实施。如1942年推行农业贷款,经顾问团、有关经济专家及有实际工作经验的同志座谈讨论数次,对贷款区域、方式、过程、种类、对象,以及如何促进农业发展都经过详尽地安排,并经过试办后,才全面推行。二是大批挑选、调入知识分子。延安是革命的指挥中心,也是全国革命精英的集散地,但人才总赶不上革命事业发展的需要。朱理治为了广招人才,不惜采用"重金收买"的办法,如陕北公学院的余耀泽,中国农学会的方悴农等,都是几个单位多次想调未调动,最后被银行用贷款"买"来的,双方还签订了合约。这一措施,使边区银行的知识结构发生了重大变化。当时,总行大学生人数占到总人数的40%多,这在战争年代是相当不容易的。银行大学生多,这在当时的延安是小有名气的。三是改革内部机构,调整中层领导干部,把学有专长和有实践工作经验的人都调整到领导岗位上,使组织机构和干部队伍适应业务发展的需要。[①]

晋察冀边区银行冀中分行(以下简称冀中分行),根据冀中行署的指示,各专区成立银行办事处,县成立营业所,并开办训练班招收培训银行职员,以充实力量。训练班的学员是根据专署的通知在本专区范围内由各县介绍来的。学员除少数是调干学习以外,绝大部分是刚参加工作的青年学生。学员有150人左右。当时工作开展得很快,各方面需要大量人员,因此专区同时开办了各种训练班。训练班的名称统一称队,按着成立的时间顺序,银行训练班为第10队。训练班成立的时间在日本投降以前,结束是在日本投降以后,学员一到训练班就算参加了工作。训练课程主要有两部分,一是银行业务课,一是政治课。业务课的教材是1940年在总行训练班时使用过的。这个训练班的学员,经过一定时间,绝大部分都成了当时各地银行的骨干。[②]

1945年随着军事形势好转,冀中分行得以重建。冀中分行为培养金融人才,在银行内举办了一个干部训练班,男女学员共20余人,均在20岁上下,具有一定的文化程度。冀中分行对他们培训以政治训练为主,接受政治理论

---

① 陕甘宁边区银行纪念馆编:《朱理治金融论稿》,北京:中国财政经济出版社,1993年,第163—164页。
② 中国人民银行河北省分行编:《回忆晋察冀边区银行》,石家庄:河北人民出版社,1988年,第159—161页。

课、党课和银行业务、会计知识等课程的培训。①

会计工作是银行中最重要的工作,冀南银行的会计工作随着革命战争形势的不断发展而发展,并在工作实践中培养了一大批人才。总行、区行通过总结工作、召开会议、交流经验、组织调查研究、举办轮训班和组建会计学校等方式,培训了许多会计人才。1944年,冀南银行还在边区发起成立了"会计学会",创办了《会计》刊物。学会的活动和刊物的传播,对交流会计工作经验,提高会计、审计工作人员的水平起到了显著作用。②

总之,全面抗战时期,共产党领导的各抗日根据地银行为满足工作的需要,想方设法,尽其所能,通过各种不同的方式广泛吸纳了金融人才,或择优重用有银行实际工作经验的金融人才;或就地招募,进行内部培训,充实人才队伍;或建立财经类学校,培养和输送专门人才等,这些措施为抗日根据地银行业务的开展提供了急需的金融人才,而金融人才的造就又为根据地银行的发展、根据地经济金融的现代化做出了应有的贡献。

---

① 中国人民银行河北省分行编:《回忆晋察冀边区银行》,石家庄:河北人民出版社,1988年,第153—157页。

② 武博山主编:《回忆冀南银行九年(1939—1948)》,北京:中国金融出版社,1993年,第24页。

结 语

  由于地缘环境的差别，抗日战争对幅员辽阔的中国的不同地区产生了不同的影响。日本发动全面侵华战争时，虽然整个中国都处于侵略者的魔爪之下，饱受战火摧残，但东部地区首当其冲，西部地区所受的影响则相对滞后。由于中国人民英勇顽强，挫败了日本速战速决的妄想，使抗战进入了相持阶段，因而广大西部地区成为了抗战大后方，同时，中国共产党深入敌后。开辟了众多的抗日根据地，这也就使集中于东部地区的各种现代化资源，因战争的压迫以及中国人民坚持抗战的需要，大量转移到了大后方和抗日根据地，并在这里迅速聚集和发展起来，从而使得现代化在大后方地区和抗日根据地反而得到了发展与壮大。

  现代化在中国西部地区和抗日根据地得到发展的一个重要体现与组成部分，就是金融的现代化，其主要表现为：现代金融体系的重构，现代金融制度的发展，金融家与现代金融人才的培养。

  第一，金融的现代化表现为现代金融体系的重构。全面抗战爆发前，国民政府通过废两改元和法币改革，不仅统一了货币，建立了稳定的货币基础，而且健全了金融组织，建立起以"四行二局"为核心的现代化国家金融体系，中国已形成多种金融机构并存的局面。然而，全面抗战爆发前，中国现代化金融业的分布严重不平衡，集中于沿海一带，其中新式金融机构尤以上海及江苏、浙江两省为最多，西南与西北之广大区域，新式金融机构为数极少，主要以传统的金融机关——钱庄、当铺等为主，它们散处各地，成为西部地区主要的金融形式，但它们离现代化的金融相去甚远。全面抗战爆发后，随着日军的步步紧逼和东部地区的沦陷，国民政府被迫迁都重庆，在中国广大而落后的西部地区建立起大后方；同时，共产党以陕甘宁边区为核心，挺进敌后并建立起众多的抗日根据地。在缺乏产业基础的贫穷落后的大后方地区和抗日根据地开发资源、发展经济，必须有赖于金融的支撑，所以，国民政府和抗日根据地都急需重构金融体系，才能支撑全面抗战的持久发展。在国民政府的领导组织下，原先汇集于上海及其他东中部城市的国家银行、地方银行、商业银行以及保险公司等金融机构，纷纷内迁重庆，使重庆在作为国民政府新的政治经济中心的基础上，逐渐发展成为了战时最大、最重要的金融中心。战时重庆金融中心的形成，不仅体现在外来金融机构的纷纷迁入，还体现在本地金融机构，如银号、钱庄与银行等的空前发展，尤其是本地银行的开办，由此构成了由国家银行，省、县市地方银行，商业银行，钱庄，保险等各类金融机构组成的完整的金融体系。战时重庆金融市场的发育与完善，也是重庆金融中心形成的集中体现。战时，重庆的金融市场发生了极大变化：原有的证券市场停业，票据市场重新改组，而重庆的内汇市场则有了进一步的发展，并形成了新的金融市场——外汇市场与黄金市场。

战时重庆金融中心的形成，对整个大后方社会经济发展的作用是广泛而深远的，起到了吸引资金内移、凝聚抗战力量的巨大作用；促成了以重庆为中心，辐射整个大后方的金融网的建立与发展；促进了大后方金融制度的建立、完善与金融业的现代化。同时，中国共产党在陕甘宁、华北、华中、华南的19个抗日根据地先后建立了40家银行，从金融体制角度讲，抗战时期的各抗日根据地初步形成了以抗战银行为主体、以农村信用社为辅助的全新的战时现代金融体系，这标志着新式银行业在各抗日根据地金融业中确立了主体和主导地位。这些对抗日根据地现代金融业的发展无疑有着积极的影响，在对敌经济斗争和根据地财政经济建设中发挥了重要作用。

第二，金融的现代化表现为现代金融制度的发展。全面抗战爆发前，中国广大的西部地区以及农村地区，由于经济的落后和社会的闭塞，民族资本主义工业发展缓慢，现代化金融业的发展则更为迟缓，虽然出现了少数现代化的金融机构，但从制度层面上讲，并没有建立起现代化的金融制度。全面抗战爆发后，随着国民政府迁都重庆，东部沿海地区大量新式金融机构开始内迁，国民政府将现代金融制度外在强制性地移植到了西部地区，带动了西部地区金融业从传统向现代化的转变。金融监管方面，通过改组四联总处，国民政府逐步建立了一个以四联总处为核心的具有高度垄断性的战时金融统制体制。随着中央银行地位的提升、职能的完善，中央银行亦开始具备实施金融监管的职能，由此以财政部、四联总处、中央银行三者间互为分工、互为补充的多元化金融监管制度得以形成。金融法规方面，国民政府制订了战时金融法规，因战时环境的变化，金融法规经历了一个由草创到日益完备的过程，形成了一个较为完整的具有现代化性质的战时金融法规体系。战时金融法律制度的完善，为金融动员准备与实施提供了基本依据和保证，使战时国民政府能组织实施高效的金融动员和保障，支撑长久的抗战，最终夺取战争的胜利。

在各抗日根据地，共产党不仅建立了自己的抗日民主政权，还建立了自己的银行，除发行货币和开展对敌货币斗争外，还办理存款、放款、汇兑和金融市场管理等业务工作，形成了一套适合战争环境的货币金融体系，制定了相应的金融法规管理制度。不过，各根据地是由中国共产党领导的一个个独立自主的政治、经济区域，这必然导致抗日根据地政权在金融上实施与国民政府统治区不同的政策和管制，即审慎的货币发行政策、独立自主的金融发展政策和严格的金融管理政策。

第三，金融的现代化还表现为金融家与现代金融人才的培养。金融的元素是金融资本，但更重要的元素是人力资本，是高素质的专业人才。全面抗战爆发以前，国民政府以上海为中心形成了自己的现代化金融体系，从而也以上海为中心聚集了一大批金融家与金融人才，这对推动金融业的现代化潮流起了重要的作用。可是，西部地区不仅经济金融事业非常落后，金融人才的教育培养也很落后，致使金融人才十分奇缺。1937年全面抗战爆发后，随着国民政府的西迁，中国金融中心迅速从上海转向重庆，从东部地区内迁来的金融家们与大后方本地的著名银行家共同努力，为抗战大后方的金融发展做出了贡献。随着八路军、新四军开赴华北、华中抗日前线，共产党建立的各抗日根据地同样也出现了一批自土地革命战争时期开始出现、在斗争实践中逐渐成长起来的金融家，他们为抗战时期根据地的金融现代化发挥了重大的作用。

在西南、西北大后方及共产党建立的各抗日根据地，如此众多的金融机构的建立，迫切需要大量的懂得现代金融的金融人才。内迁金融人才，是抗战时期各内迁银行的主要做法，然而所需之金融人才，仅仅靠从东部发达地区内迁而来，当然是远远不够的，于是金融人才的培养，便成了大后方及抗日根据地发展现代化金融的当务之急。多元化的培养，是大后方现代金融人才培养的基本方式：金融机构有的采用与大后方大专院校建立联系，或者由大专院校推荐，或者由金融机构直接向大专院校招收金融人才的方式；有的则自主对职员进行培训、教育；还有的通过在人事制度方面进行改革与发展，吸引和留住人才，这也是中国金融业现代化发展的一个重大举措。各抗日根据地为解决金融人才的奇缺，想方设法，尽其所能，通过各种不同的方式，广泛吸纳金融人才：或择优重用有银行实际工作经验的金融人才；或就地招募，进行内部培训，充实人才队伍；或建立财经类学校，培养和输送专门人才，等等。这些措施为抗日根据地银行业务的开展，提供了急需的金融人才，而金融人才的造就，又为抗日根据地银行的发展、抗日根据地经济金融的现代化，做出了应有的贡献。

总之，抗日战争不仅是使中国遭受到空前灾难与浩劫的一场战争，也是给中华民族带来凤凰涅槃、浴火重生机遇的一场战争。此刻民族独立与现代化再次高亢地唱响了双重变奏，中国人民气壮山河的抗战，不仅赢得了中国自近代以来的首次反侵略战争的伟大胜利，粉碎了日本帝国主义欲使中国沦为其殖民地的可耻迷梦，也大大推进了现代化在广大的中国西部地区和抗日根据地的发展，更为当今中国金融业改革与健康发展留下了弥足珍贵的历史经验。

参考文献

一、原始文献汇编

（1）未刊档案资料

北京市档案馆馆藏

金城银行北京分行未刊档案，全宗号：J41

重庆市档案馆馆藏

金城银行重庆分行未刊档案，全宗号：0304

四川美丰银行未刊档案，全宗号：0296

重庆市银行商业同业公会未刊档案，全宗号：0086

贵州省档案馆馆藏

中国银行贵州分行未刊档案，全宗号：M52

上海市档案馆馆藏

金城银行未刊档案，全宗号：Q264

四川省档案馆馆藏

四川省合作金库未刊档案，全宗号：民88

台北文献馆馆藏

财政部未刊档案，全宗号：018

（2）已刊档案及文献资料

重庆市档案馆编：《抗日战争时期国民政府经济法规》（上册），北京：档案出版社，1992年。

重庆市档案馆编：《抗战时期大后方经济开发文献资料选编》（内部刊物），2005年。

重庆市档案馆等编：《四联总处史料》（上、中、下），北京：档案出版社，1993年。

鄂豫边区财经史编委会等编：《华中抗日根据地财经史料选编——鄂豫边区、新四军五师部分》，武汉：湖北人民出版社，1989年。

国民政府文官处印铸局：《国民政府公报》1927年第9期。

洪葭管主编：《中央银行史料》（上、下），北京：中国金融出版社，2005年。

江苏省财政厅等编：《华中抗日根据地财政经济史料选编》（江苏部分）（第1卷），北京：档案出版社，1984年。

交通银行总行、中国第二历史档案馆合编：《交通银行史料》第一卷（1907—1949）（上），北京：中国金融出版社，1995年。

毛泽东：《毛泽东选集》第2卷，北京：人民出版社，1991年。

全国政协文史资料委员会编：《文史资料选辑》第149辑，北京：中国文史出版社，2002年。

任建树主编：《现代上海大事记》，上海：上海辞书出版社，1996年。

陕甘宁边区财政经济编写组等编：《抗日战争时期陕甘宁边区财政经济史料摘编》（第五编金融），西安：陕西人民出版社，1981年。

陕甘宁边区银行纪念馆编：《朱理治金融论稿》，北京：中国财政经济出版社，1993年。

陕西省档案馆编：《陕甘宁边区政府大事记》，北京：档案出版社，1990年。

四联总处秘书处编：《四联总处重要文献汇编》（影印本），台北：学海出版社，1970年。

文史资料工作委员会编：《上海文史资料选辑》第60辑《旧上海的金融界》，上海：上海人民出版社，1988年。

云南省档案馆等编：《云南近代金融档案史料选编（1908—1949）》（上）（内部资料），1992年7月。

中国第二历史档案馆编：《中华民国史档案资料汇编》（第2辑），南京：江苏人民出版社，1981年。

中国第二历史档案馆编：《中华民国史档案资料汇编》第五辑第二编（财政经济）（三），南京：江苏古籍出版社，1997年。

中国第二历史档案馆编：《四联总处会议录》（一），桂林：广西师范大学出版社，2003年。

中国第二历史档案馆等编：《中华民国金融法规档案资料选编》（上册），北京：档案出版社，1989年。

中国第二历史档案馆主编：《中国银行行史资料汇编（1912—1949）》（上编），北京：档案出版社，1991年。

中国人民银行河北省分行编：《冀南银行》（第一册），石家庄：河北人民出版社，

1989年。

中国人民银行金融研究所编：《中国农民银行》，北京：中国财政经济出版社，1980年。

中国人民银行金融研究所等编：《中国革命根据地北海银行史料》（第一册），济南：山东人民出版社，1986年。

中国人民银行上海市分行金融研究室编：《金城银行史料》，上海：上海人民出版社，1983年。

二、民国著述

财政部钱币司编：《十年来之金融》，重庆：中央信托局，1943年。

蒋介石：《抗战到底》，上海：上海生活书店，1938年。

交通银行总管理处：《金融市场论》，上海，1947年。

陕西省政府统计室编：《陕西省统计资料汇刊》，1942年。

沈雷春主编：《保险年鉴》（1935），上海：中华人寿保险协进社，1935年。

沈雷春主编：《中国保险年鉴》（1936），上海：中华人寿保险协进社，1936年。

沈雷春主编：《中国金融年鉴》（1939），上海：美华印书馆，1939年。

沈雷春主编：《中国金融年鉴》（1947），上海：黎明书局，1947年。

沈长泰：《省县银行》，上海：大东书局，1948年。

寿进文：《战时中国的银行业》，1944年。

四联总处秘书处编：《四联总处工作报告撮要》，1940年。

四联总处秘书处编：《四联总处文献选辑》，1948年。

王承志：《中国金融资本论》，上海：光明书局，1936年。

熊在渭：《十年来之江西合作事业》，《赣政十年》，1941年12月编印。

徐学禹、丘汉平：《地方银行概论》，福州：福建省经济建设计划委员会出版，1941年。

杨承厚：《重庆市票据交换制度》，重庆：重庆出版社，1944年。

张肖梅：《四川经济参考资料》，上海：中国国民经济研究所，1939年。

章乃器：《中国货币金融问题》，上海：上海生活书店，1936年。

《中国保险年鉴》编辑所主编：《保险年鉴》（1935），上海：中华人寿保险协进社，1935年。

中国国民党中央执行委员会宣传部编：《抗战六年来之财政金融》，重庆：国民图书出版社，1943年。

中国通商银行编：《五十年来之中国经济》，上海：上海六联印刷股份有限公司，1947年。

中国银行总管理处经济研究室编：《全国银行年鉴》（1934），上海：汉文正楷印书局，1934年。

中国银行总管理处经济研究室编：《全国银行年鉴》（1937），上海：汉文正楷印书局，1937年。

中央储备银行调查处编：《上海银行业概况》，1944年。

朱斯煌：《民国经济史》，上海：银行周报社，1948年。

三、民国报刊

《本行动态·会训班学生结业》，《广西银行行务通讯》1942年第1卷第1期。

《各银行筹设重庆分行》，《金融周报》1938年第5卷第14期。

《股份折阅》，《申报》，1874年7月29日。

《金融监理局组织成立》，《银行周报》1927年第11卷第43号。

《论上海交易所》，《银行周报》1918年第2卷第14号（总第45号）。

《民国三十年外商股票及发股公司之调查》，《经济研究》（上海）1942年第3卷第7期。

《去年十二月份上海企业之状况》，《银行周报》1922年第6卷第4号。

《日人拟设上海交易所之内容》，《银行周报》1918年第2卷第20号（总第51号）。

《陕西省县银行业务概况》，《中央银行经济汇报》1944年第9卷第4期。

《上海取引所之近状》，《银行周报》1919年第3卷第24号（总第106号）。

《上海日本取引所近况》，《银行周报》1919年第3卷第5号。

《省外银行纷纷入川》，《四川经济月刊》1937年第8卷第5期。

《中外财政金融消息汇报·沪市游资大量内移》，《财政评论》1940年第4卷第4期。

沧水：《可惊可惧之上海取引所》，《银行周报》1919年第3卷第47号（总第129号）。

陈寿奇：《论省地方银行之将来》，《四川经济季刊》1943年第1卷第1期。

丁宗智：《八年来之合作金融》，《金融知识》1945年第4卷第1、2期合刊。

董幼娴：《重庆保险业概况》，《四川经济季刊》1945年第2卷第1期。

顾尧章：《中国之合作金库》，《金融知识》1943年第2卷第3期。

郭京生：《论西北金融网之建立》，《经济建设季刊》1944年第2卷第4期。

郭荣生：《县银行之前瞻及其现状》，《中央银行经济汇报》1942年第6卷第7期。

郭荣生：《战时西南西北金融网建设》，《财政学报》1943年第1卷第3期。

胡铁：《省地方银行之回顾与前瞻》，《金融知识》1942年第1卷第6期。

康永仁：《重庆的银行》，《四川经济季刊》1944年第1卷第3期。

孔祥熙：《第二次地方金融会议演讲词》，《财政评论》1939年第1卷第4期。

李京生：《论西北金融网之建立》，《经济建设季刊》1944年第2卷第4期，第154页。

李荣廷：《中国保险业之回顾与前瞻》，《中央银行经济汇报》1944年第9卷第2期。

罗君辅：《重庆保险业之展望》，《四川经济汇报》1948年第1卷第1期。

罗俊：《合作金库经营论》，《农村合作》1937年第2卷第9期。

瞿仲捷：《对于县乡银行之认识》，《中央银行经济汇报》1941年第3卷第9期。

徐日琨：《西南农村金融问题与合作金库》，《西南实业通讯》1941年第3卷第3期。

张舆九：《抗战以来四川之金融》，《四川经济季刊》1943年第1卷第1期。

张桢：《四川省合作金库二十九年度业务概况》，《四川合作金融季刊》第2、3期合刊（1940年12月、1941年3月号合刊）。

郑厚博：《我国合作金融问题之检讨》，《西南实业通讯》1941年第3卷第2期。

四、学术著作

财政部财政科学研究所编：《抗日根据地的财政经济》，北京：中国财政经济出版社，1987年。

重庆金融编写组：《重庆金融》（上），重庆：重庆出版社，1991年。

陈廉编著：《抗日根据地发展史略》，北京：解放军出版社，1987年。

陈燕主编：《中央银行理论与实务》，北京：北京大学出版社，2005年。

复旦大学中国金融史研究中心编：《中国金融制度变迁研究》，上海：复旦大学出版社，2008年。

傅为群：《近代民间金融图志》，上海：上海书店出版社，2007年。

贵州金融学会等编：《贵州金融货币史论丛》（内部资料），1989年。

贵州省地方志编纂委员会编：《贵州省志·金融志》，北京：方志出版社，1998年。

郭荣生：《中国省银行史略》，沈云龙主编：《近代中国史料丛刊续编》第19辑，台北：文海出版社，1975年。

韩文昌、邵玲主编：《民国时期中央国家机关组织概述》，北京：中国档案出版社，1994年。

韩渝辉：《抗战时期重庆的经济》，重庆：重庆出版社，1995年。

河北省金融研究所编：《晋察冀边区银行》，北京：中国金融出版社，1988年。

洪葭管：《中国金融通史（第四卷）·国民政府时期（1927—1949）》，北京：中国金融出版社，2008年。

胡致祥：《贵州经济史探微》（内部资料），贵州省史学学会近现代史研究会，1996 年。

黄鉴晖：《中国银行业史》，太原：山西经济出版社，1994 年。

姜宏业：《中国金融通史·（第五卷）新民主主义革命根据地时期》，北京：中国金融出版社，2008 年。

兰日旭：《中国金融现代化之路——以近代中国商业银行盈利性分析为中心》，北京：商务印书馆，2005 年。

刘慧宇：《中国中央银行研究（1928—1949）》，北京：中国经济出版社，1999 年。

刘跃光、李倩文主编：《华中抗日根据地鄂豫边财政经济史》，武汉：武汉大学出版社，1987 年。

刘志英：《近代上海华商证券市场研究》，上海：学林出版社，2004 年。

刘志英：《近代中国华商证券市场研究》，北京：中国社会科学出版社，2009 年。

刘志英、张朝晖：《抗战大后方金融研究》，重庆：重庆出版社，2014 年。

陆仰渊、方庆秋：《民国社会经济史》，北京：中国经济出版社，1991 年。

罗荣渠：《现代化新论》，北京：北京大学出版社，1993 年。

罗荣渠、牛大勇：《中国现代化历程的探索》，北京：北京大学出版社，1992 年。

罗瑞：《近代金融奇才周作民传》，石家庄：河北人民出版社，1995 年。

沈炳熙：《中央银行》，海口：海南出版社，1999 年。

寿充一编：《陈光甫与上海银行》，北京：中国文史出版社，1991 年。

寿充一主编：《孔祥熙其人其事》，北京：中国文史出版社，1987 年。

寿充一、寿乐英编：《外商银行在中国》，北京：中国文史出版社，1996 年。

四川地方志编纂委员会编：《四川省志·金融志》，成都：四川辞书出版社，1996 年。

田酉如：《中国抗日根据地发展史》，北京：北京出版社，1995 年。

汪敬虞：《外国资本在近代中国的金融活动》，北京：人民出版社，1999 年。

汪敬虞主编：《中国近代经济史（1895—1927）》（中），北京：人民出版社，2000 年。

魏宏运主编：《晋察冀抗日根据地财政经济史稿》，北京：档案出版社，1990 年。

魏协武主编：《黄亚光文稿和日记摘编》，西安：陕西人民出版社，1998 年。

魏永理：《中国西北近代开发史》，兰州：甘肃人民出版社，1993 年。

吴景平：《宋子文政治生涯编年》，福州：福建人民出版社，1998 年。

武博山主编：《回忆冀南银行九年（1939—1948）》，北京：中国金融出版社，1993 年。

星光、张扬主编：《抗日战争时期陕甘宁边区财政经济史稿》，西安：西北大学出版社，1988 年。

颜鹏飞主编：《中国保险史志（1805—1949）》，上海：上海社会科学院出版社，1989 年。

杨希天等编著：《陕西省志·金融志》，西安：陕西人民出版社，1994年。

叶世昌、潘连贵：《中国古近代金融史》，上海：复旦大学出版社，2001年。

殷毅主编：《中国革命根据地印钞造币简史》，北京：中国金融出版社，1996年。

银行学会编：《民国经济史》，北京：京华印书局，1967年。

应兆麟主编：《皖江抗日根据地财经史稿》，合肥：安徽人民出版社，1985年。

张公权著，杨志信译：《中国通货膨胀史（1937—1949）》，北京：文史资料出版社，1986年。

张海鹏主编：《中国近代通史》（第一卷），南京：江苏人民出版社，2006年。

赵兰亮：《近代上海保险市场研究（1843—1937）》，上海：复旦大学出版社，2003年。

中国保险学会等编：《中国保险史》，北京：中国金融出版社，1998年。

中国近代经济史丛书编委会编：《中国近代经济史研究资料》（4），上海：上海社会科学院出版社，1985年。

中国民主建国会重庆市委员会、重庆市工商联合会、文史资料工作委员会组编：《重庆5家著名银行》，重庆：西南师范大学出版社，1989年。

中国人民银行河北省分行编：《回忆晋察冀边区银行》，石家庄：河北人民出版社，1988年。

中国人民银行陕西省分行、陕甘宁边区金融史编辑委员会编：《陕甘宁边区金融史》，北京：中国金融出版社，1992年。

中国人民银行总行金融研究所金融历史研究室编：《近代中国的金融市场》，北京：中国金融出版社，1989年。

中国银行行史编辑委员会编著：《中国银行行史（1912—1949）》，北京：中国金融出版社，1995年。

朱超南、杨辉远、陆文培：《淮北抗日根据地财经史稿》，合肥：安徽人民出版社，1985年。

朱镇华：《中国金融旧事》，北京：中国国际广播出版社，1991年。

五、学术论文

何品选编：《徐新六、胡笔江遇难纪念史料选辑》，《档案与史学》2003年第6期。

蔡礼强：《中国近代史两大研究范式的基本内涵与相互关系》，《江西社会科学》2006年第12期。

常亮功：《刘少白与山西兴县农民银行》，《中国金融》2005年第4期，第66—67页。

陈礼茂：《抗战时期中国通商银行的内迁和战后的复员》，《上海商学院学报》2011 年第 1 期。

陈正书：《近代上海华商证券交易所的起源和影响》，《上海社会科学院学术季刊》1985 年第 4 期。

董长芝：《论国民政府抗战时期的金融体制》，《抗日战争研究》1997 年第 4 期，第 67 页。

杜恂诚：《清末民初形形色色的地方银行》，《银行家》2003 年第 8 期。

光梅红：《西北农民银行成立原因探析》，《山西档案》2008 年第 2 期。

郝建贵、郝品：《抗战时期的西北农民银行》，《山西文史资料》1999 年第 1 期。

洪葭管：《关于近代上海金融中心》，《档案与史学》2002 年第 5 期。

侯德初：《抗战时期大后方工业的开发与衰落》，《四川师范大学学报》1994 年第 4 期。

胡绳：《〈从鸦片战争到五四运动〉再版序言》，《近代史研究》1996 年第 2 期。

黄立人：《四联总处的产生、发展和衰亡》，《中国经济史研究》1991 年第 2 期。

霍秉诚：《抗日战争时期的陕甘宁边区银行纸币》，《收藏界》2006 年第 5 期。

姜宏业：《我国革命根据地早期银行事业概述》，《近代史研究》1982 年第 4 期。

李一翔：《论抗战时期的上海银行家》，《上海党史研究》1995 年第 1 期。

李涌金、胡厚强：《爱国金融巨子胡笔江》，《上海人大》2009 年第 5 期。

梁克明：《华俄道胜银行是沙俄侵略新疆的工具》，《新疆社会科学》1983 年第 4 期。

林榕杰：《1948 年的天津证券交易所》，《中国经济史研究》2008 年第 2 期。

刘方健：《近代重庆金融市场的特征与作用》，《财经科学》1995 年第 3 期。

刘平：《近代中国银行监管制度研究（1897—1949）》，复旦大学博士学位论文，2008 年。

刘志英：《关于抗战时期建立后方证券市场之论争》，《西南大学学报》2007 年第 4 期。

罗荣渠：《走向现代化的中国道路有关近百年中国大变革的一些理论问题》，《中国社会科学季刊》（香港）1996 年（冬季卷），总第 17 期。

马华：《北洋政府时期中国金融现代化研究——以银行业为例》，郑州大学硕士学位论文，2007 年。

任思玉：《大江银行的历史考查和现实意义》，《金融管理与研究》1992 年第 2 期。

荣维木：《另一种视角：从抗日战争看中国现代化历程的顿挫与嬗变》，《河北学刊》2015 年第 1 期。

荣维木：《怎样以现代化的视角解读抗日战争》，《史学月刊》2005 年第 9 期。

时荣国：《试论抗日战争对中国社会现代化进程的影响》，《北京党史研究》1998 年第 1 期。

史兆利：《刘少白：聚财散贷为斯民》，《中国金融家》2007年第5期，第80—81页。

孙礼新：《浅谈江淮银行的成立及其机构演变》，《中国钱币》2011年第3期。

谭文凤：《中国近代保险业述略》，《历史档案》2001年第2期。

田茂德、吴瑞雨整理：《抗日战争时期四川金融大事记（初稿）》，《西南金融》1985年第11期。

田茂德、吴瑞雨整理：《抗日战争时期四川金融大事记（初稿）》，《西南金融》1986年第1期。

田茂德、吴瑞雨整理：《抗日战争时期四川金融大事记（初稿）》，《西南金融》1986年第2期。

田茂德、吴瑞雨整理：《抗日战争时期四川金融大事记（初稿）》，《西南金融》1986年第3期。

田茂德、吴瑞雨整理：《抗日战争时期四川金融大事记（初稿）》，《西南金融》1986年第4期。

田茂德、吴瑞雨、王大敏整理：《辛亥革命至抗战前夕四川金融大事记（初稿）》（二），《西南金融》1984年第5期。

万立明：《中国近代银行监理官制度的发展轨迹及其启示》，《上海经济研究》2005年第6期。

王红曼：《抗战时期国民政府银行监理体制探析》，《抗日战争研究》2010年第2期。

王洪涛：《成长与迟滞：近代中国华商保险业发展历程的历史考察（1865—1945）》，厦门大学硕士学位论文，2006年。

王立胜：《抗日战争与中国现代化进程》，《北京党史研究》1995年第6期。

王鹏：《吴鼎昌其人其事》，《百年潮》2001年第9期。

王培培：《抗战时期四明商业储蓄银行内迁及发展研究》，上海师范大学硕士学位论文，2014年。

王颖：《近代西北农村金融现代化转型初论》，《史林》2007年第2期。

魏浩然：《中国中央银行的现代化（1928—1945）——以银行立法为视角》，广西师范大学硕士学位论文，2005年。

魏协武、陈洪、杨健：《革命金融的奠基人曹菊如》，《文史月刊》2007年第3期。

吴国军：《抗日战争在中国现代化进程中的影响研究》，中国石油大学硕士学位论文，2010年。

吴景平：《近代中国金融中心的区域变迁》，《中国社会科学》1994年第6期。

吴景平：《英国与中国的法币平准基金》，《历史研究》2000年第1期。

吴景平：《上海金融现代化历史进程的若干思考》，南开大学世界近现代史研究中心编：《世界近现代史研究》（第三辑），北京：中国社会科学出版社，2006年。

吴景平、史立丽：《上海金融的现代化与国际化国际学术讨论会综述》，《历史研究》2002年第5期。

伍操：《战时国民政府金融法律制度研究》，西南政法大学博士学位论文，2011年。

伍野春、阮荣：《蒋介石与四联总处》，《民国档案》2001年第4期。

徐琳：《试论抗战时期的邮政储金汇业局》，《社科纵横》2007年第11期。

徐秀丽：《中国近代史研究中的"范式"问题》，《清华大学学报》2015年第1期。

许斌：《明月关山千里——晋察冀边区银行的创始人关学文纪略》，《中国城市金融》2014年第10期。

姚寅虎：《高捷成对晋冀鲁豫根据地金融事业的贡献》，《革命人物》1987年第4期。

易绵阳：《抗战时期四联总处农贷研究》，《中国农史》2010年第4期。

殷唯青：《南京国民政府时期（1927—1937）保险法立法浅析》，华东政法大学硕士学位论文，2009年。

虞建新：《日商上海取引所及其与华商交易所业之关系（上）》，《档案与史学》1995年第1期。

袁成毅：《现代化视野中的中日战争》，《史林》2005年第1期。

袁成毅等：《笔谈抗日战争与中国现代化进程》，《抗日战争研究》2006年第3期。

张海鹏：《胡绳与近代史研究所——胡绳同志逝世一周年的怀念》，《近代史研究》2002年第1期。

张海鹏：《20世纪中国近代史学科体系问题的探索》，《近代史研究》2005年第1期。

张家胜、王磊：《侵华日军谋杀银行家徐新六内幕》，《文史春秋》2006年第9期。

张建涛：《南京国民政府时期四川农村金融的现代化转型初探》，《云南财经大学学报》2009年第2期。

张静如：《抗日战争与中国社会现代化》，《北京师范大学学报》1995年第4期。

张乃中：《孔祥熙银行思想研究》，《山西财政税务专科学校学报》2006年第4期。

张守广：《川帮银行的首脑——聚兴诚银行简论》，《民国档案》2005年第1期。

赵秀芳：《抗战前十年中国金融业的现代化趋向》，《文史哲》2003年第4期。

郑成林：《从双向桥梁到多边网络——上海银行公会与银行业（1918—1936）》，华中师范大学博士学位论文，2003年。

郑学秋：《曹菊如对我国金融事业的贡献》，《党史研究与教学》1991年第2期。

周东华：《工业化、民主化、民族化与中国现代化——评虞和平主编的〈中国现代化历程〉》，《史学月刊》2003年第2期。

邹晓异：《中国农民银行与农村金融现代化》，河北大学硕士学位论文，2003年。

后 记

本著作从2013年的最初酝酿，到2017年交出版社付梓，已经整整四年过去了，回想起来，感慨良多。

这本书从提上日程到完成写作，首先要感谢抗日战争史专家、《抗日战争研究》杂志原主编荣维木老师，没有他的召集和号令，这本书是不可能呈现在读者面前的。为了纪念抗战胜利70周年，记得在2013年年初，荣老师受某出版社之邀，做一套《抗日战争与中国现代化》的丛书，其中包括政治、外交、工业、金融、教育等五个方面，笔者很荣幸承担了金融现代化这一本书的写作。其间，为了高质量地完成这部丛书，荣老师多次召集我们讨论写作大纲，并提出了很多中肯的建设性意见。记忆犹新的是2014年3月27日的下午，荣老师特意在西南大学重庆中国抗战大后方研究中心会议室，召集各部分书稿的撰写者开的那场书稿体例与大纲的修正讨论会。会上，荣老师对各卷的写作大纲进行了一一点评，指出了存在的问题，并提出了修正的意见。由于承担各卷写作的作者主要都是从事抗战大后方研究的，因此，观察的视角大都不自觉地侧重于大后方，为此，荣老师要求大家："除涉及大后方问题外，应照顾到其他方面，以贴近中国现代化的主题"，而对于笔者所主持的金融卷，荣老师则特别强调："应补充进根据地金融现代化的相关内容。"这些意见对于我们正确把握本丛书的研究和写作方向，起到了关键作用。

在研究全面抗战爆发后中国金融现代化的问题中，笔者收获颇多。其中，尤为值得提及的一点就是，笔者对中国共产党领导的八路军、新四军在其开辟的抗日根据地所建立的金融机构、金融体系有了深刻认识。在战争状态下，共产党不仅注重军事，还注重根据地的建设，而在根据地建设中，更注重现代化的建设，正是共产党在抗日根据地的金融现代化建设，为战争结束后中国的经济建设转型奠定了基础。笔者以往的研究，重点关注国民政府及其金融业的建设与发展，如今，通过大量阅读中国共产党根据地的红色金融，不仅丰富和充实了自己的认知领域，也深深地被这段历史震撼了。在中国奔向现代化的道路上，中国共产党做出了巨大的努力，这是历史的事实，也是值得充分肯定与深入研究的。

然而，好事多磨，我们的书稿在2015年年初顺利完成后，由于诸多因素的影响，并没有如愿在纪念抗战胜利70周年时得以出版，书稿被暂时搁置。本书最终得以出版，则要感谢西南大学历史文化学院。西南大学历史文化学院通过工作规划和努力，与科学出版社合作，推出了"西南大学历史文化学院学术文丛"。此举不仅为学院老师们科研成果的转化提供了平台，也使笔者这部书有了再次出版的计划。2016年年初，笔者向学院提及此书稿，得到了学院领导的大力支持。在此，向西南大学历史文化学院的领导和同仁，向科学出版社的编辑，以及向在笔者写作、出版本书过程中提供过各种帮助的人们，致以衷心感谢！本书在出版过程中还得到西南大学2017年度中央高校基本科研项目"中国抗战大后方研究"（项目批准号：SWU1709101）的支持，特此感谢！

遗憾的是，本书稿即将提交出版社时，却传来了荣维木老师因病医治无效，于2017年3月12日12时在北京医院逝世的消息。听闻噩耗，笔者悲痛万分。笔者与荣老师认识已经有近二十年的时间，记得走上学术道路之初，1997年笔者去复旦大学跟着吴景平教授做访问学者时，写的论文《汪伪政府粮政述评》投到了《抗日战争研究》期刊，就曾得到荣老师的认可发表在该刊1991年第1期上。此后的学术研究，笔者更是得到荣老师的指导与提携，铸就了亦师亦友亦兄般的情谊……如今，真性情的大哥荣老师就这么走了，心中的痛苦与哀伤实在难以言表……愿荣老师一路走好！谨以此书献给荣老师，作为后学对前辈的怀念，并以此寄托哀思。

刘志英谨识
2017年3月13日于重庆北碚北泉花园陋室